de Gruyter Lehrbuch

Hamann · Programmieren in LISP

Christian-Michael Hamann

Einführung in das

Programmieren in LISP

Walter de Gruyter · Berlin · New York 1982

Dr.-Ing. Christian-Michael Hamann
Klinikum Steglitz
Freie Universität Berlin

Das Buch enthält 54 Abbildungen

Für Sven und Niels

CIP-Kurztitelaufnahme der Deutschen Bibliothek

Hamann, Christian-Michael:
Einführung in das Programmieren in LISP/
Christian-Michael Hamann. – Berlin : de Gruyter, 1982.
(De-Gruyter-Lehrbuch)
ISBN 3-11-008909-2

Printed in Germany. Druck: Karl Gerike, Berlin. Bindearbeiten: Dieter Mikolai, Berlin.

Geleitwort

In letzter Zeit ist eine deutliche Zunahme der Bedeutung von LISP festzustellen, verursacht durch das wachsende Interesse an Problemen der "Artificial Intelligence" und gefördert durch die Entwicklung der Computertechnik, die LISP-Dialekte für Mikrorechner und sogar LISP-Maschinen ermöglicht.

LISP kann als "höhere Assemblersprache" bezeichnet werden : Sie verfügt über die Mächtigkeit einer problemorientierten Sprache, erlaubt jedoch gleichzeitig die Freiheit der Manipulation von Daten und Programmen wie in einer Maschinensprache. Hiermit verbunden ist allerdings auch der Zwang zur Aufmerksamkeit im Detail sowie eine gewisse Sprödigkeit im Zugang.

"Eines der wirklichen Wunder von LISP besteht darin, daß es diese Sprache erlaubt, mit Ideen zu arbeiten" (J. Allen, BYTE, Aug. 1979). In diesem Sinne ist LISP nicht eine weitere Programmiersprache neben vielen anderen, und ein LISP-Lehrbuch kann nicht aus einer Aneinanderreihung von Vorschriften oder gar Rezepten bestehen. Vielmehr muß dieser Prozeß des Umsetzens von Ideen an ausführlich kommentierten Beispielen geübt werden ; der hier vorgelegte Text soll Begleiter sowie Ratgeber auch im Detail sein.

Hervorgegangen ist dieses erste deutsch-sprachige LISP-Lehrbuch aus Vorlesungen, die Herr Dr. Hamann an der Freien Universität Berlin hält. Ich hoffe, daß auch der Leser etwas von jenem Engagement des Autors verspürt, das die Hörer seiner Vorlesung so begeistert und mitgerissen hat.

Berlin, Mai 1982 Peter Koeppe

Vorwort

(1) Ziel

LISP (list-processing language) wurde bereits 1959 speziell für nicht-numerische Probleme, wie sie z.B. in der "Künstlichen Intelligenz" auftreten, geschaffen und ist die derzeit wichtigste Symbol-Manipulations-Sprache.

LISP unterscheidet sich von den meisten anderen höheren Programmiersprachen dadurch, daß drei wichtige Eigenschaften in einer Sprache vereinigt sind :

- Es können Datenstrukturen beliebiger Tiefe aufgebaut und verändert werden.
- Funktionen können rekursiv definiert werden.
- Es gibt in LISP keinen formalen Unterschied zwischen Daten und Programmen; daher ist es prinzipiell möglich, durch Programme neue Programme zu erzeugen und diese im gleichen Arbeitszyklus zur Ausführung zu bringen (z.B. Selbstoptimierung, Lernen).

Ebensowenig wie eine Fremdsprache nicht durch Lesen einer Grammatik und eines Wörterbuchs zu lernen ist, kann die Programmiersprache LISP mit ihrer charakteristisch ausgeprägten Semantik und ihrem Nuancenreichtum durch das Studium der LISP-Funktionen aus einem Benutzerhandbuch beherrscht werden. Darum wird hier (im Kontext eines größeren und interessanten Problems) durch Entwurf, Implementierung und Test eines vollständigen Programm-Paketes (der Simulation eines intelligenten Manipulators in einer "Bauklötzchen-Welt" als formalisiertes Befehls- und Frage/Antwort-System) die Programmierung in LISP systematisch geübt.

An Hand der vollständigen und ausführlichen Dialog-Protokolle ist der Leser auch ohne Rechner-Zugriff in der Lage, Zusammenhänge zu erkennen, Zweck und Anwendungsbreite der LISP-Funktionen zu verstehen und insbesondere rekursive Funktionsdefinitionen zu lernen.

Sprachgrundlage ist INTERLISP, einer der wichtigsten LISP-"Dialekte". Das bedeutet jedoch keine Einschränkung, da man sich mit den hier erworbenen Grundlagen-Kenntnissen schnell in andere Dialekte einarbeiten kann.

Das Lehrbuch wendet sich nicht nur an Studenten der Informatik und Mathematik, sondern auch an diejenigen, für die Symbol-Manipulations-Sprachen wichtiges Handwerkszeug ihres Aufgabenkreises und Forschungsgebietes sind, wie z.B. Linguisten, Psychologen u.a.

(2) Inhalt

Das Lehrbuch ist aus der Vorlesungsreihe entstanden, die der Verfasser seit 1981 an der Freien Universität Berlin anbietet. Da sich der didaktische Ansatz bewährt hat, ist Darstellung und Einteilung des Lehrstoffs im wesentlichen beibehalten worden. Die acht Kapitel des Buches sind in drei Teile gegliedert :

I	Einführung	(Kap. 1 und 2)
II	Implementierung einer "Block-Welt"	(Kap. 3 bis 7)
III	Ergänzungen	(Kap. 8)

Das Deckblatt zu jedem Kapitel enthält auf der Vorderseite ein ausführliches Inhaltsverzeichnis und auf der Rückseite ein "Merkblatt" zu einem wichtigen Thema dieses Kapitels.

Im <u>ersten Teil</u> wird im 1. Kapitel ein orientierender, hinreichend ausführlicher Überblick zur Sprache und den Sprachelementen von LISP gegeben. Übungsaufgaben mit Lösungen sollen den Lernprozeß unterstützen.

Im 2. Kapitel wird im ersten Abschnitt der Formalismus der Funktionsdefinitionen ausführlich geübt ; im zweiten (mit der Simulation des Puzzles "Die Türme von Hanoi") ein bereits komplexes, aber noch leicht überschaubares "Programm-System" als typische LISP-Lösung präsentiert.

Hier wie in allen folgenden Kapiteln ist jedem Abschnitt das originale Dialog-Protokoll einer Terminal-Sitzung zugeordnet : Der Leser schaut gleichsam dem Lehrer am Bildschirm "über die Schulter".

Die einzelnen Benutzereingaben werden vom LISP-System fortlaufend nummeriert. Auf diese bezieht sich der zugehörige erklärende Text, der vor oder nach der (eingerahmten) Protokoll-Seite zu finden ist. Ein Vorteil der Trennung von Protokoll und Text ist die Übersichtlichkeit beim Nachschlagen. Um Zusammenhänge leichter zu erkennen, wurde nach Möglichkeit Zusammengehöriges (z.B. Funktionsdefinition und -Test) auf einer Doppelseite angeordnet.

Da der Verfasser auf die Druckqualität der Protokolle keinen Einfluß hatte, außerdem ein "Zusammenschneiden" notwendig ist, wenn man aussagekräftige und von Eingabefehlern bereinigte Listen erstellen will, mußten nahezu alle per Hand "restauriert" werden. Dabei waren gelegentlich kleinere Mängel nicht zu vermeiden.

Der <u>zweite Teil</u> , die Implementierung einer "Block-Welt", ist das zentrale Thema dieses Lehrbuchs. Zunächst werden die von Winston in seinem Buch "Artificial Intelligence" /12/ angegebenen Funktions-Module in INTERLISP transformiert. Anschließend werden alle notwendigen Strukturen initialisiert, Hilfsfunktionen definiert und mit Hilfe dieser die noch fehlenden Prozeduren für eine arbeitsfähige erste Version der "Block-Welt" formuliert. Schrittweise kommen wir von ganz einfachen zu immer komplexeren Strukturen, bis endlich ein "intelligentes" Frage/Antwort-System geschaffen ist.

Dabei lernt der Leser auf "natürliche" Weise die Sprache LISP kennen, indem folgende Fragen beantwortet werden :

- Welche Systemfunktionen stehen zur Verfügung ?
- In welchem Zusammenhang werden sie benutzt ?
- Was leisten sie ?
- Was benötigen wir darüber hinaus an Funktionen zur Lösung des gestellten Problems ?
- Wie definieren wir diese ?
- Welche Methoden sind anzuwenden ?

Die zu definierenden Funktionen (Namen und Variablen wurden entsprechend der angelsächsischen Systemumgebung gewählt) sind nach didaktischen Gesichtspunkten entworfen. Grundsätzlich wurde "Durchsichtigkeit" angestrebt ; der Verfasser hat dafür in Kauf genommen, daß insbesondere zu Beginn einige Funktionen (z.B. SPACE-LIMITS) wie FORTRAN-Programme in LISP-Schreibweise aussehen.

Der dritte Teil ist (bis auf die Frage-Funktion SAY) vom zweiten Teil unabhängig und kann zu jedem beliebigen Zeitpunkt durchgearbeitet werden. Im ersten Abschnitt werden "destruktive" Systemfunktionen vorgestellt ; im zweiten ist eine Funktion zur Muster-Erkennung definiert. Insbesondere der dritte Abschnitt dürfte für den Anfänger sofort von Interesse sein : Hier werden "Rekursive Paraphrasen" einiger Systemfunktionen formuliert. Als "Beispiel-Definitionen zum Nachschlagen" sind sie am Ende in alphabetischer Reihenfolge geordnet.

Der Anhang enthält Übersichten zu den 105 definierten (eigenen) Funktionen, den 84 verwendeten Systemfunktionen und das Literaturverzeichnis. In diesem wurden nur hier benutzte Quellen aufgenommen. (Ausführliche Literaturhinweise sind z.B. in Stoyan /9/ und Winston + Horn /13/ zu finden.) Auf der letzten Seite ist die "Situation 0" der "Block-Welt" zur bequemen Referenz angefügt.

Das Lehrbuch soll den Leser auch an die englisch-sprachige LISP-Literatur heranführen (empfehlenswerte ergänzende Übungen wären z.B. ein Programm-System zur "Symbolischen Differentiation eines Polynoms" aus /10/ oder der Bau eines "Expertensystems" aus /13/) und ihn vor allem in die Lage versetzen, eigene Probleme mit Hilfe des Benutzerhandbuchs seines ihm verfügbaren LISP-Systems formulieren zu können.

Kritik, Hinweise auf Fehler und Verbesserungsvorschläge sind dem Verfasser stets willkommen !

(3) Danksagung

Das vom Verfasser benutzte LISP - SIEMENS-INTERLISP (V. 4.0) - wurde von der Fa. Siemens zu Testzwecken zur Verfügung gestellt. Dieses LISP ist Nachfolger der Version 3 ; es läuft auf dem Siemens-Rechner 7.541 des Dialogsystem Süd (DSS) der Freien Universität Berlin (FUB) unter dem Betriebssystem BS 2000 (V. 6.0).

Der Zugriff erfolgt mittels Display-Terminal mit Akustik-Koppler über Wählleitung und mittels 8160-Terminal über Standleitung. Für die großzügige Unterstützung durch Bereitstellung von Betriebsmitteln sei dem DSS, Herrn J. Reker und seinen Mitarbeitern, sowie der Zentraleinrichtung für Datenverarbeitung (ZEDAT) an der FUB, Herrn A. Giedke und seinen Mitarbeitern gedankt.

Für die Durchsicht des Manuskripts und zahlreiche nützliche Hinweise sei den Herren Prof. Dr. W. Brecht von der Technischen Fachhochschule Berlin und H.B. v.Schweinichen von der FUB herzlich gedankt.

Besonderer Dank gilt Herrn Prof. Dr.-Ing. P. Koeppe : Dieser hat vom ersten Entwurf des Vorlesungsskripts bis zum fertigen Buch alle Phasen der Entwicklung miterlebt, als kritischer Gesprächspartner und geduldiger Leser wesentliche Anregungen gegeben und das Entstehen dieses Buches im Rahmen des Forschungsvorhabens "Maschinelle Intelligenz" (MAIN - Projekt) sehr gefördert.

Nicht zuletzt muß die angenehme Zusammenarbeit mit dem Verlag de Gruyter erwähnt werden : Der Verfasser ist Herrn W. Schuder zu Dank verpflichtet für das ihm entgegengebrachte Vertrauen und die gewährte Freiheit zur Gestaltung des Buches.

Berlin, Mai 1982 Christian-M. Hamann

Inhaltsübersicht

EINFÜHRUNG

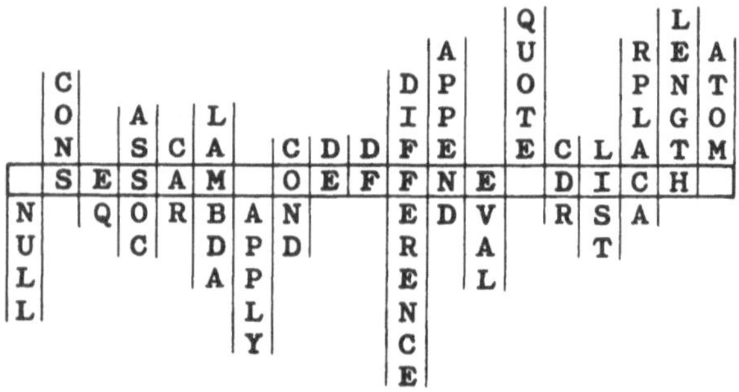
SESAM OEFFNE DICH
NULL
CONS
EQ
ASSOC
CAR
LAMBDA
APPLY
COND
DE
DF
DIFFERENCE
APPEND
EVAL
QUOTE
CDR
LIST
RPLACA
LENGTH
ATOM

```
 111111
1111111
1111111
  11111
  11111
  11111
  11111
  11111
  11111
  11111
111111111
111111111
111111111
```

I N H A L T

Für den Zugriff zum SIEMENS-INTERLISP System ist folgende Hierarchie zu durchlaufen:

Organisatorisches zum Rechenzentrum
(Zuteilung einer Benutzer-Nummer)

Zugang zu einem Terminal

LOGON / LOGOFF - Prozedur
(Kommando-Ebene des BS 2000)

/DO $RZP.LISP

(Zugriff und Verlassen des SIEMENS-INTERLISP Systems)

(EXIT)

Strukturen zu den Übungsaufgaben und Lösungen

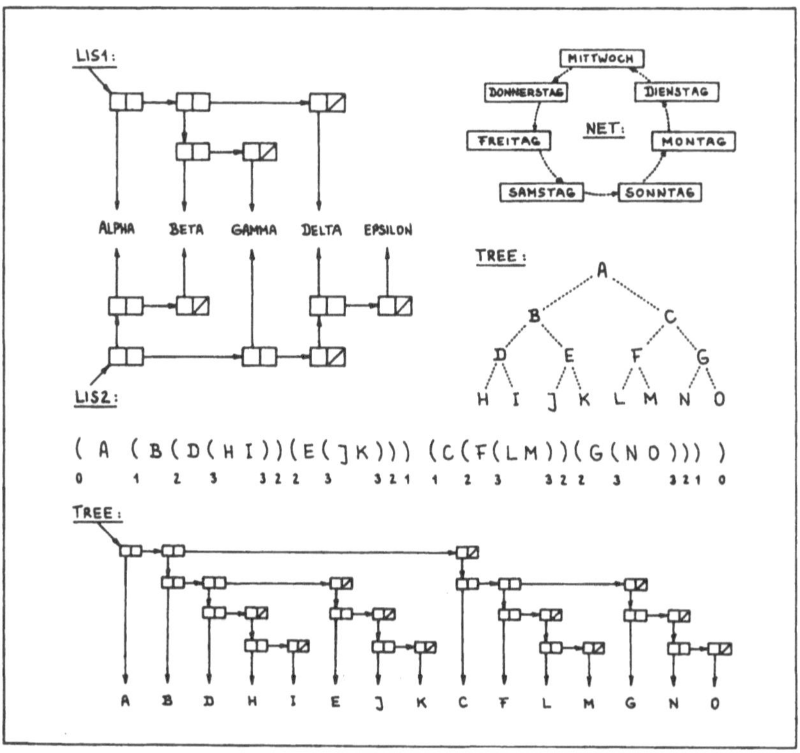

1.1 Einführende Übersicht

1.1.1 Einleitung

Allgemein bekannte Aufgaben für Computer sind Lösungen arithmetischer Problemstellungen. Höhere Programmiersprachen für diese technisch-wissenschaftlichen Zwecke sind z.B. FORTRAN und ALGOL.

Für kaufmännisch-verwaltungstechnische Belange ist die Textverarbeitung z.B. zum Erstellen von Lagerlisten, Rechnungen, Gehaltsnachweisen usw. von Bedeutung. Für diese Problem-Klasse wurde die höhere Programmiersprache COBOL entworfen.

Inzwischen gibt es für nahezu jeden Schwerpunkt des Computer-Einsatzes (z.B. Prozeßdatenverarbeitung in Echt-Zeit) adäquate höhere Programmiersprachen (z.B. PEARL). Moderne Sprach-Entwicklungen wie z.B. ADA sollen möglichst alle Anwendungsbereiche abdecken, um so eine Vereinheitlichung und Kosten-Reduzierung bei Programm-Entwicklung und -Wartung zu erreichen.

Im Gegensatz zu diesen üblichen Aufgaben für Computer, bei denen eindeutige, eine Lösung garantierende Algorithmen angebbar sind, gibt es Probleme meist nicht-numerischer Art, für deren Lösung kein Rezept bereit liegt. Hier helfen z.B. "heuristische" Verfahren, also Regeln, die sich beim Problemlösen bewähren, ohne daß eine strenge mathematische Begründung möglich ist und ohne daß eine Lösung (falls sie existiert) garantiert werden kann.

Derartige Probleme lassen sich oft in Baum-Struktur (vgl. D.E. Knuth /4/) darstellen, wie z.B. bei Spielen mit ihren

Zügen und Gegenzügen. Selbstverständlich müßte ein mathematisches Programm theoretisch den jeweils besten Zug berechnen können, jedoch würde es bei komplexen Spielen (wie z.B. Schach oder Dame) Jahrtausende dauern. Hier hilft nur eine "Heuristik", die Züge und Gegenzüge bis in eine gewisse Tiefe verfolgt und dann (wie der Mensch) eine Auswahl trifft nach Kriterien der "Feldbeherrschung", "Bedrohung" usw. Ein erfolgreiches Beispiel dieser Methode ist das Dame-Spiel-Programm von A.L. Samuel (1959) mit Lern-Struktur, das inzwischen gelernt hat, besser zu spielen als ein menschlicher Gegner. (Samuels Aufsatz, zusammen mit anderen interessanten Beiträgen, ist in dem historischen Standardwerk /2/ zu finden.)

Betrachten wir ein weiteres Beispiel zur Illustration dieser sog. "symbolischen" Datenverarbeitung: Für einen Schrift-Erkennungs-Automaten, der auch ein schlecht gedrucktes "A" als "A" erkennen soll, ist die Programmierung einer (statistischen) Vergleichs-Methode mit der Schablone des "richtigen A" auch bei extremem Aufwand wenig brauchbar. Besser ist eine "semantische Analyse", bei der das Programm als "A" einen Buchstaben erkennt, der z.B. so beschrieben ist: "Zwei etwa parallele, etwa senkrechte Linien, die unten auseinander stehen und sich oben berühren und ungefähr in der Mitte eine waagerechte Verbindung haben". Ein solches Programm ist selbstadaptierbar und liefert auch dann brauchbare Ergebnisse, wenn sich die Eingabedaten stark geändert haben.

Das Spiel-Programm und das Schrift-Erkennungs-Programm sind Beispiele für ein wichtiges Anwendungsgebiet der nicht-numerischen Datenverarbeitung, das als "Maschinelle Intelligenz" oder "Künstliche Intelligenz" (Artificial Intelligence, AI) oder auch (nach einem Vorschlag von W. Bibel) als "Intellektik" bezeichnet wird.

AI beschäftigt sich mit Problemen, die - wenn sie von Menschen gelöst werden - "Intelligenz" erfordern. Wichtige Teilgebiete der AI-Forschung sind: Allgemeine Methoden zum "Problem-Lösen", Muster-Erkennung, mathematisch-logische Beweis-Verfahren, Roboter-Technologie, Natürliche Sprachverarbeitung, Expertensysteme.

Insbesondere "Expertensysteme" (das sind "Wissens-Basen", die mittels Inferenzkomponenten auch nicht-explizit gespeichertes Faktenwissen nach Regeln ableiten und verfügbar machen können) demonstrieren den erfolgreichen Einsatz von AI-Methoden (vgl. z.B. /12/). Beispiele :

- Das Mathematik-Programm MACSYMA beherrscht (u.a.) symbolische Differentiation und Integration auf Expertenebene.
- Das Programm-System DENDRAL ist Experte zur Bestimmung der Molekül-Struktur aus den Daten des Massenspektrogramms.
- Das Programm MYCIN unterstützt den Arzt bei Diagnose und Therapie von Infektionskrankheiten.

Da die Systeme ihre Entscheidung begründen, werden sie auch als Tutoren zur Ausbildung eingesetzt. Darüber hinaus sind mit Meta-DENDRAL und EMYCIN generalisierte Versionen entwickelt worden, die aus "diffusem Wissen" Regeln ableiten können. Mit Hilfe dieser "Shells" sind Expertensysteme für andere Fachgebiete relativ schnell zu implementieren.

Methoden und Ziele der AI sind von allgemeinem Interesse und spielen in der heutigen Datenverarbeitung eine zunehmende Rolle: Die künftigen sehr komplexen Informations-Systeme können nicht mehr mit konventionellen Mitteln der Informatik beherrscht werden.

AI-Programme modellieren entsprechende Theorien. Einerseits sind Programme präzise Experimentier-Werkzeuge, womit Theorien gestützt oder verworfen oder zur Modifikation gezwungen werden können. Andererseits haben AI-Programme noch weitgehend experimentellen Charakter: Von der Unsicherheit über Ziele und zu benutzende Methoden beim ersten Programm-Entwurf wird über erreichte Zwischenstadien die Programm-Entwicklung durch neu gewonnene Erkenntnisse gesteuert.

Aus dem zuletzt genannten Grund werden an AI-Sprachen andere Anforderungen gestellt als an die konventionellen höheren Programmiersprachen, die für "produktionsreife" Anwenderprobleme konzipiert wurden. (Darum ist z.B. ADA für AI-Applikationen wenig geeignet, wie der SRI-Report /7/ feststellt)

Von den AI-Sprachen der "ersten Generation" (z.B. LISP, SAIL, POP-2, SNOBOL) ist LISP (<u>lis</u>t-<u>p</u>rocessing language) die wichtigste und weitverbreitetste <u>Symbol-Manipulations</u>-Sprache und grundlegend zum Verständnis darauf aufbauender Sprachen der "zweiten Generation" (z.B. MICRO-PLANNER, CONNIVER, FUZZY).

Die erste Version von LISP wurde am Massachusetts Institute of Technology unter J. McCarthy entwickelt: Das "LISP Programmer's Manual" wurde bereits 1959 als handschriftlicher Entwurf vorgelegt. Die Bedeutung von LISP unterstreichen folgende Zitate:

- P.C. Jackson /3/ stellt fest: "Der Wert guter Programmiersprachen für die Entwicklung des AI-Forschungsgebietes kann gar nicht hoch genug eingeschätzt werden. Ohne LISP hätte AI nicht 'vom Boden abheben' können."
- P.H. Winston /12/ formuliert das so: "LISP ist die Mathematik der AI. AI ohne LISP ist wie Physik für Poeten - laudabel und nützlich, aber nicht ganz ernst zu nehmen."
- L. Siklóssy /8/ zitiert J.E. Sammet (/6/): "Programmiersprachen können in zwei Kategorien eingeteilt werden: In der einen Kategorie ist LISP und in der anderen sind alle anderen Programmiersprachen."

LISP unterscheidet sich von den meisten anderen höheren Programmiersprachen dadurch, daß drei wichtige Eigenschaften in <u>einer</u> Sprache vereinigt sind :

- Es können <u>Daten-Strukturen beliebiger Tiefe</u> (z.B. als binäre Bäume) aufgebaut und verändert werden.

  Infolge dynamischer Speicherverwaltung stößt ein eskalierendes Anwenderprogramm nicht an Grenzen vorgegebener Feldgrößen.

- Funktionen können <u>rekursiv</u> definiert werden.

  Bekanntes Beispiel einer rekursiven Definition ist die Fakultätsfunktion:

  $n! = n * (n-1)!$ für $n \geqslant 0$ mit $0! = 1$ per def.

- Es gibt in LISP <u>keinen formalen Unterschied zwischen Daten und Programmen</u>.

  Daher ist es möglich, durch Programme neue Programme zu erzeugen, oder Programme sich selbst verändern zu lassen und diese im gleichen Arbeitszyklus zur Ausführung zu bringen. Somit ist prinzipiell die Möglichkeit gegeben zur Strukturveränderung des Programms durch Selbstoptimierung, Selbstprogrammierung, Selbstlernen.

Das Erlernen von LISP wird durch eine extrem einfache Syntax erleichtert. Kenntnisse anderer Programmiersprachen werden nicht benötigt ; im Gegenteil : "Vorkenntnisse sind oft ein Handicap" (Winston /12/).

Die "Einführende Übersicht" ist die überarbeitete und erweiterte Fassung des Artikels :

Hamann, C.-M.
"Die Programmiersprache LISP - Eine einführende Übersicht"
Elektronik, H1(1982)99-102, H2(1982)60-64

(Mit freundlicher Genehmigung des Franzis Verlag, München)

1.1.2 Darstellung von Listenstrukturen

1.1.2.1 Syntaktische Darstellung

Daten und Programme in LISP werden als "S-Expression" (symbolischer Ausdruck) geschrieben. Eine S-Expression ist z.B. ein "Atom" oder eine "Liste".

Ein Atom ist entweder ein literales Atom oder eine Zahl, z.B.:

A	=	literales Atom
BANANE	=	literales Atom
1ETWASSELTSAMESATOM	=	literales Atom, da keine Zahl
2	=	ganze Zahl (Integer)
3.1416	=	dezimale Zahl (Real)

Als Liste kann beispielsweise der Inhalt einer Schüssel beschrieben werden:

(APFEL BANANE CITRONE)

oder "abstrakt":

(A B C)

Eine Liste ist entweder leer oder enthält Atome und/oder Sublisten, z.B.:

( ) ≡ NIL	=	leere Liste, ist mit dem Atom NIL identisch !
(D(E F)G)	=	Liste mit Atom D, der Subliste (E F) und dem Atom G

Listenelemente sind in Klammern eingeschlossen. Eine hierarchische Ordnung wird durch die Einbettung von Sublisten ausgedrückt.

Durch Numerierung der korrespondierenden Klammer-Paare (per Hand !) ist die "Schachtel-Tiefe" leicht zu ersehen, z.B.:

```
( A ( X Y ) ( D ( E F ) G ) H )
0   1     1 1   2     2   1   0
```

Diejenigen Elemente einer Liste, die durch das 0-Klammer-Paar eingeschlossen sind, heißen "top-level" Elemente. In dieser Liste sind das:

A	das Atom A
(X Y)	als Subliste
(D(E F)G)	als Subliste
H	das Atom H

Der Numerierungs-Modus wird im folgenden Abschnitt deutlich.

1.1.2.2 Interne Darstellung

Man kann sich ein Listenelement als aus einer Doppel-Zelle bestehend vorstellen, die zwei Zeiger (pointer) enthält. Der linke Zeiger verweist auf den "Inhalt", der rechte Zeiger verweist auf das nächste Listenelement. Das Listenende ist durch den Zeiger auf das Atom NIL gegeben.

Beispiel einer linearen Liste, z.B. (A B C):

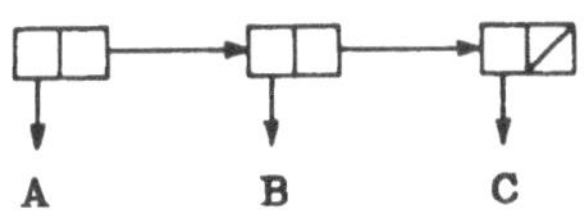

Statt des NIL-Zeigers zeichnet man der besseren Übersicht wegen in die letzte Zelle einen diagonalen Strich.

Wie leicht zu erkennen ist, können Änderungen in der Listenstruktur einfach durch Änderung der Zeiger vollzogen werden. Aus der Liste (A B C) wird z.B. die Liste

(A Z C), wobei die auf B zeigende Zelle wieder dem System zur freien Verfügung zurückgegeben werden kann ("garbage collection"):

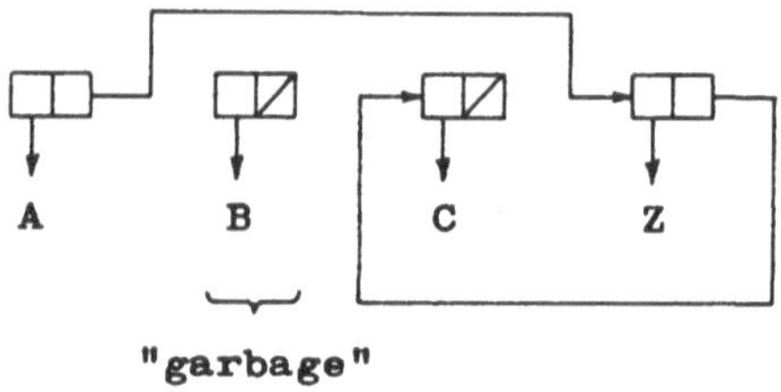

Beispiel einer hierarchischen Liste (vgl. Beispiel des letzten Abschnitts)

(A (X Y) (D (E F) G) H) :

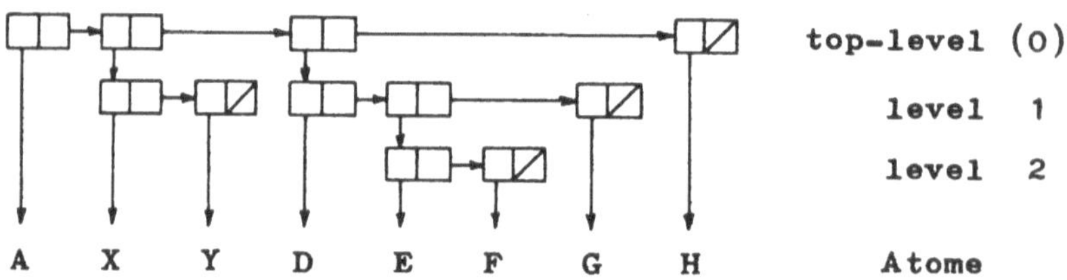

1.1.3 Generelles zu LISP-Funktionen

Der hier vorgestellte moderne LISP-"Dialekt" (genaueres dazu in Abs. 1.1.15) heißt INTERLISP. Der Benutzer arbeitet interaktiv (daher der Name) mit dem LISP-Interpreter und initialisiert die normale Arbeitsschleife "Einlesen - Auswerten - Drucken" (read-eval-print).

In einer Liste wird das erste Atom als Funktionsname angesehen, die restlichen Elemente als deren Argumente. Beispiele für einige arithmetische Funktionen verdeutlichen das Prinzip:

```
(PLUS 5 3)                          →   8
(TIMES 5 3 2)                       →  30
(DIFFERENCE 5 3)                    →   2
(MINUS 5)                           →  -5
(ADD1 5)                            →   6
(SUB1 5)                            →   4
```

Es handelt sich hier um Präfix-Notation, die vom polnischen Logiker J. Lukasiewicz (1925) begründet wurde. (Die Schul-Algebra benutzt Infix-, ein HP-Taschenrechner Postfix-Notation, auch "umgekehrte polnische Notation" = UPN genannt.) Hervorzuheben ist, daß es in LISP Funktionen gibt (wie z.B. PLUS und TIMES), die beliebig viele Argumente akzeptieren!

Schachtelungen werden "von innen nach außen" abgearbeitet (evaluiert), z.B.:

```
(TIMES(PLUS 5(ADD1 3))(MINUS 2))    →  -18
```

Mit der Funktion SETQ kann eine Wertbindung an eine Variable bewirkt werden, z.B. A=5 , B=3 , C=2 :

```
(SETQ A 5)
(SETQ B 3)
(SETQ C 2)
```

Wird jetzt A oder B eingegeben, so wird der gebundene Wert zurückgegeben. Man kann in weiteren Anweisungen darauf zurückgreifen, z.B.:

```
A                                   →   5
(PLUS A B)                          →   8
```

Soll eine Variable als Wert eine Liste zugewiesen bekommen, so muß der Evaluierungs-Prozeß ("erstes Atom ist Funktionsname") außer Kraft gesetzt werden. Das geschieht mittels Hochkomma (quote-mark), z.B.:

```
(SETQ LISTE1 '(A B C) )
```

Wird jetzt der Name des Atoms LISTE1 eingegeben, so wird als der daran gebundene Wert, die Liste zurückgegeben:

```
LISTE1                                    →    (A B C)
```

Das Hochkomma ist eine vom Rechner akzeptierte Kurz-Schreibweise der Funktion QUOTE, die ihr Argument nicht evaluiert. Die oben angegebene Zuweisung wäre in ausführlicher Schreibweise:

```
(SETQ LISTE1(QUOTE (A B C)))
```

Die hier offensichtlich lästige und fehleranfällige Klammerzählung kann stets durch "Superklammern" vereinfacht werden. Dem obigen Beispiel äquivalent ist:

```
(SETQ LISTE1 '(A B C>
```

Anmerkung: Zahlen definieren sich selbst, evaluieren darum zum gleichen Wert. Weiterhin folgt wegen des quote-mark, daß das zweite Argument auch eine beliebige S-Expression sein kann, deren Wert (nach Auswertung) an das erste Argument gebunden wird. Mit dem Beispiel von oben A=5 , B=3 ergibt sich:

```
(SETQ SUM(PLUS A B))
SUM                                    →    8
```

Man beachte also folgenden Unterschied:

```
(SETQ SUM '(PLUS A B))
SUM                                    →    (PLUS A B)
```

Es ist bemerkenswert, daß die hier als "Datum" an SUM gebundene Liste auch als "Programm" interpretierbar ist ! Mit der Funktion EVAL kann dieses zur Ausführung gebracht werden :

```
(EVAL SUM)                             →    8
```

Dieses einfache Beispiel zeigt die in der Einleitung erwähnte Ambivalenz von Daten und Programmen in LISP .

1.1.4 Elementarfunktionen zur Listenverarbeitung

Betrachten wir unsere bekannte LISTE1 als Zeiger-Diagramm:

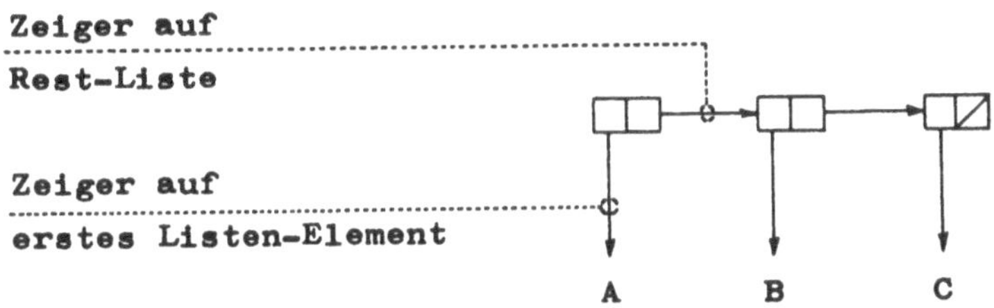

Die Funktion CAR extrahiert das erste Element einer Liste, die Funktion CDR liefert die Restliste, z.B.:

```
(CAR '(A B C))          →   A
(CDR '(A B C))          →   (B C)
```

oder:

```
(CAR LISTE1)            →   A
(CDR LISTE1)            →   (B C)
```

Die merkwürdigen, nicht-mnemotechnischen Funktionsnamen CAR (gesprochen: kahr) und CDR (gesprochen: kuder) haben ihre historisch Ursache in der Wortstruktur der IBM 704: "contents of address register", "contents of displacement register".

Bei wiederholter Verwendung der Funktionsnamen ("von innen nach außen" anzuwenden !)

```
(CAR(CDR '(A B C>            →   B
(CAR(CDR(CDR '(A B C>        →   C
```

sind die zusammengesetzten Funktionsnamen praktisch, wobei zwischen C ... R ein A für CAR, ein D für CDR steht:

```
(CADR '(A B C))                          →  B
(CADDR '(A B C))                         →  C
(CAADDR '(A(X Y)(D(E F)G)H) )            →  D
```

Mit den Funktionen CAR und CDR können Listen zerlegt, mit der Funktion CONS (cons truct) kann eine Liste gebildet oder erweitert werden, z.B.:

```
(CONS 'A NIL)                            →  (A)
(CONS 'A '(B C))                         →  (A B C)
```

Man beachte die Identität:

```
(CONS(CAR '(A B C))(CDR '(A B C)))       →  (A B C)
```

Wir können auch, hier die Ambivalenz von "Daten" und "Programm" demonstrieren. Im folgenden Beispiel sei wieder LISTE1 = (A B C) mit A=5 , B=3 , C=2 :

```
(CONS 'TIMES LISTE1)                     →  (TIMES A B C)
(EVAL(CONS 'TIMES LISTE1))               →  30
```

Mit der CONS-Funktion wird eine neue LISP-Zelle erzeugt. Das obere Beispiel als Zeiger-Diagramm dargestellt:

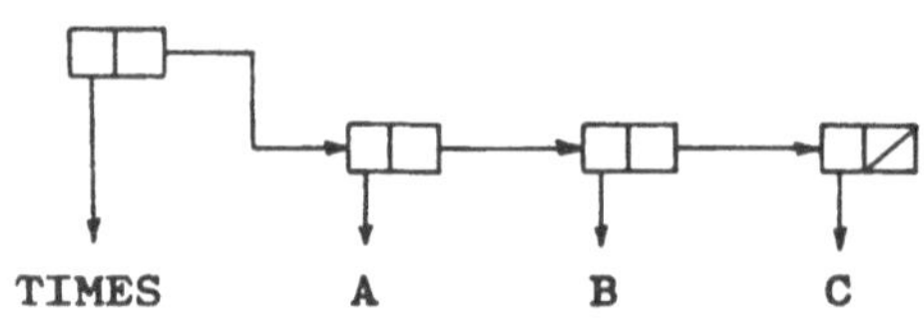

Ist das zweite Argument von CONS keine Liste, sondern ein Atom, so wird das entstehende Gebilde "dotted-pair" (Punkt-Paar) genannt, z.B.:

```
(CONS 'A 'Z)                             →  (A . Z)
```

als Zeiger-Diagramm:

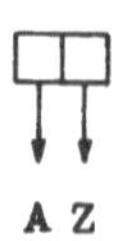

wobei:

```
(CAR '(A . Z))   →  A
(CDR '(A . Z))   →  Z
```

Listen können auch in "dot"-Schreibweise dargestellt werden, z.B.:

```
(A B C)  ≡  (A . (B . (C . NIL)))
```

In LISP gibt es auch zahlreiche höhere Funktionen zur Listenverarbeitung, z.B. zum Umkehren, Sortieren, Löschen, Ersetzen, Bilden der Vereinigungs-Menge und der Durchschnitts-Menge:

```
(REVERSE '(A B C))                    →  (C B A)
(SORT '(5 2 4 1 3))                   →  (1 2 3 4 5)
(REMOVE 'B '(A B C))                  →  (A C)
(SUBST 'A 'B '(A B C))                →  (A A C)
(UNION '(A B C) '(B C D))             →  (A B C D)
(INTERSECTION '(A B C) '(B C D))      →  (B C)
```

1.1.5 Property-Listen

In LISP können bestimmte Eigenschaften eines Atoms auf einer "Property-Liste" (Eigenschafts-Liste) gespeichert und bei Bedarf abgerufen werden.

Beispielsweise haben Bauklötze eine Farbe (rot, blau, ...), sind von einem bestimmten Typ (Block, Pyramide, Kugel ...), von bestimmter Größe, stehen auf einem bestimmten Platz im dreidimensionalen Koordinatensystem, usw.

Eigenschaften werden abgespeichert mit Hilfe der Funktion PUTPROP. Z.B. seien für den Baustein Block-D die folgenden Eigenschaften zu definieren:

```
(PUTPROP 'BLOCK-D 'FARBE 'ROT)
(PUTPROP 'BLOCK-D 'GROESSE '(2 2 2))
```

Die auf der Property-Liste abgelegten Eigenschaften können abgerufen werden mit der Funktion GETPROP. Z.B. erhält man die Eigenschaften des Bausteins Block-D wie folgt:

```
(GETPROP 'BLOCK-D 'FARBE)        →  ROT
(GETPROP 'BLOCK-D 'PLATZ)        →  (9 4 0)
```

Die vom LISP-System organisierte und verwaltete Eigenschafts-Liste besteht aus einer Reihe von Attribut-Wert-Paaren und hat z.B. folgendes Aussehen:

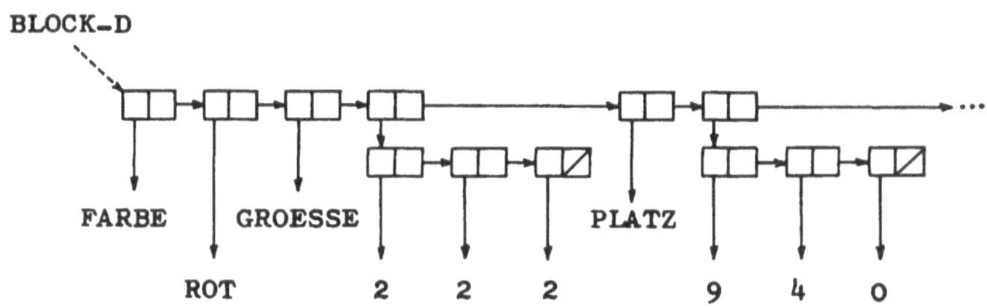

Mit der Funktion REMPROP können Eigenschaften auch wieder gelöscht werden, z.B.:

```
(REMPROP 'BLOCK-D 'WERKSTOFF)
```

H. Stoyan /9/ macht darauf aufmerksam, daß Property-Listen besonders flexibel sind, weil unter den Eigenschaften auch Programme abgelegt werden können, die etwa die Verarbeitungsweise anderer Eigenschaften beschreiben.

1.1.6 Assoziations-Listen

Assoziativ-Speicher sind mächtige organisatorische Werkzeuge. Sie werden in LISP durch "Assoziations-Listen" realisiert, die aus Punkt-Paaren folgender Form bestehen:

```
( (key1 . wert1)(key2 . wert2) ... (keyn . wertn) )
```

wobei key1 ... keyn (z.B. atomare) "Schlüssel", wert1 ... wertn beliebige S-Expressions sind. Es sei z.B. folgende Assoziations-Liste als Wert an das Atom ALIST gebunden:

(SETQ ALIST '((A . B) (X . Y) (V . W)))

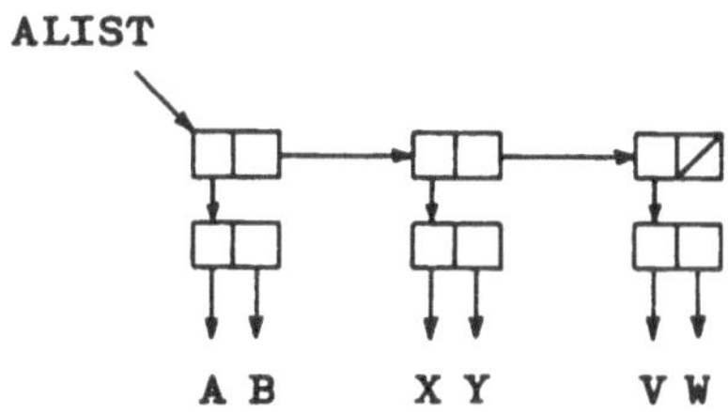

Die Funktion ASSOC liefert das zum Schlüssel keyx gehörige dotted-pair (keyx . wertx) der Assoziations-Liste. Es kann wertx dann z.B. so erhalten werden:

(CDR(ASSOC 'X ALIST)) → Y

Als Wert kann auch hier z.B. ein Programm stehen. D. Kolb /5/ betont, daß neben komfortablen Zugriffsmöglichkeiten der Vorteil der Assoziations-Liste gegenüber der Property-Liste darin besteht, daß die Assoziations-Liste <u>lokal</u> an eine Variable (ein Atom) gebunden werden kann, Property-Listen dagegen stets <u>global</u> sind. Auf einen weiteren Unterschied macht er aufmerksam: Indikatoren von Property-Listen müssen literale Atome sein, während für die Schlüssel der Assoziations-Listen beliebige S-Expressions zugelassen sind.

1.1.7 Prädikatfunktionen

In LISP gibt es Test-Funktionen, z.B. die Funktion NULL, die feststellt, ob eine Liste leer ist. Das "<u>Prädikat</u>" ist ein Ergebnis, das entweder den Wahrheitswert "wahr" oder "falsch" hat. "Falsch" wird durch das Atom NIL, "wahr" durch das Atom T (<u>t</u>rue) ausgedrückt.

Einige Beispiele von Prädikatfunktionen im Test mit unserer LISTE1 = (A B C) :

```
(NULL () )                         →   T
(NULL LISTE1)                      →   NIL
(ZEROP 0)                          →   T
(ATOM(CAR LISTE1))                 →   T
(EQUAL 'A(CAR LISTE1))             →   T
(MEMBER 'D LISTE1)                 →   NIL
(MEMBER 'D '(A B C D E) )          →   (D E)
```

Die Funktion MEMBER im letzten Beispiel liefert statt T die Restliste, deren erstes Element das gesuchte top-level Element ist. Aus Gründen einer effizienten Weiterverarbeitung gilt verallgemeinernd in LISP, daß jeder Wert ungleich NIL den Wahrheitswert "wahr" hat.

1.1.8 Die LAMBDA-Funktion

Der λ-Kalkül von A. Church (1941) wird, wie Turing-Maschine, μ-rekursive Funktionen und ähnlichem, zur Präzisierung des Algorithmen-Begriffs verwendet.

Zur Bearbeitung einer Formel, z.B. y^x mit den Argumenten (2 , 3) ist es notwendig, eine Konvention bez. der Parameter-Bindung zu treffen: Gilt entweder $2^3 = 8$ oder $3^2 = 9$? In LISP wird in Anlehnung an die Schreibweise des λ-Kalküls, womit die zuordnende Paarung der Funktionsparameter mit den Werten der Argumentliste ausgedrückt wird

$$\lambda((x, y);\ y^x)\ (2 , 3) \quad = 9$$

die Funktion LAMBDA benutzt, um eine (nicht explizit benannte) Funktionsdefinition zu formulieren.

Beispielsweise sei das Volumen $V = \pi r^2 h$ eines Zylinders zu berechnen mit $r = 1$, $h = 2$:

```
(< LAMBDA ( R H ) (TIMES 3.1416 (TIMES R R) H)> 1 2 )
   \_____/ \_____/  \_________________________/
      λ    Parameter    Funktionsdefinition
 \_____________________________________________/\____/
               λ - Expression                 Argumente

                                   →    6.283199
```

Die mit der LAMBDA-Funktion "gebundenen" Parameter haben nur "lokale" Bedeutung. Gleichnamige Atome außerhalb der LAMBDA-Funktion werden dadurch nicht angesprochen.

1.1.9 Definitionen benannter Funktionen

Wird eine vom Benutzer definierte Funktion häufiger benötigt, so ist es zweckmäßig, ihr einen Namen zu geben, um sie dann wie jede andere Funktion aufrufen zu können. Diesen Wunsch erfüllt die Funktion DE (<u>de</u>fine).

Angenommen, wir wollen unsere Funktionsdefinition von oben unter dem Namen ZYLINDER aufrufen, so schreiben wir:

```
(DE ZYLINDER(R H) (TIMES 3.1416 (TIMES R R) H>
```

Man beachte den analogen Aufbau zur LAMBDA-Expression ! Damit ist die Funktion ZYLINDER definiert und wir können sie benutzen, z.B.:

```
(ZYLINDER 1 2)                     →    6.283199
```

Wir haben gesehen, daß es in LISP Funktionen gibt, die beliebig viele Argumente akzeptieren (wie z.B. PLUS). In LISP ist es auch gestattet (falls sinnvoll), einer Funktion (trotz Definition) kein Argument zu übergeben. Es wird dann automatisch NIL eingesetzt. Es gibt weiterhin Funktionen, die ihre Argumente nicht evaluieren (z.B. QUOTE). Selbstverständlich können auch vom Benutzer definierte Funktionen mit allen diesen Eigenschaften entworfen werden. Zusätzlich besteht die Möglichkeit, Funktionen vom INTERLISP-System compilieren zu lassen, um deren Laufzeit zu verringern.

1.1.10 Eine Steueranweisung

Im allgemeinen ist die Abarbeitung einer Funktionsdefinition an Bedingungen geknüpft. Die Funktion COND (condition) testet eine Reihe von Klauseln. Jede Klausel besteht aus einer Liste, deren erstes Element ein Prädikat ist und deren folgende Elemente beliebige S-Expressions sind. Diese Steueranweisung hat dann folgende Form:

```
<COND
     ( präd1 expr11 expr12 ... )          ≙  Klausel 1
     ( präd2 expr21 expr22 ... )          ≙  Klausel 2
          :
     ( prädn exprn1 exprn2 ... )>         ≙  Klausel n
```

Die Steueranweisung hat folgende Wirkung: Es wird nacheinander jedes Prädikat getestet, bis ein Prädikat zu ungleich NIL evaluiert (z.B. präd2 in Klausel 2). Dann werden nacheinander die zu dieser Klausel gehörenden S-Expressions (hier expr21 ... expr2m) abgearbeitet und anschließend die COND-Funktion (hier mit dem Wert von expr2m) verlassen.

Evaluiert kein Prädikat zu ungleich NIL, so "fällt COND durch" und hat den Wert NIL. Es ist meistens sinnvoll, bei mehreren Klauseln als letztes Prädikat (prädn) das Atom T zu schreiben (dieses evaluiert wieder zu T, also ungleich NIL), um so einen definierten Ausgang anzugeben. Eine Klausel darf auch nur das Prädikat enthalten. In den folgenden beiden Abschnitten werden wir Anwendungsfälle kennenlernen.

1.1.11 Rekursive Funktionsdefinitionen

Die Mächtigkeit und Eleganz einer rekursiven Funktionsdefinition liegt in der Reduzierung des komplexen Problems auf den einfachsten Fall dieses Problems.

Wir wollen zuerst das Standardbeispiel einer rekursiven Definition, die Fakultät, programmieren:

$n! = n * (n-1)!$ für $n \geq 0$ mit $0! = 1$ per def.

```
< DE FAKULTAET(N)
     (COND ((ZEROP N) 1)
           (T (TIMES N (FAKULTAET (SUB1 N)) >
```

In der ersten Klausel der Steueranweisung COND ist die Endbedingung programmiert (für n = 0 ist definitionsgemäß das Ergebnis gleich 1); in der letzten Klausel ist der Rekursionsschritt formuliert.

Die Abarbeitung rekursiv definierter Funktionen geschieht über eine Stack-Verwaltung, die das bei jedem Rekursionsschritt entstehende Zwischenergebnis in einem Stack (Stapel- oder Keller-Speicher) ablegt. Der Stack wird bis zum Rekursionsende aufgebaut und anschließend durch Verknüpfung dieser Zwischenergebnisse gemäß der Funktionsdefinition wieder abgebaut. Das Ergebnis ist der Wert der Funktion.

Der Aufruf erfolgt wie üblich entsprechend dem definierten Namen, z.B.:

```
(FAKULTAET 0)                        →    1
(FAKULTAET 6)                        →  720
```

Der Wert rekursiver Definition läßt sich noch deutlicher an Funktionen zeigen, die auf S-Expressions unbekannter Länge und Tiefe arbeiten. Angenommen, wir wollen eine Prädikatfunktion INSIDE definieren, die uns das Vorhandensein z.B. des Atoms E irgendwo innerhalb einer Liste anzeigt, z.B.:

```
(INSIDE 'E '(A(X Y)(D(E F)G)H) )        →    T
```

Dann programmieren wir:

```
<DE INSIDE(A L)
    (COND ((ATOM L)(EQUAL A L))
          ((INSIDE A (CAR L)) T)
          (T (INSIDE A (CDR L)  >
```

Die erste Klausel testet den einfachsten Fall, daß L ein Atom ist. Wenn ja (was auch für die Endbedingung der leeren Liste () ≡ NIL zutrifft !), wird die S-Expression der ersten Klausel bearbeitet: Der Wert von INSIDE ist dann gleich dem Prädikat des Tests von EQUAL. Wenn nicht, dann wird als Prädikat in der zweiten Klausel INSIDE rekursiv für den CAR von L (das ist entweder ein Atom oder eine Subliste) aufgerufen. Ist das Ergebnis "wahr", so wird die S-Expression T bearbeitet, die wiederum zu T als Wert der Funktion evaluiert. Wenn nicht, dann wird in der letzten Klausel (wegen des T Prädikats) INSIDE rekursiv für den CDR von L (also die um das erste Element reduzierte Liste bzw. Subliste) aufgerufen. Wie man sieht, wird damit eine Baum-Struktur in allen ihren Verzweigungen durchsucht.

1.1.12 Iterative Funktionsdefinitionen

Es gibt Probleme, die ihrer Natur nach effektiver iterativ (statt rekursiv) zu lösen sind. Darum stellt LISP eine Funktion PROG zur Verfügung, die es erlaubt "Programme" iterativ zu formulieren, ähnlich wie in FORTRAN, mit Entscheidungen, Sprung-Befehlen auf Marken, Return usw. Als Beispiel sei die Fakultätsfunktion als PROG definiert. Auf die im PROG-Rumpf benötigte, lokal gebundene Hilfsvariable RESULT wird schließlich das Ergebnis gesetzt, was mit RETURN übergeben wird. Das COND besteht hier nur aus einer Klausel. Der Rest ist selbsterklärend :

```
< DE FAKULTAET(N)
    (PROG (RESULT)
          (SETQ RESULT 1)
     LOOP (COND ((ZEROP N)(RETURN RESULT)))
          (SETQ RESULT (TIMES RESULT N))
          (SETQ N (SUB1 N))
          (GO LOOP)          >
```

Der Aufruf erfolgt wie oben :

```
(FAKULTAET 3)                          →   6
```

Man vergleiche diese Definitionsgleichung mit der rekursiven aus dem vorigen Abschnitt !

1.1.13 MAP-Funktionen

Ist z.B. mit jedem top-level Element einer Liste die gleiche Operation auszuführen, so müßte ein Programm mit Kontroll-Struktur geschrieben werden, was die Listenelemente nacheinander (als CARs der Restlisten) der Operationsfunktion übergibt, so lange, bis die Liste abgearbeitet ist. Die in LISP verfügbaren MAP-Funktionen befreien den Programmierer vom Schreiben entsprechender Kontroll-Strukturen.

Betrachten wir zwei Beispiele:

Der Funktion MAPCAR wird als erstes Argument eine Liste übergeben. Mit dem zweiten Argument wird die Operationsfunktion angegeben, die hier die CARs der Sublisten aussondert:

```
(MAPCAR '((A X)(B Y Z)(C)) 'CAR)       →   (A B C)
```

Als weiteres Beispiel einer MAP-Funktion, die über zwei Listen arbeitet (1. und 2. Argument) sei MAP2CAR genannt. Die Operationsfunktion (als 3. Argument), hier CONS, verknüpft paarweise die Listenelemente zu dotted-pairs:

```
(MAP2CAR '(ONE TWO THREE) '(1 2 3) 'CONS)
                    →   ((ONE . 1)(TWO . 2)(THREE . 3))
```

Abschließend sei in diesem Zusammenhang angemerkt, daß manche Funktionen (wie z.B. PLUS und TIMES) in der Anwendungsphase ihre Argumente einzeln und nicht als Liste erwarten. Liegt aber eine Datenliste vor, so sorgt die Funktion APPLY für eine korrekte Steuerung der Argument-Übergabe, z.B.:

```
(SETQ L1 '(5 3 2))
(APPLY 'TIMES L1)                    →   30
```

1.1.14 Beispiele zur Semantik in LISP

In der Einleitung wurde gesagt, daß das Erlernen von LISP durch eine einfache Syntax erleichtert wird. Bei der Vielzahl der verfügbaren Systemfunktionen (280 in /1/) und dem Nuancenreichtum ihrer Semantik ist jedoch ein Vergleich mit einer natürlichen Sprache naheliegend : Vom "Kennen" zum "Können" ist ein Weg harter Übung zu bewältigen !

Beispielsweise werden mit den folgenden Funktionen Listen erzeugt, jedoch mit unterschiedlicher Wirkung:

(CONS 'a 'l) fügt a als erstes top-level Element in die Liste l, z.B.:

```
(CONS 'A '(B) )                      →   (A B)
(CONS '(A) '(B) )                    →   ((A) B)
(CONS '(A X) '((B Y)) )              →   ((A X)(B Y))
```

(LIST 'a 'b ...) erzeugt eine Liste, deren top-level Elemente a, b, ... sind, z.B.:

```
(LIST 'A 'B)                         →   (A B)
(LIST '(A) 'B)                       →   ((A) B)
(LIST '(A X) '(B Y) )                →   ((A X)(B Y))
```

(APPEND 'l_1 'l_2 ...) erzeugt eine Liste, deren top-level Elemente die top-level Elemente der Listen l_1, l_2, ... sind, z.B.:

```
(APPEND '(A) '(B) )                  →  (A B)
(APPEND '((A)) '(B) )                →  ((A) B)
(APPEND '((A X)) '((B Y)) )          →  ((A X)(B Y))
```

Die Funktionen CONS, LIST und APPEND erzeugen als Ergebnis neue Listen, ohne die Listen der Argumente zu verändern. Andererseits gibt es Funktionen (z.B. NCONC, NCONC1, TCONC, LCONC, ATTACH, RPLACA, RPLACD), die keine neuen Listen erzeugen, sondern die vorhandenen Strukturen modifizieren.

1.1.15 LISP-Dialekte und Literaturhinweise

Ein die LISP-Literatur studierender Anfänger ist verwirrt durch das Vorhandensein vieler LISP-"Dialekte".

Nach der ersten LISP-Version von 1959 wurden zahlreiche Verbesserungen vorgenommen und von McCarthy et al als "LISP 1.5 Programmer's Manual" 1962 publiziert. LISP 1.5 ist ein sog. "EVALQUOTE-LISP". Die top-level Funktionen werden z.B. so eingegeben:

```
CONS(A B)                            →  (A . B)
```

Der 1966 herausgegebene "LISP 1.5 Primer" von C. Weissman /10/ war das erste LISP-Lehrbuch. Die starke Betonung der "dot"-Notation ist nicht mehr zeitgemäß. Wegen zahlreicher Lösungsbeispiele zu den Übungsaufgaben ist das Buch auch für das Selbststudium geeignet und noch immer empfehlenswert für diejenigen, die mit "EVALQUOTE"-Dialekten arbeiten müssen.

Der hier in den Beispielen benutzte moderne Dialekt ist ein sog. "EVAL-LISP". In dem 1976 erschienenen, didaktisch sehr gut aufgebauten und humorvollen Lehrbuch von Siklóssy /8/ "Let's Talk LISP" werden beide Dialekte parallel behandelt. In dem 1981 erschienenen Lehrbuch "LISP" von Winston + Horn /13/ ist MACLISP (ein "EVAL-LISP") die Sprachgrundlage. Es ist ein Arbeitsbuch für Anfänger und Fortgeschrittene mit zahlreichen Lösungsbeispielen für allgemein nützliche Programme und mit umfangreichen Beispiel-Problemen aus dem AI-Bereich.

"Es gibt keine LISP-Standardisierung. Das Problem der Dialekte existiert, da praktisch jede LISP-Benutzergruppe ihre eigenen Modifikationen an der Sprache und am System vorgenommen hat." (Sammet /6/) Einen umfassenden Überblick über LISP-Dialekte als wertvolle Hintergrundinformation mit Literaturangaben sowie orientierenden Hinweisen auf Sprachen, die auf LISP aufbauen (wie z.B. PLANNER und CONNIVER), ist bei Stoyan /9/ zu finden.

Das 1974 von W. Teitelman vorgestellte INTERLISP wurde insbesondere unter dem Aspekt der Interaktivität (daher der Name) entwickelt. "Es gilt gegenwärtig als die beste interaktive LISP-Implementation ... und ist ohne Zweifel das für Zwecke der Künstlichen Intelligenz wichtigste und umfassenste System" (Stoyan /9/). INTERLISP schafft eine den Programmierer außerordentlich unterstützende Systemumgebung. Beispielsweise fängt das System durch eine "Do-What-I-Mean" (DWIM) -Fähigkeit eine Vielzahl auftender Fehler automatisch ab, ohne dabei den Programmablauf abzubrechen. In Deutschland wurde INTERLISP von Siemens übernommen und ist an mindestens 9 Institutionen (nach /1/) auf Siemens-Anlagen unter dem Betriebssystem BS 2000 installiert.

Das sehr ausführliche "SIEMENS-INTERLISP Benutzerhandbuch" von Kolb /5/ ist nicht als Lehrbuch, sondern als Nachschlagewerk konzipiert. Demgegenüber wendet sich das

"INTERLISP-Programmierhandbuch" von B. Epp /1/ "sowohl an den Neuling wie an den in LISP Erfahrenen und will so Einführung und Arbeitsunterlage zugleich sein". Programmierhandbücher können aber mit einfachen Beispielen nur einen ersten Eindruck in LISP vermitteln. Die Mächtigkeit der Sprache erschließt sich erst bei der Lösung komplexer Aufgaben. Winston /12/ empfiehlt daher: "Die beste Art, LISP zu lernen, ist tapfer hineinzuspringen, mitten in ein interessantes Programm." Ein solches Beispiel (die Implementierung einer "Block-Welt") wird hier in diesem Lehrbuch ausführlich behandelt. Der folgende Abschnitt gibt dazu eine kurze Einführung.

1.1.16 Demonstration eines Übungsbeispiels

T. Winograd /11/ hat 1971 mit seinem SHRDLU-Programm einen "Markstein" der AI-Forschung gesetzt: Ein (simulierter) einarmiger Roboter kann in einer "Bauklötzchen-Welt" manipulieren. Er führt einen (schriftlichen) Dialog in natürlichem Englisch. Er reagiert auf Befehle mit Aktionen, die eine komplexe Handlungskette erfordern, beantwortet Fragen, speichert Informationen, erinnert sich, diskutiert Pläne und kann sie ausführen.

Das Programm enthält einen "allgemeinen Problemlöser" (general problem solver, GPS), eine englische Grammatik, einen Parser, führt die semantische Analyse durch und "versteht, wovon die Rede ist".

Mit dem Vorbild von Winograds Programm hat Winston /12/ in seinem Buch "Artificial Intelligence" als inspirierende Übungsaufgabe einige Programm-Module zur Implementierung einer (Mini-)"Blocks World" skizziert. Diese Anregung wurde hier (mit Begeisterung !) aufgegriffen und ein formalisiertes "intelligentes" Frage/Antwort-System aufgebaut :

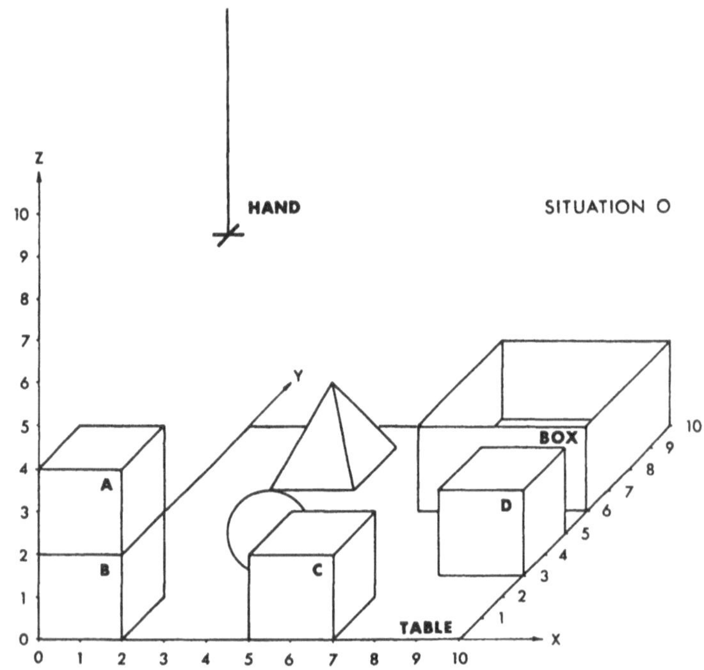

(SITUATION)

SITUATION	BLOCK-A	BLOCK-B	BLOCK-C	BLOCK-D	SPHERE	PYRAMID
INDICATOR	VALUE	26-SEP-80	10:50:51			
SUPPORTED-BY	BLOCK-B	TABLE	TABLE	TABLE	TABLE	TABLE
DIRECTLY-SUPPORTS	NIL	(BLOCK-A)	NIL	NIL	NIL	NIL
PLACE	(1 1 2)	(1 1 0)	(6 1 0)	(9 4 0)	(4 3 0)	(3 8 0)
SIZE	(2 2 2)	(2 2 2)	(2 2 2)	(2 2 2)	(2 2 2)	(2 2 2)
TYPE	BLOCK	BLOCK	BLOCK	BLOCK	SPHERE	PYRAMID
COLOR	GREEN	RED	BLUE	RED	GREEN	RED
SUPPORTP	T	T	T	T	NIL	NIL

BOX	PLACE (8 8 0)	SIZE (4 4 0.100000)	COLOR BLUE
DIRECTLY-SUPPORTS	NIL		
TABLE	PLACE (5 5 0)	SIZE (10 10 0)	COLOR BLACK
DIRECTLY-SUPPORTS	(BLOCK-B BLOCK-C BLOCK-D SPHERE PYRAMID BOX)		
HAND GRASPING	NIL		
HAND POSITION	(2 5 7)		

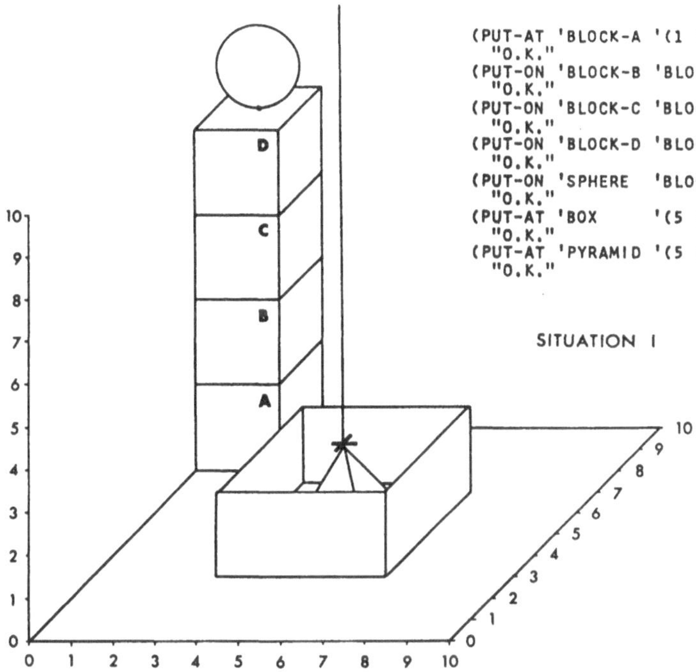


```
(PUT-AT 'BLOCK-A '(1 9 0) )
  "O.K."
(PUT-ON 'BLOCK-B 'BLOCK-A )
  "O.K."
(PUT-ON 'BLOCK-C 'BLOCK-B )
  "O.K."
(PUT-ON 'BLOCK-D 'BLOCK-C )
  "O.K."
(PUT-ON 'SPHERE  'BLOCK-D )
  "O.K."
(PUT-AT 'BOX     '(5 5 0) )
  "O.K."
(PUT-AT 'PYRAMID '(5 5 .1))
  "O.K."
```

SITUATION I

```
(SITUATION)
-------------------------------------------------------------------------------------
SITUATION          BLOCK-A   BLOCK-B   BLOCK-C   BLOCK-D   SPHERE    PYRAMID
=====================================================================================
INDICATOR          VALUE     26-SEP-80 11:02:07
-------------------------------------------------------------------------------------
SUPPORTED-BY       TABLE     BLOCK-A   BLOCK-B   BLOCK-C   BLOCK-D   BOX
DIRECTLY-SUPPORTS  (BLOCK-B) (BLOCK-C) (BLOCK-D) (SPHERE)  NIL       NIL
PLACE              (1 9 0)   (1 9 2)   (1 9 4)   (1 9 6)   (1 9 8)   (5 5 0.1
SIZE               (2 2 2)   (2 2 2)   (2 2 2)   (2 2 2)   (2 2 2)   (2 2 2)
TYPE               BLOCK     BLOCK     BLOCK     BLOCK     SPHERE    PYRAMID
COLOR              GREEN     RED       BLUE      RED       GREEN     RED
SUPPORTP           T         T         T         T         NIL       NIL
=====================================================================================
BOX                PLACE (5 5 0)       SIZE (4 4 0.100000) COLOR BLUE
DIRECTLY-SUPPORTS  (PYRAMID)
=====================================================================================
TABLE              PLACE (5 5 0)       SIZE (10 10 0)      COLOR BLACK
DIRECTLY-SUPPORTS  (BOX BLOCK-A)
=====================================================================================
HAND GRASPING      NIL
HAND POSITION      (5 5 2.099999)
-------------------------------------------------------------------------------------
```

```
(PUT-ON 'BLOCK-A 'BOX )
  "O.K."
```

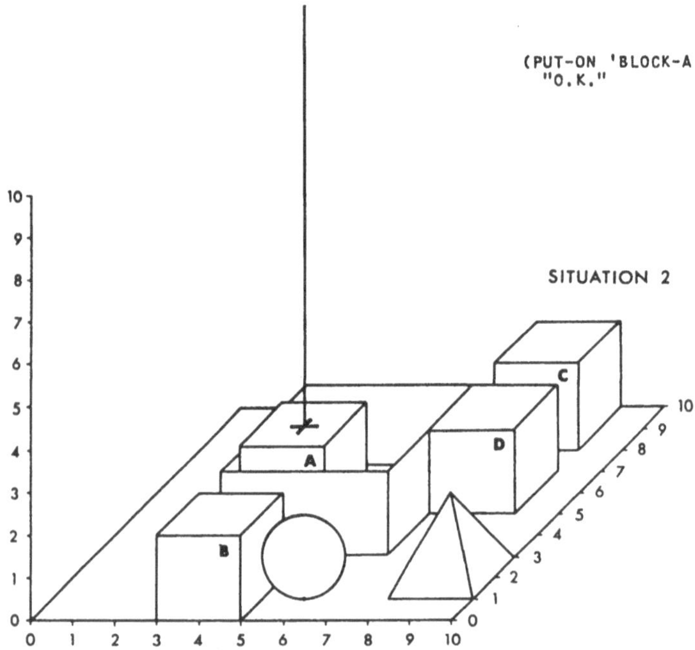


```
( SITUATION)
--------------------------------------------------------------------------------
SITUATION            BLOCK-A   BLOCK-B    BLOCK-C   BLOCK-D   SPHERE    PYRAMID
================================================================================
INDICATOR            VALUE     26-SEP-80 11:07:02
--------------------------------------------------------------------------------
SUPPORTED-BY         BOX       TABLE      TABLE     TABLE     TABLE     TABLE
DIRECTLY-SUPPORTS    NIL       NIL        NIL       NIL       NIL       NIL
PLACE                (4 5 0.100000)
                               (4 1 0)    (8 9 0)   (8 6 0)   (6 1 0)   (9 2 0)
SIZE                 (2 2 2)   (2 2 2)    (2 2 2)   (2 2 2)   (2 2 2)   (2 2 2)
TYPE                 BLOCK     BLOCK      BLOCK     BLOCK     SPHERE    PYRAMID
COLOR                GREEN     RED        BLUE      RED       GREEN     RED
SUPPORTP             T         T          T         T         NIL       NIL
================================================================================
BOX                  PLACE (5 5 0)        SIZE (4 4 0.100000) COLOR BLUE
DIRECTLY-SUPPORTS    (BLOCK-A)
================================================================================
TABLE                PLACE (5 5 0)        SIZE (10 10 0)      COLOR BLACK
DIRECTLY-SUPPORTS    (BLOCK-B BLOCK-C BLOCK-D SPHERE PYRAMID BOX)
================================================================================
HAND GRASPING        NIL
HAND POSITION        (4 5 2.099999)
--------------------------------------------------------------------------------
```

```
(BW-PLAN)
  ((MOVETO (1 1 4)) (GRASP BLOCK-A) (MOVETO (1 9 2)) (UNGRASP BLOCK-A)
  (MOVETO (1 1 2)) (GRASP BLOCK-B) (MOVETO (1 9 4)) (UNGRASP BLOCK-B)
  (MOVETO (6 1 2)) (GRASP BLOCK-C) (MOVETO (1 9 6)) (UNGRASP BLOCK-C)
  (MOVETO (9 4 2)) (GRASP BLOCK-D) (MOVETO (1 9 8)) (UNGRASP BLOCK-D)
  (MOVETO (4 3 2)) (GRASP SPHERE) (MOVETO (1 9 10)) (UNGRASP SPHERE)
  (MOVETO (8 8 0.100000)) (GRASP BOX) (MOVETO (5 5 0.100000)) (UNGRASP BOX)
  (MOVETO (3 8 2)) (GRASP PYRAMID) (MOVETO (5 5 2.099999)) (UNGRASP PYRAMID)
  (GRASP PYRAMID) (MOVETO (9 2 2)) (UNGRASP PYRAMID)
  (MOVETO (1 9 10)) (GRASP SPHERE) (MOVETO (6 1 2)) (UNGRASP SPHERE)
  (MOVETO (1 9 8)) (GRASP BLOCK-D) (MOVETO (8 6 2)) (UNGRASP BLOCK-D)
  (MOVETO (1 9 6)) (GRASP BLOCK-C) (MOVETO (8 9 2)) (UNGRASP BLOCK-C)
  (MOVETO (1 9 4)) (GRASP BLOCK-B) (MOVETO (4 1 2)) (UNGRASP BLOCK-B)
  (MOVETO (1 9 2)) (GRASP BLOCK-A) (MOVETO (4 5 2.099999)) (UNGRASP BLOCK-A))
```

```
(DID '(GRASP SPHERE))                                              : *
  "YES"                                                            :
(WHY)                                                              :
  ((PUT-AT SPHERE (1 9 8)))                                        : Frage ohne Argument
(HOW)                                                              : bezieht sich auf
  ((GRASP SPHERE) (MOVE-OBJECT (1 9 8)) (UNGRASP SPHERE))          : vorherige Antwort
(HOW)                                                              :
  "?"                                                              : **
(WHEN)                                                             : Wie er greift
  ((PUT-ON SPHERE BLOCK-D))                                        : "weiß" er nicht
(WHEN)                                                             :
  ((PUT-AT BLOCK-A (1 9 0)) (PUT-ON BLOCK-B BLOCK-A)               : nachdem ...
  (PUT-ON BLOCK-C BLOCK-B) (PUT-ON BLOCK-D BLOCK-C)                :
  (PUT-ON SPHERE BLOCK-D)                                          : ⇐
  (PUT-AT BOX (5 5 0)) (PUT-AT PYRAMID (5 5 0.100000))             : ... bevor
  (PUT-ON BLOCK-A BOX))                                            :
(DID '(GRASP SPHERE) '(CLEAR-TOP BOX))                             : Spezifiziert, darum
  NIL                                                              : andere Antwort
(DID '(GRASP SPHERE) '(GET-RID-OF SPHERE))                         : als in *
  "YES"                                                            :
(WHY)                                                              : Trotz thematischer
  ((PUT-AT SPHERE (6 1 0))                                         : Änderung
(WHEN)                                                             : kann Argument
  ((PUT-ON BLOCK-A BOX))                                           : weggelassen werden
(HOW)
  ((MAKE-SPACE BOX BLOCK-A) (PUT-AT BLOCK-A (4 5 0.100000)))
(HOW '(PUT-AT BLOCK-A (4 5 .1)))
  ((GRASP BLOCK-A) (MOVE-OBJECT (4 5 0.100000)) (UNGRASP BLOCK-A))
(HOW)
  ((CLEAR-TOP BLOCK-A))                                            :
(HOW)                                                              : Anderer Antworttyp
  ((GET-RID-OF BLOCK-B))                                           : als in **
(HOW '(MAKE-SPACE BOX BLOCK-A))                                    : Auch hier bleibt
  ((GET-RID-OF PYRAMID))                                           : "Fokus des Dialogs"
(HOW)                                                              : erhalten
  ((PUT-AT PYRAMID (9 2 0)))                                       : Platz selbst
(DID '(PUT-AT PYRAMID (5 5 .1)))                                   : gewählt
  "YES"                                                            :
(WHY)                                                              : Themen-Wechsel
  "BECAUSE YOU TOLD ME TO DO IT"                                   : stimmt!
```

Die Situations-Tabellen zeigen zum einen, daß man in LISP mit PRINT-Funktionen formatiert ausgeben kann und zum anderen, welche Bausteine zur "Blocks World" gehören und in welchen Beziehungen sie zueinander stehen. Diese "Properties" werden vom System nach jeder Aktion aktualisiert. *)

Im Beispiel-Lauf wird, ausgehend von einer "Situation 0", vom Roboter ein Turm gebaut, die Box umgesetzt und die Pyramide so in die Box gestellt, daß kein weiterer Baustein hineinpaßt (Situation 1). Der anschließend gegebene Befehl, den Block-A in die Box zu stellen, hat eine Handlungskette zur Folge, in der alle Bausteine ein zweites Mal bewegt werden müssen; erstens, um die Box zu leeren und zweitens, um an Block-A heranzukommen. Die wegzuräumenden Bausteine werden vom Roboter "nach Belieben" verteilt (Situation 2).

Während des Befehls-Dialogs und seiner Bearbeitung wird intern die Handlungskette als "Plan" gespeichert und zusätzlich eine Trace-Struktur (als Baum) aufgebaut, auf die mit formalisierten Fragen zugreifbar ist.

"Hast Du ..." -Fragen, als (DID' ...) eingegeben, suchen den entsprechenden Knoten im Baum und ergeben als Antwort "YES" oder NIL. "Wie ..." -Fragen, als (HOW' ...) formuliert, beziehen sich auf die unmittelbar nachfolgenden Knoten. Ist keiner vorhanden, wird "?" ausgegeben: Wie der Roboter greift "weiß" er nicht. "Warum ..." -Fragen, als (WHY' ...), betreffen die unmittelbar übergeordneten Knoten. Bei "Wann hast Du ..." -Fragen, als (WHEN' ...) eingegeben, antwortet das System mit dem top-level Befehl.

----

*) Der Einfachheit wegen wurde die Kugel mit ihren "Maximal-Dimensionen" und die Box mit "materiellem Boden" als Block definiert.

Wird aber nach diesem gefragt, so werden alle top-level Befehle aufgelistet. Ein natürlich-sprachliches Interface könnte daraus die Beziehung erstellen: "Ich habe Y getan, nach dem ich X erledigt und bevor ich Z gemacht habe".

Die Antworten des Programms beziehen sich auf die zu einer Handlungskette benötigten Funktionen. Durch die gewählte mnemotechnische Namensgebung sind sie selbsterklärend.

Das Frage/Antwort-System ist so aufgebaut, daß mit Fragen ein Thema "in den Fokus des Dialogs" gebracht wird. Bei mehrdeutigen Fragen muß dabei (wie im natürlichen Sprachgebrauch auch) die Frage durch ein zusätzliches Argument spezifiziert werden. Bezieht sich die Frage auf die letzte Antwort, so braucht kein Argument angegeben zu werden!

Hervorzuheben ist die Programm-Struktur der "Blocks World", deren Module eine "Gemeinschaft von Experten" (Winston) sind, die ggf. rekursiv miteinander arbeiten. Hier im Beispiel wurden als Befehle nur PUT-AT und PUT-ON benutzt, die bei Bedarf z.B. die Funktionen MAKE-SPACE oder CLEAR-TOP aufrufen. Man kann aber auch wegen der besonderen Programm-Struktur direkt z.B. (CLEAR-TOP 'BOX) als Befehl eingeben.

1.2 Übungen zur "Einführenden Übersicht"

1.2.1 Aufgaben

Die Übungsaufgaben nehmen aufeinander Bezug; sie sind darum in der angegebenen Reihenfolge zu bearbeiten.

(1)

Zeichnen Sie das Zeiger-Diagramm der Liste LIS1 :

(ALPHA (BETA GAMMA) DELTA)

(2)

Wie lautet die Listen-Darstellung des Zeiger-Diagramms von LIS2 ? (vgl. Skizze auf dem Merkblatt dieses Kapitels)

(3)

Gegeben ist die Baum-Struktur TREE (vgl. Merkblatt). Schreiben Sie diese in Listen-Darstellung so, daß untergeordnete Elemente innerhalb der nächsten Klammerstufe, Elemente auf gleichem Level auf gleicher Klammerstufe liegen.

Wie sieht das zugehörige Zeiger-Diagramm aus ?

(4)

Wie weisen Sie den Variablen folgende Werte zu ?

ALPHA = 7 , BETA = 8 , GAMMA = 9

Hinweis:
Jede Funktion, angewandt auf ihre Argumente, liefert einen Funktionswert. Der Wert der Funktion SETQ ist die neue Bindung.

(5)

Wozu evaluiert die S-Expression :

```
(DIFFERENCE (TIMES (SUB1 ALPHA) BETA)
            (PLUS ALPHA BETA GAMMA) )
```

(6)

Wozu evaluieren :

```
(SETQ TST1  (TIMES ALPHA BETA) )
(SETQ TST2 '(TIMES ALPHA BETA) )
(EVAL TST2)
```

(7)

Was ergibt :

```
(CAR TST2)
(CDR TST2)
(CAADR LIS1)
```

(8)

Was ist :

```
(CAR '(ALPHA . BETA) )
(CDR '(ALPHA . BETA) )
```

(9)

Was ergeben :

CAR von TREE , CADR von TREE , CADDR von TREE

(10)

Wie erhält man aus TREE die Elemente K und L ?

Hinweis:
Ein "linker Pfeil" entspricht CAR, ein "rechter Pfeil" entspricht CDR. Verfügbar sind die aus bis zu 4 Funktionsaufrufen zusammengesetzten Funktionsnamen, z.B. CADDAR.

(11)

Was ergibt :

```
(CONS TST2 LIS2)
(CONS 'ALPHA BETA)
(CONS TST2 'GAMMA)
```

(12)

Was ergeben :

```
(REVERSE LIS1)
(SORT '(I N T E R L I S P) )
(REMOVE 'ALPHA LIS1)
(REMOVE 'BETA LIS1)
(SUBST 'ALPHA 'BETA LIS1)
(SUBST NIL 'BETA LIS1)
```

Hinweis:
REVERSE und REMOVE operieren nur auf top-level Elementen. SORT sortiert auch alphabetisch. SUBST operiert auf allen Leveln, ersetzt aber nicht REMOVE ! Die Funktionen verändern nicht die Original-Struktur der Listen, sondern erstellen Kopien. (Ausnahme : SORT ist "destruktiv" !)

(13)

Für eine Baum-Struktur ist eine Liste die adäquate Darstellung. Für Netze sind Zuordnungen mittels Property-Listen geeigneter.

Beschreiben Sie die gegebene Netz-Struktur NET (vgl. Merkblatt) mit Hilfe von Property-Listen.

Wie erfolgt der Zugriff auf das nächste Element ?

(14)

Etablieren Sie die Assoziations-Liste ZIFF :

```
((NULL . ZERO)(EINS . ONE) ... (NEUN . NINE))
```

Wie erhält man die Übersetzung von Deutsch nach Englisch ?

(15)

Wozu evaluieren :

```
(NULL 'ALPHA)
(NULL () )
(NULL NIL)
(ATOM 'ALPHA)
(ATOM () )
(EQUAL (CADADR LIS1)(CADR LIS2))
(EQUAL (CAR LIS1)(CAR LIS2))
(MEMBER 'BETA LIS2)
(MEMBER 'GAMMA LIS2)
```

Hinweis:
Daß (ATOM NIL) → T ergibt ist als Endbedingung bei Funktionsdefinitionen von Bedeutung! MEMBER operiert nur auf top-level Elementen. Wird das Element gefunden, so wird die Restliste zurückgegeben.

(16)

Wozu evaluiert die LAMBDA-Expression :

```
((LAMBDA(A B)(CONS B A)) 'ALPHA 'BETA)
```

(17)

Zur Demonstration von "lokaler" und "globaler" Variablen-Bindung bez. einer Funktionsdefinition sei folgende TEST-Funktion untersucht :

```
(SETQ W 2)
(SETQ X 3)
(SETQ Y 4)
(SETQ Z 5)

(DE TEST(X) (SETQ X (TIMES X Y))(SETQ Z X))
```

Wozu evaluieren :

```
(TEST W) ,  W ,  X ,  Y ,  Z
```

Hinweis:
Im Funktionsrumpf ist X als Parameter "lokal" gebunden. Die Variable X außerhalb der Funktion hat trotz gleichen Namens dazu keine Beziehung! Die Variablen Y und Z sind bez. der Funktion "globale" Parameter. Z wird durch die Funktion verändert, nicht aber X und Y und auch nicht W !

(18)

Was ergibt die Anwendung folgender Funktionsdefinition LEFT auf die Liste L ?

```
(DE LEFT(L) (APPEND(CDR L)(LIST(CAR L) >
```

z.B.

```
(LEFT '(ALPHA BETA GAMMA) )
```

Hinweis:
Die Funktion revolviert die Liste L nach links. Es wird mit (CAR L) das erste Listenelement von L ans Ende der Restliste, das ist (CDR L), mittels APPEND angehängt. Für das korrekte Arbeiten von APPEND muß auf (CAR L) noch die Funktion LIST angewandt werden!

(19)

Schreiben Sie eine Funktion FACE, die Grad Fahrenheit in Grad Celsius nach folgender Formel umrechnet :

$$t\ [^{\circ}C] = (\vartheta\ [^{\circ}F] - 32) * 5 / 9$$

Hinweis:
Die Divisions-Funktion heißt QUOTIENT. (Real-Division!)

(20)

Schreiben Sie als rekursive Definition die Prädikatfunktion STRUCEQ, die zwei beliebige S-Expressions SEX1 und SEX2 auf Struktur-Gleichheit testet.

z.B.

```
(STRUCEQ '(LISP (IS (VERY)) BEAUTIFUL)
         '(NUR (FLIEGEN (IST)) SCHOENER) )   →  T
(STRUCEQ '(ALPHA BETA) '((ALPHA) BETA) )     →  NIL
```

Hinweis:

Gehen Sie folgendermaßen vor: In der ersten Klausel des COND wird der einfachste Fall behandelt. Wenn SEX1 ein Atom ist (Prädikat der 1. Klausel), dann muß auch SEX2 ein Atom sein, falls Struktur-Gleichheit vorliegt. Wenn SEX1 kein Atom ist, aber SEX2 ein Atom ist (Prädikat der 2. Klausel), dann existiert keine Struktur-Gleichheit, das Ergebnis ist NIL. Diese Abfragen schließen auch die Endbedingung, den Test auf leere Listen ein, da (ATOM ()) zu T evaluiert.

Ist weder SEX1 noch SEX2 atomar, so sind beides Listen und man darf die Funktionen CAR und CDR anwenden. (Wichtig: Die Anwendung von CAR und CDR auf nicht-Listen führt in INTERLISP (V. 4.0) auf eine Fehlermeldung !)

Die rekursive Definition ist dann: Wenn STRUCEQ von (CAR SEX1) und (CAR SEX2) gilt (Prädikat der 3. Klausel), dann muß für Struktur-Gleichheit auch STRUCEQ von (CDR SEX1) und (CDR SEX2) gelten. Andernfalls (letzte Klausel) ist das Ergebnis NIL.

(21)

Schreiben Sie als rekursive Funktion REVERSALL, die die Reihenfolge sämtlicher Elemente einer beliebigen S-Expression SEX auf allen Leveln umkehrt.

z.B.

```
(REVERSALL '(ALPHA (BETA GAMMA)) )
                                  →  ((GAMMA BETA) ALPHA)
```

Hinweis:

In der ersten Klausel des COND wird der einfachste Fall behandelt: Wenn SEX ein Atom ist (Prädikat der 1. Klausel), dann ist das Ergebnis dieses Atom. Diese Abfrage schließt auch die Endbedingung der leeren Liste mit ein! Andernfalls (letzte Klausel), da SEX kein Atom, also eine Liste ist, darf man CAR und CDR anwenden. Die rekursive Definition ist dann: Nimm (CAR SEX), reversiere diesen und hänge ihn mittels APPEND an die reversierte Restliste des (CDR SEX) an. Für das korrekte Arbeiten von APPEND muß auf den reversierten (CAR SEX) die Funktion LIST angewandt werden (vgl. Aufg. (18)!).

(22)

Schreiben Sie als rekursive Funktion REMOVALL, die eine beliebige S-Expression SEX1 irgendwo innerhalb einer beliebigen S-Expression SEX2 löscht.

z.B.

```
(REMOVALL 'ALPHA 'ALPHA)         →NIL
(REMOVALL '(BETA) '(BETA) )      →NIL
(REMOVALL 'BETA LIS1)            →(ALPHA(GAMMA)DELTA)
(REMOVALL '(GAMMA) LIS1)         →(ALPHA(BETA GAMMA)DELTA)
(REMOVALL '(BETA GAMMA)LIS1)     →(ALPHA DELTA)
```

Hinweis:

Wenn, wie gefordert, REMOVALL auch bei Gleichheit von SEX1 und SEX2 das Ergebnis NIL liefern soll, so muß dieser spezielle Fall sofort abgefangen werden, da ein solcher Test innerhalb der rekursiven Definition zu Fehlern führen würde: Z.B. wäre im 4. Beispiel der CDR der Subliste SEX2 = SEX1 = '(GAMMA) ; die Klausel wäre erfüllt und das falsche Ergebnis wäre (ALPHA(BETA)DELTA) !

Die rekursive Funktion wird als REMOVAL1 gesondert definiert und von REMOVALL aufgerufen.

Gehen Sie folgendermaßen vor: Wenn SEX2 ein Atom ist (Prädikat der 1. Klausel), dann muß geprüft werden, ob SEX2 gleich SEX1 ist. Wenn ja, so ist das Ergebnis NIL, andernfalls bleibt SEX2 unverändert. Diese Abfrage gilt auch für die Endbedingung der leeren Liste! Wenn SEX2 kein Atom war, so ist es eine Liste und man darf CAR und CDR anwenden. Ist (CAR SEX2) gleich SEX1 (Prädikat der 2. Klausel), so lösche weiter in (CDR SEX2). Andernfalls (letzte Klausel) füge die Ergebnisse der Lösch-Prozeduren von "CAR-Teilen" und "CDR-Teilen" zusammen.

(23)

Die Systemfunktion LENGTH zählt die Anzahl der top-level Elemente einer Liste.

z.B.

(LENGTH LIS1) → 3

Definieren Sie die Funktion LENGTH-TEST sowohl rekursiv als auch iterativ.

Es ist bemerkenswert, daß die iterative Version nur zwei Stack-Positionen belegt (für Liste und Zähl-Variable), während die rekursive Version soviel Stack-Positionen (= Anzahl der rekursiven Aufrufe) belegt, wie die Liste top-level Elemente hat.

Hinweis:
Bei der iterativen Definition gehen Sie folgendermaßen vor: Der an die Funktion gebundene Parameter ist die Liste L. Im PROG-Rumpf wird der Zähl-Parameter N benötigt, der auf den Anfangswert Null zu setzen ist. Die Iteration beginnt mit der Endbedingung: Wenn die Liste abgearbeitet ist, wird der Zähl-Parameter N zurückgegeben. Andernfalls wird der Zähl-Parameter um 1 erhöht und die Liste L um das erste Element gekürzt. Anschließend ist wieder zu prüfen, ob die Endbedingung erreicht ist, usw.

(24)

Schreiben Sie die Funktion QUAD, die zu einer gegebenen Liste mit numerischen Atomen eine Liste mit deren Quadraten erzeugt. Benutzen Sie die Funktion MAPCAR !

z.B.

```
(QUAD '(0 1 2 3 4) )    →    (0 1 4 9 16)
```

Hinweis:
Da für MAPCAR als Operatiosfunktion hier keine Standardfunktion benutzt werden kann, ist diese als LAMBDA-Expression zu definieren !

(25)

Wie erhalten Sie mit QUAD und PLUS die Summe der Quadrate einer Liste

z.B.

```
(QUAD '(3 4) )              →    (9 16)
\_____________________________________/
           PLUS   ?                 →    25
```

1.2.2 Lösungen

Die graphischen Lösungen sind dem Merkblatt dieses Kapitels zu entnehmen; alle anderen Lösungen sind im nachfolgenden Dialog-Protokoll zu finden.

```
(IN)     DO $RZP.LISP
(OUT)    %  P500 LOADING
(OUT)
(OUT)         SIEMENS-INTERLISP  -  VERSION 4.0
(OUT)
(OUT)
(OUT)
(OUT)    ****** RESET ******
(OUT)
(OUT)    GOOD MORNING.
(OUT)
(OUT)    1-
(OUT)
(IN)     (DATE)
(OUT)    " 7-JUN-81 00:58:16"
(OUT)    2-
(IN)     (* 1 *)
(OUT)    1
(OUT)    3-
(OUT)
(IN)     (SETQ LIS1 '(ALPHA (BETA GAMMA) DELTA) )
(OUT)    (ALPHA (BETA GAMMA) DELTA)
(OUT)    4-
(OUT)
(IN)     (* 2 *)
(OUT)    2
(OUT)    5-
(OUT)
(IN)     (SETQ LIS2 '((ALPHA BETA) GAMMA (DELTA EPSILON)) )
(OUT)    ((ALPHA BETA) GAMMA (DELTA EPSILON))
(OUT)    6-
(OUT)
(IN)     (* 3 *)
(OUT)    3
(OUT)    7-
(OUT)
(IN)     (SETQ TREE '( A (B(D(H I))(E(J K))) (C(F(L M))(G(N O))) ) )
(OUT)    (A (B (D (H I)) (E (J K))) (C (F (L M)) (G (N O))))
(OUT)    8-
(OUT)
(IN)     (* 4 *)
(OUT)    4
(OUT)    9-
(OUT)
(IN)     (SETQ ALPHA 7)
(OUT)    7
(OUT)    10-
(OUT)
(IN)     (SETQ BETA 8)
(OUT)    8
(OUT)    11-
(OUT)
(IN)     (SETQ GAMMA 9)
(OUT)    9
(OUT)    12-
(OUT)
(IN)     (* 5 *)
(OUT)    5
(OUT)    13-
(OUT)
(IN)     (DIFFERENCE (TIMES (SUB1 ALPHA) BETA) (PLUS ALPHA BETA GAMMA) )
(OUT)    24
(OUT)    14-
(OUT)
```

```
(IN)     (* 6 *)
(OUT)    6
(OUT)    15-
(OUT)
(IN)     (SETQ TST1 (TIMES ALPHA BETA) )
(OUT)    56
(OUT)    16-
(OUT)
(IN)     (SETQ TST2 '(TIMES ALPHA BETA) )
(OUT)    (TIMES ALPHA BETA)
(OUT)    17-
(OUT)
(IN)     (EVAL TST2)
(OUT)    56
(OUT)    18-
(OUT)
(IN)     (* 7 *)
(OUT)    7
(OUT)    19-
(OUT)
(IN)     (CAR TST2)
(OUT)    TIMES
(OUT)    20-
(OUT)
(IN)     (CDR TST2)
(OUT)    (ALPHA BETA)
(OUT)    21-
(OUT)
(IN)     (CAADR LIS1)
(OUT)    BETA
(OUT)    22-
(OUT)
(IN)     (* 8 *)
(OUT)    8
(OUT)    23-
(OUT)
(IN)     (CAR '(ALPHA . BETA) )
(OUT)    ALPHA
(OUT)    24-
(OUT)
(IN)     (CDR '(ALPHA . BETA) )
(OUT)    BETA
(OUT)    25-
(OUT)
(IN)     (* 9 *)
(OUT)    9
(OUT)    26-
(OUT)
(IN)     (CAR TREE)
(OUT)    A
(OUT)    27-
(OUT)
(IN)     (CADR TREE)
(OUT)    (B (D (H I)) (E (J K)))
(OUT)    28-
(OUT)
(IN)     (CADDR TREE)
(OUT)    (C (F (L M)) (G (N O)))
(OUT)    29-
(OUT)
```

```
(IN)      (* 10 *)
(OUT)     10
(OUT)     30-
(OUT)
(IN)      (CAR(CDADAR(CDDADR TREE>
(OUT)     K
(OUT)     31-
(OUT)
(IN)      (CAADAR(CDADDR TREE>
(OUT)     L
(OUT)     32-
(OUT)
(IN)      (* 11 *)
(OUT)     11
(OUT)     33-
(OUT)
(IN)      (CONS TST2 LIS2)
(OUT)     ((TIMES ALPHA BETA) (ALPHA BETA) GAMMA (DELTA EPSILON))
(OUT)     34-
(OUT)
(IN)      (CONS 'ALPHA BETA)
(OUT)     (ALPHA . 8)
(OUT)     35-
(OUT)
(IN)      (CONS TST2 'GAMMA)
(OUT)     ((TIMES ALPHA BETA) . GAMMA)
(OUT)     36-
(OUT)
(IN)      (* 12 *)
(OUT)     12
(OUT)     37-
(OUT)
(IN)      (REVERSE LIS1)
(OUT)     (DELTA (BETA GAMMA) ALPHA)
(OUT)     38-
(OUT)
(IN)      (SORT '(I N T E R L I S P) )
(OUT)     (E I I L N P R S T)
(OUT)     39-
(OUT)
(IN)      (REMOVE 'ALPHA LIS1)
(OUT)     ((BETA GAMMA) DELTA)
(OUT)     40-
(OUT)
(IN)      (REMOVE 'BETA LIS1)
(OUT)     (ALPHA (BETA GAMMA) DELTA)
(OUT)     41-
(OUT)
(IN)      (SUBST 'ALPHA 'BETA LIS1)
(OUT)     (ALPHA (ALPHA GAMMA) DELTA)
(OUT)     42-
(OUT)
(IN)      (SUBST NIL 'BETA LIS1)
(OUT)     (ALPHA (NIL GAMMA) DELTA)
(OUT)     43-
(OUT)
(IN)      (* 13 *)
(OUT)     13
(OUT)     44-
(OUT)
(IN)      (PUTPROP 'MONTAG 'NET 'DIENSTAG)
(OUT)     DIENSTAG
(OUT)     45-
   :
```

```
   :
(IN)     (PUTPROP 'SAMSTAG 'NET 'SONNTAG)
(OUT)    SONNTAG
(OUT)    50-
(OUT)
(IN)     (PUTPROP 'SONNTAG 'NET 'MONTAG)
(OUT)    MONTAG
(OUT)    51-
(OUT)
(IN)     (GETPROP 'MONTAG 'NET)
(OUT)    DIENSTAG
(OUT)    52-
(OUT)
(IN)     (GETPROP 'SONNTAG 'NET)
(OUT)    MONTAG
(OUT)    53-
(OUT)
(IN)     (* 14 *)
(OUT)    14
(OUT)    54-
(OUT)
(IN)     (SETQ ZIFF '((NULL . ZERO)(EINS . ONE)(ZWEI . TWO)
         (DREI . THREE)(VIER . FOUR)(FUENF . FIVE)(SECHS . SIX)
         (SIEBEN . SEVEN)(ACHT . EIGHT)(NEUN . NINE)) )
(OUT)    ((NULL . ZERO) (EINS . ONE) (ZWEI . TWO) (DREI . THREE)
         (VIER . FOUR) (FUENF . FIVE) (SECHS . SIX) (SIEBEN . SEVEN)
(OUT)    (ACHT . EIGHT) (NEUN . NINE))
(OUT)    55-
(OUT)
(IN)     (CDR (ASSOC 'NULL ZIFF) )
(OUT)    ZERO
(OUT)    56-
(OUT)
(IN)     (CDR (ASSOC 'NEUN ZIFF) )
(OUT)    NINE
(OUT)    57-
(OUT)
(IN)     (* 15 *)
(OUT)    15
(OUT)    58-
(OUT)
(IN)     (NULL 'ALPHA)
(OUT)    NIL
(OUT)    59-
(OUT)
(IN)     (NULL () )
(OUT)    T
(OUT)    60-
(OUT)
(IN)     (NULL NIL)
(OUT)    T
(OUT)    61-
(OUT)
(IN)     (ATOM 'ALPHA)
(OUT)    T
(OUT)    62-
(OUT)
(IN)     (ATOM () )
(OUT)    T
(OUT)    63-
(OUT)
(IN)     (EQUAL (CADADR LIS1) (CADR LIS2) )
(OUT)    T
(OUT)    64-
(OUT)
```

```
(IN)     (EQUAL (CAR LIS1) (CAR LIS2) )
(OUT)    NIL
(OUT)    65-
(OUT)
(IN)     (MEMBER 'BETA LIS2)
(OUT)    NIL
(OUT)    66-
(OUT)
(IN)     (MEMBER 'GAMMA LIS2)
(OUT)    (GAMMA (DELTA EPSILON))
(OUT)    67-
(OUT)
(IN)     (* 16 *)
(OUT)    16
(OUT)    68-
(OUT)
(IN)     ( (LAMBDA(A B)(CONS B A)) 'ALPHA 'BETA )
(OUT)    (BETA . ALPHA)
(OUT)    69-
(OUT)
(IN)     (* 17 *)
(OUT)    17
(OUT)    70-
(OUT)
(IN)     (SETQ W 2)
(OUT)    2
(OUT)    71-
(OUT)
(IN)     (SETQ X 3)
(OUT)    3
(OUT)    72-
(OUT)
(IN)     (SETQ Y 4)
(OUT)    4
(OUT)    73-
(OUT)
(IN)     (SETQ Z 5)
(OUT)    5
(OUT)    74-
(OUT)
(IN)     (DE TEST(X)(SETQ X (TIMES X Y))(SETQ Z X)>
(OUT)    TEST
(OUT)    75-
(OUT)
(IN)     (TEST W)
(OUT)    8
(OUT)    76-
(OUT)
(IN)     W
(OUT)    2
(OUT)    77-
(OUT)
(IN)     X
(OUT)    3
(OUT)    78-
(OUT)
(IN)     Y
(OUT)    4
(OUT)    79-
(OUT)
(IN)     Z
(OUT)    8
(OUT)    80-
(OUT)
```

```
(IN)      (* 18 *)
(OUT)     18
(OUT)     81-
(OUT)
(IN)      (DE LEFT(L)(APPEND(CDR L)(LIST(CAR L)>
(OUT)     LEFT
(OUT)     82-
(OUT)
(IN)      (LEFT '(ALPHA BETA GAMMA) )
(OUT)     (BETA GAMMA ALPHA)
(OUT)     83-
(OUT)
(IN)      (LEFT '(BETA GAMMA ALPHA) )
(OUT)     (GAMMA ALPHA BETA)
(OUT)     84-
(OUT)
(IN)      (* 19 *)
(OUT)     19
(OUT)     85-
(OUT)
(IN)      (DE FACE(F) (QUOTIENT (TIMES (DIFFERENCE F 32.) 5.) 9.>
(OUT)     FACE
(OUT)     86-
(OUT)
(IN)      (FACE -40)
(OUT)     -40.000000
(OUT)     87-
(OUT)
(IN)      (FACE 0)
(OUT)     -17.777771
(OUT)     88-
(OUT)
(IN)      (FACE 100)
(OUT)     37.777771
(OUT)     89-
(OUT)
(IN)      (* 20 *)
(OUT)     20
(OUT)     90-
(OUT)
(IN)      (DE STRUCEQ(SEX1 SEX2)
               (COND
                 ((ATOM SEX1)
                   (ATOM SEX2))
                 ((ATOM SEX2)
                   NIL)
                 ((STRUCEQ (CAR SEX1)
                           (CAR SEX2))
                   (STRUCEQ (CDR SEX1)
                            (CDR SEX2)))
                 (T NIL)>
(OUT)     STRUCEQ
(OUT)     91-
(OUT)
(IN)      (STRUCEQ '(ALPHA BETA) '((ALPHA) BETA) )
(OUT)     NIL
(OUT)     92-
(OUT)
(IN)      (STRUCEQ '(LISP(IS(VERY))BEAUTIFUL)
                   '(NUR(FLIEGEN(IST))SCHOENER) )
(OUT)     T
(OUT)     93-
```

```
(IN)       (* 21 *)
(OUT)      21
(OUT)      94-
(OUT)
(IN)       (DE REVERSALL(SEX)
                (COND
                  ((ATOM SEX)
                    SEX)
                  (T (APPEND (REVERSALL (CDR SEX))
                             (LIST (REVERSALL (CAR SEX)>
(OUT)      REVERSALL
(OUT)      95-
(OUT)
(IN)       (REVERSALL '(ALPHA (BETA GAMMA)) )
(OUT)      ((GAMMA BETA) ALPHA)
(OUT)      96-
(OUT)
(IN)       (* 22 *)
(OUT)      22
(OUT)      97-
(OUT)
(IN)       (DE REMOVAL1(SEX1 SEX2)
                (COND
                  ((ATOM SEX2)
                    (COND
                      ((EQUAL SEX1 SEX2)
                        NIL)
                      (T SEX2)))
                  ((EQUAL SEX1 (CAR SEX2))
                    (REMOVAL1 SEX1 (CDR SEX2)))
                  (T (CONS (REMOVAL1 SEX1 (CAR SEX2))
                           (REMOVAL1 SEX1 (CDR SEX2)>
(OUT)      REMOVAL1
(OUT)      98-
(OUT)
(IN)       (DE REMOVALL(SEX1 SEX2)
                (COND
                  ((EQUAL SEX1 SEX2)
                    NIL)
                (T (REMOVAL1 SEX1 SEX2)>
(OUT)      REMOVALL
(OUT)      99-
(OUT)
(IN)       (REMOVAL1 '(EPSILON) '(EPSILON) )
(OUT)      (EPSILON)
(OUT)      100-
(OUT)
(IN)       (REMOVALL 'ALPHA 'ALPHA)
(OUT)      NIL
(OUT)      1-
(OUT)
(IN)       (REMOVALL '(BETA) '(BETA) )
(OUT)      NIL
(OUT)      2-
(OUT)
(IN)       (REMOVALL 'BETA LIS1)
(OUT)      (ALPHA (GAMMA) DELTA)
(OUT)      3-
(OUT)
(IN)       (REMOVALL '(GAMMA) LIS1)
(OUT)      (ALPHA (BETA GAMMA) DELTA)
(OUT)      4-
(OUT)
(IN)       (REMOVALL '(BETA GAMMA) LIS1)
(OUT)      (ALPHA DELTA)
(OUT)      5-
(OUT)
```

```
(IN)      (* 23 *)
(OUT)     23
(OUT)     6-
(OUT)
(IN)      (DE LENGTH-TEST-R(L)
              (COND
                ((NULL L)
                  0)
                (T (ADD1 (LENGTH-TEST-R (CDR L)>
(OUT)     LENGTH-TEST-R
(OUT)     7-
(OUT)
(IN)      (LENGTH-TEST-R '(ALPHA (BETA GAMMA)) )
(OUT)     2
(OUT)     8-
(OUT)
(IN)      (DE LENGTH-TEST-I(L)
              (PROG (N)
                    (SETQ N 0)
                LOOP(COND
                      ((NULL L)
                        (RETURN N)))
                    (SETQ N (ADD1 N))
                    (SETQ L (CDR L))
                    (GO LOOP)>
(OUT)     LENGTH-TEST-I
(OUT)     9-
(IN)      (LENGTH-TEST-I LIS1)
(OUT)     3
(OUT)     10-
(OUT)
(IN)      (* 24 *)
(OUT)     24
(OUT)     11-
(OUT)
(IN)      (DE QUAD(L)(MAPCAR L '(LAMBDA(X)(TIMES X X)) >
(OUT)     QUAD
(OUT)     12-
(OUT)
(IN)      (QUAD '(0 1 2 3 4) )
(OUT)     (0 1 4 9 16)
(OUT)     13-
(OUT)
(IN)      (* 25 *)
(OUT)     25
(OUT)     14-
(OUT)
(IN)      (APPLY 'PLUS (QUAD '(3 4)) )
(OUT)     25
(OUT)     15-
(OUT)
(IN)      (DATE)
(OUT)     " 7-JUN-81 02:47:45"
  :

(IN)      (EXIT)
```

```
  222222222
 22222222222
 22222222222
 22222 22222
       22222
      222222
     222222
   222222
  222222
 22222
 22222222222
 22222222222
 22222222222
```

I N H A L T

M E R K B L A T T zum 2. Kapitel

Das Puzzle "Die Türme von Hanoi"

Spiel-Beschreibung

Das Spiel besteht aus einer Grundplatte mit drei senkrechten Stiften (A, B, C) sowie aus einer beliebigen Anzahl (> 0) von Scheiben (z.B. 1, 2, 3, 4) unterschiedlicher Größe mit einer zentrischen Bohrung.

In der Start-Situation des Spieles sind alle Scheiben so auf Stift A aufgereiht, daß immer eine kleinere Scheibe auf einer größeren liegt.

Ziel des Spieles ist es, mit der geringsten Anzahl von Schritten den Turm von Stift A nach Stift C zu bringen. Unter Zuhilfenahme eines Zwischenlagers bei Stift B darf mit jedem Zug nur eine Scheibe bewegt werden und zwar nur so, daß stets eine kleinere auf einer größeren Scheibe liegt.

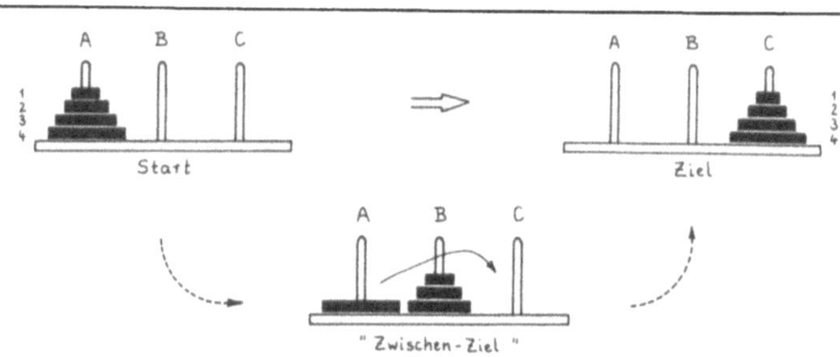

Der "Trick" des Puzzles besteht in der rekursiven Lösung des Problems

1. Schritt : Versetze den Stapel (n-1) vom Start- auf das Zwischenlager.
2. Schritt : Versetze die nun frei liegende Scheibe n vom Start- zum Ziel-Stift.
3. Schritt : Versetze den Stapel (n-1) vom Zwischenlager zum Ziel-Stift.

Historie

Die Sage erzählt, daß Mönche in einem Kloster bei Hanoi an dieser Aufgabe mit 64 Scheiben arbeiten. Wenn sie diese gelöst haben werden, so wird gesagt, sei "das Ende aller Dinge" erreicht.

Aufgabe

Schreiben Sie eine Funktion COUNT-TOH, die die minimale Anzahl von Zügen für eine gegebene Stapelgröße n berechnet.

Unter der Annahme, daß je Sekunde ein Zug erfolgt, berechnen Sie, wie lange es mindestens dauern würde, bis ein Turm mit 31 Scheiben versetzt ist !

Schreiben Sie ein Programm-System, das dieses Spiel "regelrecht" simuliert.

2.1 Beispiele zur Definition von Funktionen

2.1.1 Funktionsdefinitionen

Charakteristisch für LISP ist das Schreiben von Funktionen mit gewünschten Eigenschaften. Wir wollen das Wissen aus der "Einf. Übersicht" hier systematisch vertiefen.

Man unterscheidet Funktionen, die ihre Argumente vor Eintritt in den Funktionskörper evaluieren (Funktionen vom LAMBDA Typ) bzw. nicht evaluieren (NLAMBDA). Weiterhin unterscheidet man Funktionen, die eine festgelegte Anzahl von Argumenten erwarten (spread Typ) bzw. eine beliebige Anzahl von Argumenten akzeptieren (nospread). Der Funktionstyp wird durch den Modus der Definition festgelegt.

2 Beginnen wir mit der Definition einer Funktion vom spread-LAMBDA Typ: MAX soll aus einer Liste mit Zahlen den größten Wert ermitteln. Die Definition einer Funktion vom LAMBDA Typ erfolgt mit Hilfe der Systemfunktion DE (define), die dem Funktionsnamen (einem literalen Atom, hier MAX) die Funktionsdefinition zuordnet. Nach dem Funktionsnamen folgen die (Eingangs-)Parameter. Beim spread Typ werden sie in einem Klammer-Paar eingeschlossen. Arbeitet die Funktion ohne Parameter, so muß das leere Klammer-Paar oder NIL geschrieben werden! Für MAX ist nur ein einziger Parameter, die Liste L der numerischen Atome, festzulegen.

Die weitere Besprechung zur Definition des Funktionsrumpfes ist in der hier vorliegenden Eingabeform unübersichtlich. Vom INTERLISP wird darum eine "pretty-print"-Funktion PP zur Verfügung gestellt, die eine strukturierte Darstellung der Funktionsdefinition erzeugt.

```
(IN)      DO $RZP.LISP
(OUT)     X  P500 LOADING
(OUT)
(OUT)          SIEMENS-INTERLISP  -  VERSION 4.0
(OUT)
(OUT)
(OUT)
(OUT)     ****** RESET ******
(OUT)
(OUT)     GOOD AFTERNOON.
(OUT)
(OUT)     1-
(OUT)
(IN)      (DATE)
(OUT)     "29-APR-81 13:33:11"
(OUT)     2-
(OUT)
(IN)      (DE MAX(L)(PROG(X)(COND((NULL L)(RETURN NIL)))
          (SETQ X(CAR L))LOOP(SETQ L(CDR L))
          (COND((NULL L)(RETURN X))((LESSP X( CAR L))
          (SETQ X(CAR L))))(GO LOOP)>
(OUT)     MAX
(OUT)     3-
(OUT)
(IN)      (PP MAX)
(OUT)
(OUT)     <MAX
(OUT)       <LAMBDA (L)  **COMMENT**
(OUT)         (PROG (X)
(OUT)               (COND
(OUT)                 ((NULL L)
(OUT)                   (RETURN NIL)))
(OUT)               (SETQ X (CAR L))
(OUT)           LOOP(SETQ L (CDR L))
(OUT)               <COND
(OUT)                 ((NULL L)
(OUT)                   (RETURN X))
(OUT)                 ((LESSP X (CAR L))
(OUT)                   (SETQ X (CAR L>
(OUT)               (GO LOOP>>
(OUT)     (MAX)
(OUT)     4-
(OUT)
(IN)      (MAX () )
(OUT)     NIL
(OUT)     5-
(OUT)
(IN)      (MAX '(3) )
(OUT)     3
(OUT)     6-
(OUT)
(IN)      (MAX '(2 5 1 4) )
(OUT)     5
(OUT)     7-
(OUT)
(IN)      (MAX '(1 2 5 4) )
(OUT)     5
(OUT)     8-
(OUT)
```

```
(IN)      (DE MAX L (PROG(X)(COND((NULL L)(RETURN NIL)))
          (SETQ X(CAR L))LOOP(SETQ L(CDR L))
          (COND((NULL L)(RETURN X))((LESSP X(CAR L))
          (SETQ X(CAR L))))(GO LOOP)>
(OUT)     (MAX REDEFINED)
(OUT)     MAX
(OUT)     9-
(OUT)
(IN)      (PP MAX)
(OUT)
(OUT)     <MAX
(OUT)       <LAMBDA L  **COMMENT**
(OUT)         (PROG (X)
(OUT)               (COND
(OUT)                 ((NULL L)
(OUT)                   (RETURN NIL)))
(OUT)               (SETQ X (CAR L))
(OUT)           LOOP(SETQ L (CDR L))
(OUT)               <COND
(OUT)                 ((NULL L)
(OUT)                   (RETURN X))
(OUT)                 ((LESSP X (CAR L))
(OUT)                   (SETQ X (CAR L>
(OUT)               (GO LOOP>>
(OUT)     (MAX)
(OUT)     10-
(OUT)
(IN)      (MAX NIL)
(OUT)     NIL
(OUT)     11-
(OUT)
(IN)      (MAX 3)
(OUT)     3
(OUT)     12-
(OUT)
(IN)      (MAX 2 5 1 4)
(OUT)     5
(OUT)     13-
(OUT)
(IN)      (MAX 1 2 5 4)
(OUT)     5
(OUT)     14-
(OUT)
(IN)      (APPLY 'MAX '(1 2 5 4) )
(OUT)     5
(OUT)     15-
(OUT)
```

3 Zu beachten ist der veränderte Funktionskopf : Das DE tritt beim pretty-print nicht mehr auf, ist aber dafür verantwortlich, daß in der zweiten Zeile LAMBDA steht. Das **COMMENT** am Zeilenende wird vom System geschrieben; die Bedeutung werden wir später kennenlernen.

Nun zur Erklärung der Funktionsdefinition: MAX wird iterativ definiert. Wie im Beispiel der "Einf. Übersicht" bedienen wir uns dazu der Funktion PROG. Lokal benötigte Parameter für den PROG-Rumpf werden in einem Klammer-Paar hinter PROG aufgelistet (wieder gilt: Es muß mindestens NIL geschrieben werden). Für MAX benötigen wir eine Variable X als Speicherplatz für den Maximalwert.

Da wir im folgenden mit CAR und CDR auf die Eingangsliste L zugreifen, müssen wir zunächst den Fall der leeren Liste aussondern. Das geschieht mittels COND-Funktion, die hier nur eine Klausel hat: Wenn L die leere Liste ist, so soll das Ergebnis NIL sein, was mittels RETURN übergeben wird. War L nicht leer, so "fällt COND durch". Im nachfolgenden Statement wird an X mittels CAR das erste Element der Liste L durch SETQ gebunden.

Die Iterations-Schleife beginnt nun bei der Marke LOOP. (Einzelne Atome innerhalb des PROG-Rumpfes werden als Sprung-Ziele für die Funktion GO gedeutet.) Das nachfolgende SETQ verkürzt die Eingangsliste L mittels CDR um das erste Element. (Wie schon in Aufg. (17) der "Übungen zur Einf. Übersicht" angesprochen, wird damit nicht die Original-Liste verkürzt, da L in MAX "gebunden" ist !)

Die erste Klausel des nachfolgenden COND definiert die Endbedingung: Wenn jetzt die Liste L leer ist, so wird der Inhalt von X als Ergebnis zurückgegeben. Ist die

Endbedingung nicht erfüllt, so wird in der zweiten Klausel geprüft, ob der aktuelle Inhalt von X kleiner ist als das neue erste Element der verkürzten Liste L. Wenn ja, so muß X umgespeichert werden, denn auf X soll der maximale Wert der Liste L stehen. Ergab der Test der Prädikatfunktion LESSP das Ergebnis NIL, dann ist X gleich oder größer als das erste Listenelement; COND "fällt durch". Mit der Funktion GO wird ein unbedingter Sprung programmiert, der die Berechnung ab der Marke LOOP fortsetzt.

4 Die folgenden Beispiele demonstrieren das korrekte Arbeiten von MAX. Die Test-Beispiele sind so ausgewählt, daß alle Zweige der Funktion durchlaufen werden.

9 Bei der eben besprochenen spread Definition erwartet MAX nur ein Argument, die Liste der numerischen Atome. (Selbstverständlich kann diese Liste "beliebig viele" Elemente enthalten !) Wenn wir MAX in eine no-spread Funktion umschreiben wollen, die, ähnlich PLUS, keine Liste, sondern "beliebig viele" Argumente akzeptiert, dann ist in der Definitionsphase nur das Klammer-Paar um den Parameter L wegzulassen! Für die Definition des Funktionsrumpfes ändert sich hier nichts, da der einzige Parameter L nun die Liste bedeutet, die aus allen, beim Funktionsaufruf angegebenen Argumenten besteht.

10 Die Beispiele zeigen das einwandfreie Arbeiten der Funktion.

14 Das letzte Beispiel erinnert daran, daß der no-spread Funktion auch eine Liste übergeben werden kann: APPLY sorgt für die korrekte Steuerung der Argument-Übergabe.

16 Die Definition der no-spread Funktion MIN, die die kleinste Zahl finden soll, ist mit MAX bis auf die Prädikatfunktion identisch: LESSP ist gegen GREATERP auszutauschen.

```
(IN)    (DE MIN L (PROG(X)(COND((NULL L)(RETURN NIL)))
        (SETQ X(CAR L))LOOP(SETQ L(CDR L))
        (COND((NULL L)(RETURN X))((GREATERP X(CAR L))
        (SETQ X(CAR L))))(GO LOOP)>
(OUT)   MIN
(OUT)   16-
(OUT)
(IN)    (PP MIN)
(OUT)
(OUT)   <MIN
(OUT)     <LAMBDA L  **COMMENT**
(OUT)       (PROG (X)
(OUT)             (COND
(OUT)               ((NULL L)
(OUT)                 (RETURN NIL)))
(OUT)             (SETQ X (CAR L))
(OUT)         LOOP(SETQ L (CDR L))
(OUT)             <COND
(OUT)               ((NULL L)
(OUT)                 (RETURN X))
(OUT)               ((GREATERP X (CAR L))
(OUT)                 (SETQ X (CAR L>
(OUT)             (GO LOOP>>
(OUT)   (MIN)
(OUT)   17-
(OUT)
(IN)    (MIN NIL)
(OUT)   NIL
(OUT)   18-
(OUT)
(IN)    (MIN 3)
(OUT)   3
(OUT)   19-
(OUT)
(IN)    (MIN 2 5 1 4)
(OUT)   1
(OUT)   20-
(OUT)
(IN)    (APPLY 'MIN '(2 5 1 4) )
(OUT)   1
(OUT)   21-
(OUT)
```

```
(IN)     (DE GROESSERP(L)(COND((NULL L)T)((NULL(CDR L))T)
         ((GREATERP(CAR L)(CADR L))(GROESSERP(CDR L)))(T NIL)>
(OUT)    GROESSERP
(OUT)    22-
(OUT)
(IN)     (PP GROESSERP)
(OUT)
(OUT)    <GROESSERP
(OUT)      <LAMBDA (L)  **COMMENT**
(OUT)        (COND
(OUT)          ((NULL L)
(OUT)            T)
(OUT)          ((NULL (CDR L))
(OUT)            T)
(OUT)          ((GREATERP (CAR L)
(OUT)                     (CADR L))
(OUT)            (GROESSERP (CDR L)))
(OUT)          (T NIL>>
(OUT)    (GROESSERP)
(OUT)    23-
(OUT)
(IN)     (GROESSERP () )
(OUT)    T
(OUT)    24-
(OUT)
(IN)     (GROESSERP '(5) )
(OUT)    T
(OUT)    25-
(OUT)
(IN)     (GROESSERP '(1 2 3 4) )
(OUT)    NIL
(OUT)    26-
(OUT)
(IN)     (GROESSERP '(4 3 2 1) )
(OUT)    T
(OUT)    27-
(OUT)
(IN)     (GROESSERP '(4 3 1 2) )
(OUT)    NIL
(OUT)    28-
(OUT)
(IN)     (DE KLEINERP(L)(GROESSERP(REVERSE L)>
(OUT)    KLEINERP
(OUT)    29-
(OUT)
(IN)     (KLEINERP () )
(OUT)    T
(OUT)    30-
(OUT)
(IN)     (KLEINERP '(5) )
(OUT)    T
(OUT)    31-
(OUT)
(IN)     (KLEINERP '(1 2 3 4) )
(OUT)    T
(OUT)    32-
(OUT)
(IN)     (KLEINERP '(4 3 2 1) )
(OUT)    NIL
(OUT)    33-
(OUT)
(IN)     (KLEINERP '(1 2 4 3) )
(OUT)    NIL
(OUT)    34-
  ⋮
```

22 Die in INTERLISP verfügbaren Prädikatfunktionen GREATERP und LESSP arbeiten mit zwei Argumenten. Wir wollen jetzt die Prädikatfunktionen GROESSERP und KLEINERP schreiben, die feststellen, ob eine Zahlen-Liste absteigend bzw. ansteigend sortiert ist.

MAX und MIN haben wir iterativ definiert; GROESSERP und KLEINERP wollen wir rekursiv schreiben.

Beginnen wir mit GROESSERP als spread-LAMBDA Typ. Für zwei und mehr Listenelemente ist die Aufgabenstellung klar. Was soll aber das Ergebnis sein für den Fall, daß die Liste nur ein oder kein Element enthält? Wir wollen vereinbaren, daß in diesen Fällen das Ergebnis T sein soll.

Die Definition erfolgt wieder mit DE. Um den einzigen Parameter, die Liste L, wird ein Klammer-Paar gesetzt. Als erste Klausel der COND-Funktion wird die Endbedingung formuliert: Wenn die Liste L leer ist, so soll vereinbarungsgemäß das Ergebnis T sein. Der Rekursionsschritt steht in der dritten Klausel: Als notwendige Bedingung muß das erste Listenelement größer sein als das zweite (Test mittels GREATERP), wenn ja, wird GROESSERP rekursiv auf die Restliste angewandt. Wenn das nicht zutrifft (letzte Klausel), dann ist das Ergebnis NIL. Um sicherzustellen, daß in der dritten Klausel CADR angewandt werden darf, müssen wir in der zweiten Klausel zusätzlich prüfen, ob die Restliste von L schon eine leere Liste ist.

23 Die Beispiele zeigen, daß GROESSERP wie definiert arbeitet.

28 Die Definition von KLEINERP können wir uns leicht machen: KLEINERP soll feststellen, ob eine numerische Liste L aufwärts sortiert ist. Das ist aber genau dann der Fall, wenn die mit Hilfe von REVERSE umge-

drehte Liste L von GROESSERP als T bestimmt wird!

29 Die Beispiele zeigen, daß diese Lösung funktioniert.

36 Was passiert, wenn man GROESSERP mit einer Liste aufruft, die ein nicht-numerisches Atom enthält? Wir sehen, daß INTERLISP in den BREAK-Modus geht mit dem Hinweis, daß der Funktion GREATERP ein nicht-numerisches Argument übergeben wurde.

Wir verlassen den BREAK hier durch Eingabe von RESET. Vom INTERLISP-System ("DWIM") werden wir darauf aufmerksam gemacht, daß wir (RESET) in Klammern hätten eingeben sollen !

38 Den Fehlerfall "nicht-numerisches Argument" können wir abfangen, wenn wir in die Funktionsdefinition von GROESSERP die Listenelemente vor Übergabe an GREATERP mittels der Prädikatfunktion NUMBERP prüfen. Falls ein nicht-numerisches Element gefunden wird, soll das Ergebnis von GROESSERP gleich NIL sein. Damit die Prädikate der eingefügten Klauseln wunschgemäß arbeiten, muß NUMBERP noch durch die Prädikatfunktion NOT aufgerufen werden: NOT ist eine "Umkehrfunktion", die aus T → NIL und aus NIL → T macht.

Gleichzeitig wollen wir GROESSERP umschreiben in einen no-spread-LAMBDA Typ. Dazu müssen wir wie oben im Definitionskopf das Klammer-Paar um den Parameter L weglassen. Zusätzlich aber muß nun im rekursiven Aufruf der no-spread Typ der Funktion GROESSERP durch Anwendung von APPLY berücksichtigt werden!

39 Die folgenden Beispiele mit numerischen Argumenten liefern die zu erwartenden Ergebnisse.

43 Im letzten Beispiel übergeben wir einen nicht-numerischen Parameter mit "quote"-Zeichen: Das (richtige) Ergebnis ist NIL.

```
(OUT)
(IN)      (GROESSERP '(4 3 A 1) )
(OUT)
(OUT)     NON-NUMERIC ARGUMENT
(OUT)
(OUT)     A
(OUT)     IN GREATERP
(OUT)
(OUT)     (BROKEN)
(OUT)     36:
(OUT)
(IN)      RESET
(OUT)     = ( RESET
(OUT)
(OUT)     ****** RESET ******
(OUT)
(OUT)     37-
(OUT)
(IN)      (DE GROESSERP L (COND((NULL L)T)((NOT(NUMBERP(CAR L)))NIL)
          ((NULL(CDR L))T)((NOT(NUMBERP(CADR L)))NIL)
          ((GREATERP(CAR L)(CADR L))
          (APPLY 'GROESSERP (CDR L)))(T NIL)>
(OUT)     (GROESSERP REDEFINED)
(OUT)     GROESSERP
(OUT)     38-
(OUT)
(IN)      (PP GROESSERP)
(OUT)
(OUT)     <GROESSERP
(OUT)       <LAMBDA L  **COMMENT**
(OUT)         (COND
(OUT)           ((NULL L)
(OUT)             T)
(OUT)           ((NOT (NUMBERP (CAR L)))
(OUT)             NIL)
(OUT)           ((NULL (CDR L))
(OUT)             T)
(OUT)           ((NOT (NUMBERP (CADR L)))
(OUT)             NIL)
(OUT)           ((GREATERP (CAR L)
(OUT)                      (CADR L))
(OUT)             (APPLY (QUOTE GROESSERP)
(OUT)                    (CDR L)))
(OUT)           (T NIL>>
(OUT)     (GROESSERP)
(OUT)     39-
(OUT)
(IN)      (GROESSERP NIL)
(OUT)     T
(OUT)     40-
(OUT)
(IN)      (GROESSERP 5)
(OUT)     T
(OUT)     41-
(OUT)
(IN)      (GROESSERP 1 2 3 4)
(OUT)     NIL
(OUT)     42-
(OUT)
(IN)      (GROESSERP 4 3 2 1)
(OUT)     T
(OUT)     43-
(OUT)
(IN)      (GROESSERP 4 3 'A 1)
(OUT)     NIL
(OUT)     44-
```

```
(IN)      (DE KLEINERP L (APPLY 'GROESSERP (REVERSE L)>
(OUT)     (KLEINERP REDEFINED)
(OUT)     KLEINERP
(OUT)     45-
(OUT)
(IN)      (KLEINERP NIL)
(OUT)     T
(OUT)     46-
(OUT)
(IN)      (KLEINERP 5)
(OUT)     T
(OUT)     47-
(OUT)
(IN)      (KLEINERP 1 2 3 4)
(OUT)     T
(OUT)     48-
(OUT)
(IN)      (KLEINERP 1 2 4 3)
(OUT)     NIL
(OUT)     49-
(IN)      (GROESSERP 4 3 A 1)
(OUT)     U.B.A.
(OUT)     A
(OUT)
(OUT)     ****** RESET ******
(OUT)
(OUT)     50-
 ...
(IN)      (DF GROESSERP L (COND((NULL L)T)((NOT(NUMBERP(CAR L)))NIL)
          ((NULL(CDR L))T)((NOT(NUMBERP(CADR L)))NIL)
          ((GREATERP(CAR L)(CADR L))
          (APPLY 'GROESSERP (CDR L)))(T NIL)>
(OUT)     (GROESSERP REDEFINED)
(OUT)     GROESSERP
(OUT)     52-
(OUT)
(IN)      (PP GROESSERP)
(OUT)
(OUT)     <GROESSERP
(OUT)       <NLAMBDA L  **COMMENT**
(OUT)         (COND
(OUT)           ((NULL L)
(OUT)             T)
(OUT)           ((NOT (NUMBERP (CAR L)))
(OUT)             NIL)
(OUT)           ((NULL (CDR L))
(OUT)             T)
(OUT)           ((NOT (NUMBERP (CADR L)))
(OUT)             NIL)
(OUT)           ((GREATERP (CAR L)
(OUT)                      (CADR L))
(OUT)             (APPLY (QUOTE GROESSERP)
(OUT)                    (CDR L)))
(OUT)           (T NIL>>
(OUT)     (GROESSERP)
(OUT)     53-
(OUT)
(IN)      (GROESSERP 4 3 2 1)
(OUT)     T
(OUT)     54-
(OUT)
(IN)      (GROESSERP 4 3 A 1)
(OUT)     NIL
(OUT)     55-
```

45 Auch KLEINERP soll als no-spread-LAMBDA Typ definiert werden. Dazu muß erstens das Klammer-Paar um den Parameter L weggelassen und zweitens (wegen des no-spread Typs von GROESSERP) die Funktion APPLY angewandt werden. Die Beispiele mit Zahlen laufen wie erwartet.

49 Nun rufen wir GROESSERP mit einem nicht-numerischen Argument A, ohne das quote zu setzen und stellen fest: INTERLISP macht einen automatischen RESET mit der Meldung "ungebundenes Atom A" (<u>nicht aber</u> "nicht-numerisches Argument"!).

Die Erklärung ist, daß wir eine Funktion vom LAMBDA Typ geschrieben haben. Diese evaluiert ihre Argumente <u>bevor</u> sie dem Funktionsrumpf übergeben werden. Bei den numerischen Argumenten haben wir nichts bemerkt, da die Evaluation wieder die Zahl selbst ist. Im Beispiel 36 unterblieb die Evaluierung, da die Liste mit einem quote versehen wurde; im Beispiel 43 haben wir den gewünschten Effekt dadurch erreicht, daß wir vor das Argument A ein quote setzten!

52 Zur Übung wollen wir nun die Funktion GROESSERP so umschreiben, daß ihre Argumente nicht evaluiert, sondern im Original dem Funktionsrumpf übergeben werden: Eine NLAMBDA Funktion wird dadurch definiert, daß statt DE die Funktion DF (<u>d</u>e<u>f</u>ine) aufgerufen wird. Im pretty-print erscheint <u>N</u>LAMBDA. Der Rest bleibt wie zuvor.

53 Die Beispiele zeigen, daß der gewünschte Effekt eingetreten ist: Ein nicht-numerisches Atom wird nicht evaluiert, sondern als solches erkannt; das Ergebnis ist NIL.

Grundsätzlich gilt: Eine LISP-Funktion kann so definiert werden, daß entweder alle Argumente evaluiert werden oder keines. Mischformen (wie z.B. SETQ), die einige ihrer Argumente evaluieren, werden als NLAMBDA Typ definiert. Durch Aufruf von EVAL im Funktionsrumpf werden dann die entsprechenden Argumente evaluiert.

56 Die Funktion KLEINERP wird ebenfalls aus Übungsgründen in einen no-spread-NLAMBDA Typ umgeformt. Die Beispiele liefern die erwarteten Ergebnisse.

59 Wir kommen nun auf MAX und MIN zurück. Auch in diese Funktionen wollen wir den Test auf nicht-numerische Atome einbauen, behalten aber die no-spread-LAMBDA Version bei.

60 Die ersten drei Beispiele ergeben die erwarteten Resultate. Würden wir jetzt das Beispiel 64 sofort ausführen, so wäre ein RESET mit der Meldung "ungebundenes Atom A" wie bei 49 die Folge!

63 Jetzt aber binden wir mittels SETQ zuvor an A ein nicht-numerisches Atom, z.B. ein Fragezeichen. Wird nun 64 ausgeführt, so wird A evaluiert, der Wert von A ist das Fragezeichen und dieses wird dem Funktionsrumpf übergeben. Das nicht-numerische Atom wird erkannt und definitionsgemäß ist das Ergebnis NIL.

66 Wenn wir statt dessen z.B. an das Atom B einen numerischen Wert binden und Beispiel 66 ausführen, so wird B evaluiert, der Wert von B (hier 5) wird dem Funktionsrumpf übergeben und MAX berechnet. Das Ergebnis ist hier gleich dieser 5.

68 Bei der Funktionsdefinition von MIN gehen wir ebenso vor. Die Beispiele arbeiten erwartungsgemäß. Bemerkenswert ist, daß Funktionen des LAMBDA Typs einfache "Schachtelungen" ermöglichen, wie das letzte Beispiel zeigt.

```
(OUT)
(IN)      (DF KLEINERP L (APPLY 'GROESSERP (REVERSE L)>
(OUT)     (KLEINERP REDEFINED)
(OUT)     KLEINERP
(OUT)     56-
(OUT)
(IN)      (KLEINERP 1 2 3 4)
(OUT)     T
(OUT)     57-
(OUT)
(IN)      (KLEINERP 1 2 A 4)
(OUT)     NIL
(OUT)     58-
(OUT)
(IN)      (DE MAX L (PROG(X)(COND((NULL L)(RETURN NIL)))
          (SETQ X(CAR L))(COND((NOT(NUMBERP X))(RETURN NIL)))
          LOOP(SETQ L(CDR L))(COND((NULL L)(RETURN X))
          ((NOT(NUMBERP(CAR L)))(RETURN NIL))
          ((LESSP X(CAR L))(SETQ X(CAR L))))(GO LOOP)>
(OUT)     (MAX REDEFINED)
(OUT)     MAX
(OUT)     59-
(OUT)
(IN)      (PP MAX)
(OUT)
(OUT)     <MAX
(OUT)       <LAMBDA L  **COMMENT**
(OUT)         (PROG (X)
(OUT)               (COND
(OUT)                 ((NULL L)
(OUT)                   (RETURN NIL)))
(OUT)               (SETQ X (CAR L))
(OUT)               (COND
(OUT)                 ((NOT (NUMBERP X))
(OUT)                   (RETURN NIL)))
(OUT)           LOOP(SETQ L (CDR L))
(OUT)               <COND
(OUT)                 ((NULL L)
(OUT)                   (RETURN X))
(OUT)                 ((NOT (NUMBERP (CAR L)))
(OUT)                   (RETURN NIL))
(OUT)                 ((LESSP X (CAR L))
(OUT)                   (SETQ X (CAR L>
(OUT)               (GO LOOP>>
(OUT)     (MAX)
(OUT)     60-
(OUT)
(IN)      (MAX NIL)
(OUT)     NIL
(OUT)     61-
(OUT)
(IN)      (MAX 3)
(OUT)     3
(OUT)     62-
(OUT)
(IN)      (MAX 1 2 5 4)
(OUT)     5
(OUT)     63-
(OUT)
(IN)      (SETQ A '?)
(OUT)     ?
(OUT)     64
(OUT)
(IN)      (MAX 1 2 A 4)
(OUT)     NIL
(OUT)     65-
(OUT)
```

```
(IN)     (SETQ B 5)
(OUT)    5
(OUT)    66-
(OUT)
(IN)     (MAX 1 2 B 4)
(OUT)    5
(OUT)    67-
(OUT)
(IN)     (DE MIN L (PROG(X)(COND((NULL L)(RETURN NIL)))
         (SETQ X(CAR L))(COND((NOT(NUMBERP X))(RETURN NIL)))
         LOOP(SETQ L(CDR L))(COND((NULL L)(RETURN X))
         ((NOT(NUMBERP(CAR L)))(RETURN NIL))
         ((GREATERP X(CAR L))(SETQ X(CAR L))))(GO LOOP)>
(OUT)    (MIN REDEFINED)
(OUT)    MIN
(OUT)    68-
(OUT)
(IN)     (PP MIN)
(OUT)
(OUT)    <MIN
(OUT)      <LAMBDA L  **COMMENT**
(OUT)        (PROG (X)
(OUT)              (COND
(OUT)                ((NULL L)
(OUT)                  (RETURN NIL)))
(OUT)              (SETQ X (CAR L))
(OUT)              (COND
(OUT)                ((NOT (NUMBERP X))
(OUT)                  (RETURN NIL)))
(OUT)          LOOP(SETQ L (CDR L))
(OUT)              <COND
(OUT)                ((NULL L)
(OUT)                  (RETURN X))
(OUT)                ((NOT (NUMBERP (CAR L)))
(OUT)                  (RETURN NIL))
(OUT)                ((GREATERP X (CAR L))
(OUT)                  (SETQ X (CAR L>
(OUT)              (GO LOOP>>
(OUT)    (MIN)
(OUT)    69-
(OUT)
(IN)     (MIN NIL)
(OUT)    NIL
(OUT)    70-
(OUT)
(IN)     (MIN 3)
(OUT)    3
(OUT)    71-
(OUT)
(IN)     (MIN 2 5 1 4)
(OUT)    1
(OUT)    72-
(OUT)
(IN)     (SETQ C 1)
(OUT)    1
(OUT)    73-
(OUT)
(IN)     (MIN 2 5 C 4)
(OUT)    1
(OUT)    74-
(OUT)
(IN)     (MAX (MIN 2 5 1 4)(MIN 7 3 5 4))
(OUT)    3
(OUT)    75-
(OUT)
```

2.1.2 Speicher- / Rücklade - Prozeduren in INTERLISP

Mit der FILES? / Y / MAKEFILE - Prozedur werden die definierten Funktionen auf einen File gerettet. Wir wollen ihm hier den Namen UTILITIES geben.

Das INTERLISP-System hängt eine Versions-Nummer an (__.00 zu Beginn) und für das Betriebssystem BS 2000 werden die Files mit dem Vorsatz LISP.DATA.__ versehen.

Das nachfolgende kurze Protokoll demonstriert die Rücklade-Prozedur:

Für das Original-INTERLISP ist die Funktion MAX "undefiniert". Ein RESET ist die Folge.

Nach dem Laden des Files UTILITIES ist MAX verfügbar und kann benutzt werden.

Es ist empfehlenswert, zur Protokoll-Identifizierung Datum und Uhrzeit mittels der Systemfunktion DATE ausgeben zu lassen.

```
(IN)     (FILES?)
(OUT)
(OUT)    THE FOLLOWING FUNCTIONS HAVE NOT BEEN STORED ON ANY FILE:
(OUT)             KLEINERP, GROESSERP, MIN, MAX
(OUT)    DO YOU WANT TO SPECIFY FILENAMES FOR THE VARIOUS NEW ITEMS?
(OUT)
(IN)     Y
(OUT)    WHERE TO PLACE  KLEINERP  (FUNCTIONS) ?
(OUT)
(IN)     UTILITIES
(OUT)    WHERE TO PLACE  GROESSERP  (FUNCTIONS) ?
(OUT)
(IN)     UTILITIES
(OUT)    WHERE TO PLACE  MIN  (FUNCTIONS) ?
(OUT)
(IN)     UTILITIES
(OUT)    WHERE TO PLACE  MAX  (FUNCTIONS) ?
(OUT)
(IN)     UTILITIES
(OUT)

  .
  .
  .

(OUT)    NIL
(OUT)    76-
(OUT)
(IN)     MAKEFILE( UTILITIES )
(OUT)    MAKEFILE OF FILE  UTILITIES  STARTED ...
(OUT)
(OUT)    PRETTYDEF FORMAT UTILITIES CREATED 29-APR-81 14:37:45
         FILENAME: LISP.DATA.UTILITIES.00
(OUT)    UTILITIES
(OUT)    77-
(OUT)
(IN)     (DATE)
(OUT)    "29-APR-81 14:38:07"
(OUT)    78-
(OUT)
(IN)     (EXIT)
(IN)     FSTAT
(OUT)    %0000003 LISP.DATA.UTILITIES.00
(OUT)    %TOTAL PUBLIC PAGES ALLOCATED = 00000003
```

```
(IN)       DO $RZP.LISP
(OUT)      % P500 LOADING
(OUT)
(OUT)           SIEMENS-INTERLISP  -  VERSION 4.0
(OUT)
(OUT)
(OUT)
(OUT)      ****** RESET ******
(OUT)
(OUT)      GOOD AFTERNOON.
(OUT)
(OUT)      1-
(OUT)
(IN)       (DATE)
(OUT)      "29-APR-81 14:39:50"
(OUT)      2-
(OUT)
(IN)       (MAX 1 2 5 4)
(OUT)      U.D.F.
(OUT)      MAX
(OUT)
(OUT)      ****** RESET ******
(OUT)
(OUT)      3-
(OUT)
(IN)       LOAD( UTILITIES )
(OUT)
(OUT)      PRETTYDEF FORMAT UTILITIES CREATED 29-APR-81 14:37:45
           FILENAME: LISP.DATA.UTILITIES.00
(OUT)      UTILITIESCOMS
(OUT)      UTILITIES
(OUT)      4-
(OUT)
(IN)       (MAX 1 2 5 4)
(OUT)      5
(OUT)      5-
(OUT)
(IN)       (DATE)
(OUT)      "29-APR-81 14:41:14"
(OUT)      6-
(OUT)
(IN)       (EXIT)
```

2.2 Implementierung des Puzzles "Die Türme von Hanoi"

Jetzt wollen wir uns an die Aufgabe wagen, ein kleines "Programm-System" zu entwerfen: Das Puzzle "Tower-Of-Hanoi" soll modelliert werden. Spielregeln und Hinweise wurden auf dem Merkblatt zu diesem Kapitel bereits mitgeteilt.

2 Beginnen wir mit der Funktion COUNT-TOH, die die minimale Anzahl von Zügen für eine gegebene Stapelgröße N berechnet.

Dem Problem am besten angepaßt ist die rekursive Definition: Wenn nur eine Scheibe zu versetzen ist, so ist das Ergebnis 1. Dieser einfachste Fall ist gleichzeitig Endbedingung und wird in der ersten Klausel des COND formuliert. In der "Einf. Übersicht" hatten wir zum Test auf Gleichheit die allgemeingültige Prädikatfunktion EQUAL kennengelernt. Da hier nur kleine ganze Zahlen verglichen werden, ist die Funktion EQ ausreichend: Sie arbeitet schneller. (Einzelheiten zum Unterschied von EQUAL und EQ werden später besprochen !) Die Rekursion wird in der zweiten Klausel definiert. Wie in der Erklärung des "Tricks" angegeben, benötigt man COUNT-TOH zur Berechnung der Anzahl der Züge für den (N-1)-Stapel zweimal: Einmal um den reduzierten Stapel auf das Zwischenlager zu setzen, zum anderen um ihn nach Versetzen der Scheibe N auch auf das Ziel-Lager zu stapeln. Das Versetzen der Scheibe N wird durch ADD1 berücksichtigt.

3 Wie für kleine Werte N leicht nachzuprüfen, arbeitet COUNT-TOH richtig.

10 Überraschend ist die schnelle Zunahme der benötigten Züge für größere Stapel. Für N=31 ist das Ergebnis

```
(IN)      DO $RZP.LISP
(OUT)     %  P500 LOADING
(OUT)
(OUT)          SIEMENS-INTERLISP  -  VERSION 4.0
(OUT)
(OUT)
(OUT)     ****** RESET ******
(OUT)
(OUT)     GOOD MORNING.
(OUT)
(OUT)     1-
(OUT)
(IN)      LOAD(TOWER-OF-HANOI)
(OUT)
(OUT)     PRETTYDEF FORMAT TOWER-OF-HANOI CREATED 30-APR-81 10:55:43
          FILENAME: LISP.DATA.TOWER-OF-HANOI.03
(OUT)     TOWER-OF-HANOICOMS
(OUT)     TOWER-OF-HANOI
(OUT)     2-
(OUT)
(IN)      (PP COUNT-TOH)
(OUT)
(OUT)     <COUNT-TOH
(OUT)       <LAMBDA (N)  **COMMENT**
(OUT)         (COND
(OUT)           ((EQ N 1)
(OUT)             1)
(OUT)           (T (ADD1 (TIMES 2 (COUNT-TOH (SUB1 N>>
(OUT)     (COUNT-TOH)
(OUT)     3-
(OUT)
(IN)      (COUNT-TOH 1)
(OUT)     1
(OUT)     4-
(OUT)
(IN)      (COUNT-TOH 2)
(OUT)     3
(OUT)     5-
(OUT)
(IN)      (COUNT-TOH 3)
(OUT)     7
(OUT)     6-
(OUT)
(IN)      (COUNT-TOH 4)
(OUT)     15
(OUT)     7-
(OUT)
(IN)      (COUNT-TOH 5)
(OUT)     31
(OUT)     8-
(OUT)
(IN)      (COUNT-TOH 6)
(OUT)     63
(OUT)     9-
(OUT)
(IN)      (COUNT-TOH 7)
(OUT)     127
(OUT)     10-
(OUT)
(IN)      (COUNT-TOH 31)
(OUT)     2147483647
(OUT)     11-
(OUT)
(IN)      (QUOTIENT(QUOTIENT(QUOTIENT(QUOTIENT(COUNT-TOH 31)60)60)24)365)
(OUT)     68
(OUT)     12-
```

gerade noch als ganze Zahl in unserem Rechner darstellbar.

11 Um eine Vorstellung von der Größe zu bekommen, fragen wir nach der Zeitdauer der Lösung unter der Annahme, daß ohne Unterbrechung je Sekunde ein Zug gemacht wird: 68 Jahre würde es bei 31 Scheiben dauern!

Nachdem wir mit COUNT-TOH das Prinzip des Puzzles verstanden haben, wollen wir nun die Modellierung programmieren: Die Scheiben unterschiedlicher Größe werden durch Zahlen (kleinste Scheibe = 1) repräsentiert, die Stifte durch Buchstaben A, B, C. Welche Scheiben in welcher Reihenfolge auf welchen Stiften liegen, kann durch zugeordnete Listen ausgedrückt werden.

Für die Start-Situation des Beispiels mit 4 Scheiben ist dann:

A → (1 2 3 4) , B → NIL , C → NIL

Bei Abarbeitung des Modells soll die regelrechte Bewegung der Scheiben simuliert werden: Der richtige erste Zug würde Scheibe 1 nach B setzen. Die Situation nach dem 1. Zug wäre dann:

A → (2 3 4) , B → (1) , C → NIL

Das Endergebnis nach dem 15. Zug hätte dann die Ziel-Situation zur Folge:

A → NIL , B → NIL , C → (1 2 3 4)

Ehe wir das Puzzle beginnen, müssen wir mit drei SETQ-Statements die Start-Situation einrichten. Ebenso müssen wir dies nach jedem Durchlauf vor dem erneuten Start (mit ggf. anderer Anzahl von Scheiben) tun. Es ist darum zweckmäßig, eine Funktion RESET-TOH zu schreiben, die die Start-Situation einstellt. Als Argument soll die Anzahl der Scheiben eingegeben werden können.

```
(OUT)
(IN)     (PP COUNTDOWN)
(OUT)
(OUT)    <COUNTDOWN
(OUT)      <LAMBDA (N)  **COMMENT**
(OUT)        (COND
(OUT)          ((ZEROP N)
(OUT)            NIL)
(OUT)          (T (CONS N (COUNTDOWN (SUB1 N>>
(OUT)    (COUNTDOWN)
(OUT)    13-
(OUT)
(IN)     (COUNTDOWN 7)
(OUT)    (7 6 5 4 3 2 1)
(OUT)    14-
(OUT)
(IN)     (PP COUNTUP)
(OUT)
(OUT)    <COUNTUP
(OUT)      <LAMBDA (N)  **COMMENT**
(OUT)        (REVERSE (COUNTDOWN N>>
(OUT)    (COUNTUP)
(OUT)    15-
(OUT)
(IN)     (COUNTUP 21)
(OUT)    (1 2 3 4 5 6 7 8 9 10 11 12 13 14 15 16 17 18 19 20 21)
(OUT)    16-
(OUT)
(IN)     (PP RESET-TOH)
(OUT)
(OUT)    <RESET-TOH
(OUT)      <LAMBDA (N)  **COMMENT**
(OUT)        (SETQ C NIL)
(OUT)        (SETQ B NIL)
(OUT)        (COND
(OUT)          ((NULL N)
(OUT)            (SETQ A (COUNTUP 4)))
(OUT)          (T (SETQ A (COUNTUP N>>
(OUT)    (RESET-TOH)
(OUT)    17-
(OUT)
(IN)     (RESET-TOH 3)
(OUT)    (1 2 3)
(OUT)    18-
(OUT)
(IN)     A
(OUT)    (1 2 3)
(OUT)    19-
(OUT)
(IN)     B
(OUT)    NIL
(OUT)    20-
(OUT)
(IN)     C
(OUT)    NIL
(OUT)    21-
(OUT)
(IN)     (RESET-TOH)
(OUT)    (1 2 3 4)
(OUT)    22-
(OUT)
(IN)     A
(OUT)    (1 2 3 4)
(OUT)    23-
(OUT)
```

13 Da wir für RESET-TOH eine Liste mit aufsteigenden Zahlenwerten benötigen, schreiben wir eine entsprechende Hilfsfunktion zur Erzeugung dieser Liste. Abwärts-Zählen ist einfach zu programmieren; wir schreiben darum zuvor COUNTDOWN als Subfunktion mit dem Parameter N, der Stapelgröße.

Für N=3 soll das Ergebnis die Liste (3 2 1) sein, die z.B. nach folgendem Bildungsgesetz erhalten werden kann:

```
(CONS 3 (CONS 2 (CONS 1 () )))
```

Daraus ist die angegebene rekursive Funktionsdefinition ableitbar. Das Beispiel für N=7 zeigt das gewünschte Resultat.

14 Die Hilfsfunktion COUNTUP erhalten wir einfach mittels REVERSE von COUNTDOWN. Das Beispiel demonstriert das richtige Arbeiten.

16 Nun können wir RESET-TOH programmieren: Als Parameter wird die Anzahl N der Scheiben angegeben. Die ersten beiden SETQ-Statements "leeren" die Stifte C und B.

Es sei ausdrücklich darauf hingewiesen, daß diese "globalen" Variablen C, B und A dem INTERLISP-System durch entsprechende SETQs außerhalb der Funktionsdefinition "bekannt gemacht" werden müssen! Erst dann kann RESET-TOH wirklich arbeiten.

Für das Einrichten des Stiftes A können wir noch eine zusätzliche Bequemlichkeit in die Funktion einbauen. Wir vereinbaren: Für den Fall, daß beim Aufruf von RESET-TOH kein Argument angegeben wurde, soll A mit 4 Scheiben besetzt werden. Dies ist ein schönes Beispiel für die Möglichkeit, in LISP eine Funktion auch ohne Argument aufrufen zu können, obwohl die Definition der Funktion ein Argument vorsieht. Die Programmierung erfolgt mittels zweier COND-Klauseln.

17 Die Beispiele zeigen, daß RESET-TOH wie erwartet arbeitet. Der ausgedruckte "Wert" von RESET-TOH ist gleich dem Wert des letzten Statements in der Funktionsdefinition, also dem SETQ von A. Hier interessiert uns aber nicht der Wert der Funktion, sondern die "Seiten-Effekte", das Setzen der an A und B und C gebundenen Listen.

Nach Definition von Hilfsfunktionen kommen wir nun zur Programmierung des Puzzles, wobei wir uns an den Lösungsvorschlag von Winston + Horn /13/ anlehnen: Die Funktion TOWER-OF-HANOI arbeitet als "Haupt-Programm". Diese ruft TRANSFER-TOH, in der das rekursive Prinzip der Puzzle-Lösung verankert ist. Von TRANSFER-TOH wird MOVEDISK-TOH gerufen. MOVEDISK-TOH leistet die "Arbeit" des Versetzens einer Scheibe: Es prüft zuvor die Zulässigkeit des Zuges, "macht" den Zug und dokumentiert die Ausführung.

Beginnen wir mit der Erklärung von TRANSFER-TOH. Die Parameterliste enthält vier Elemente: FROM, TO und SPARE als Stift-Positionen und N als Anzahl der zu versetzenden Scheiben. Die erste Klausel des COND fängt den Fehlerfall ab, daß TRANSFER-TOH für den leeren Stift A aufgerufen wird und druckt eine entsprechende Meldung aus. (Dieser Fall passiert, wenn TOWER-OF-HANOI nochmals gestartet wird, ohne daß zuvor RESET-TOH ausgeführt wurde !) Die zweite Klausel berücksichtigt den einfachsten Fall, der gleichzeitig Endbedingung ist: Wenn nur eine Scheibe zu versetzen ist, so wird MOVEDISK-TOH gerufen, um diese von FROM nach TO zu bringen. Die dritte Klausel enthält die Rekursion: Es muß *erstens* TRANSFER-TOH gerufen werden, um den (N-1)-Stapel vom Start- auf das Zwischenlager zu versetzen, *zweitens* wird MOVEDISK-TOH benötigt, um die nun frei liegende Scheibe N vom Start- zum Ziel-Stift zu bringen und *drittens* wird wieder TRANSFER-TOH gerufen, um den (N-1)-Stapel vom Zwischenlager auf den Ziel-Stift umzusetzen. Die Ergebnisse der drei Funktionsaufrufe werden mittels APPEND zusammengebunden.

Zu beachten ist die per Definition festgelegte Reihenfolge der Parameter FROM, TO und SPARE von TRANSFER-TOH und die Zuordnung bei den rekursiven Aufrufen: Damit ist die Steuerung der Zwischenschritte elegant gelöst!

Es ist bereits mühevoll (aber sehr empfehlenswert), sich auf Papier den Ablauf des Puzzles auch mit nur 4 Scheiben klar zu machen. Man erkennt dadurch sehr deutlich den Wert rekursiver Definition: Die Rekursion (wenn sie möglich ist) gestattet die Rückführung eines komplexen Problems auf den einfachsten Fall dieses Problems!

24 MOVEDISK-TOH ist, wie gesagt, die "Arbeits"-Funktion. Die beiden gebundenen Parameter sind die Stift-Positionen FROM und TO. Mit dem ersten Statement wird ausgedruckt, was getan werden soll. Die Liste enthält die Schritt-Nummer STEP. STEP ist ein in TOWER-OF-HANOI gebundener und auf Null gesetzter Parameter (für MOVEDISK-TOH also global), der hier hochgezählt wird. Die zu bewegende Scheibe ist das erste Element der zu FROM gehörigen Liste. Wegen der Aufruf-Form repräsentieren FROM und TO die <u>Namen</u> der Listen, z.B. A und B, aber <u>nicht</u> die Listen selbst. Zum Zugriff auf die Listen ist ein zusätzliches EVAL erforderlich! In der ersten Klausel des nachfolgenden COND wird geprüft, ob die Liste des Stiftes FROM bereits leer ist; wenn ja, wird eine entsprechende Meldung ausgegeben. In der zweiten Klausel wird mit Hilfe der Funktion OR geprüft, ob entweder die Liste von TO leer ist, oder die zu versetzende erste Scheibe von FROM kleiner ist als die z.Z. oberste Scheibe auf TO. Ist eine dieser Bedingungen erfüllt, so wird umgesetzt: Mit dem ersten SET (nicht SETQ, da erstes Argument evaluiert werden muß !) wird die Liste von TO erweitert, mit dem zweiten SET

```
(IN)     (PP TRANSFER-TOH)
(OUT)
(OUT)    <TRANSFER-TOH
(OUT)      <LAMBDA (FROM TO SPARE N)  **COMMENT**
(OUT)        (COND
(OUT)          <(ZEROP N)
(OUT)            (PRINT (LIST FROM (QUOTE EMPTY>
(OUT)          ((EQ N 1)
(OUT)            (MOVEDISK-TOH FROM TO))
(OUT)          (T (APPEND (TRANSFER-TOH FROM SPARE TO (SUB1 N))
(OUT)                     (MOVEDISK-TOH FROM TO)
(OUT)                     (TRANSFER-TOH SPARE TO FROM (SUB1 N>>
(OUT)    (TRANSFER-TOH)
(OUT)    24-
(OUT)
(IN)     (PP MOVEDISK-TOH)
(OUT)
(OUT)    <MOVEDISK-TOH
(OUT)      <LAMBDA (FROM TO)  **COMMENT**
(OUT)        (PRINT (LIST (QUOTE STEP)
(OUT)                     (SETQ STEP (ADD1 STEP))
(OUT)                     (QUOTE MOVE)
(OUT)                     (CAR (EVAL FROM))
(OUT)                     (QUOTE FROM)
(OUT)                     FROM
(OUT)                     (QUOTE TO)
(OUT)                     TO))
(OUT)        (COND
(OUT)          <(NULL (EVAL FROM))
(OUT)            (PRINT (LIST FROM (QUOTE EMPTY>
(OUT)          <<OR (NULL (EVAL TO))
(OUT)               (LESSP (CAR (EVAL FROM))
(OUT)                      (CAR (EVAL TO>
(OUT)            (SET TO (CONS (CAR (EVAL FROM))
(OUT)                          (EVAL TO)))
(OUT)            (SET FROM (CDR (EVAL FROM>
(OUT)          (T (PRINT (LIST (QUOTE CANT)
(OUT)                          (QUOTE MOVE)
(OUT)                          (CAR (EVAL FROM))
(OUT)                          (QUOTE ONTO)
(OUT)                          (CAR (EVAL TO>>
(OUT)    (MOVEDISK-TOH)
(OUT)    25-


(OUT)
(IN)     (PP TOWER-OF-HANOI)
(OUT)
(OUT)    <TOWER-OF-HANOI
(OUT)      <LAMBDA (STEP)  **COMMENT**
(OUT)        (SETQ STEP 0)
(OUT)        (TRANSFER-TOH (QUOTE A)
(OUT)                      (QUOTE C)
(OUT)                      (QUOTE B)
(OUT)                      (LENGTH A))
(OUT)        T>>
(OUT)    (TOWER-OF-HANOI)
(OUT)    26-
```

```
(OUT)
(IN)      A
(OUT)     (1 2 3 4)
(OUT)     27-
(OUT)
(IN)      B
(OUT)     NIL
(OUT)     28-
(OUT)
(IN)      C
(OUT)     NIL
(OUT)     29-
(OUT)
(IN)      (TOWER-OF-HANOI)
(OUT)     (STEP 1 MOVE 1 FROM A TO B)
(OUT)     (STEP 2 MOVE 2 FROM A TO C)
(OUT)     (STEP 3 MOVE 1 FROM B TO C)
(OUT)     (STEP 4 MOVE 3 FROM A TO B)
(OUT)     (STEP 5 MOVE 1 FROM C TO A)
(OUT)     (STEP 6 MOVE 2 FROM C TO B)
(OUT)     (STEP 7 MOVE 1 FROM A TO B)
(OUT)     (STEP 8 MOVE 4 FROM A TO C)
(OUT)     (STEP 9 MOVE 1 FROM B TO C)
(OUT)     (STEP 10 MOVE 2 FROM B TO A)
(OUT)     (STEP 11 MOVE 1 FROM C TO A)
(OUT)     (STEP 12 MOVE 3 FROM B TO C)
(OUT)     (STEP 13 MOVE 1 FROM A TO B)
(OUT)     (STEP 14 MOVE 2 FROM A TO C)
(OUT)     (STEP 15 MOVE 1 FROM B TO C)
(OUT)     T
(OUT)     30-
(OUT)
(IN)      A
(OUT)     NIL
(OUT)     31-
(OUT)
(IN)      B
(OUT)     NIL
(OUT)     32-
(OUT)
(IN)      C
(OUT)     (1 2 3 4)
(OUT)     33-
(OUT)
(IN)      (TOWER-OF-HANOI)
(OUT)     (A EMPTY)
(OUT)     T
(OUT)     34-
(OUT)
(IN)      (RESET-TOH 7)
(OUT)     (1 2 3 4 5 6 7)
(OUT)     35-

   .
   .
   .

(OUT)
(IN)      (DATE)
(OUT)     "30-APR-81 11:10:05"
(OUT)     46-
(OUT)
(IN)      (EXIT)
```

wird die Liste von FROM reduziert. Liefert die Prädikatfunktion OR den Wert NIL, so liegt ein Fehler vor, der in der dritten Klausel als Meldung ausgegeben wird. (Die Funktion OR evaluiert ihre Argumente der Reihe nach bis eines ungleich NIL ergibt: Dieser Wert ist Wert von OR; andernfalls ist das Ergebnis NIL.)

25 Das "Haupt-Programm" TOWER-OF-HANOI ist ebenfalls eine LAMBDA Funktion, die ihre Argumente evaluiert. STEP wird als Dummy-Parameter gebunden und im ersten Statement auf Null gesetzt. Nun wird TRANSFER-TOH aufgerufen, wobei A, C, B (man beachte die Reihenfolge FROM, TO, SPARE !) als globale Parameter mittels QUOTE übergeben werden, um die Evaluierung zu verhindern. Der Parameter N, die Anzahl der Scheiben, wird implizit mittels LENGTH aus der aktuellen Länge der an Stift A gebundenen Liste bestimmt. Das T am Schluß wird beim Verlassen von TOWER-OF-HANOI als Wert der Funktion interpretiert und gedruckt. Damit wird verhindert, daß der Wert der zuletzt gerufenen Funktion TRANSFER-TOH als Wert von TOWER-OF-HANOI interpretiert wird und als unerwünschter Ausdruck nach dem Spielablauf zusätzlich erscheint.

27 In 22 hatten wir RESET-TOH aufgerufen. Zur Demonstration sehen wir uns nochmals die Listen von A, B und C an: Es ist die Start-Situation des skizzierten Beispiels. Nun lassen wir TOWER-OF-HANOI arbeiten. Der Ausdruck ist selbsterklärend und, wie wir feststellen, richtig. Anschließend sehen wir uns die Ziel-Situation an: Der Stapel wurde ordnungsgemäß versetzt.

33 Rufen wir nochmals TOWER-OF-HANOI, so wird der Fehler erkannt und gemeldet. Mit RESET-TOH kann nun ein neuer Lauf vorbereitet werden, usw.

Das Puzzle wurde mit allen Hilfsfunktionen auf den File TOWER-OF-HANOI geladen.

2.3.1 Mengen-Operationen

Eine "Menge" ist eine Zusammenfassung von Objekten unserer Anschauung oder unseres Denkens zu einem Ganzen. Eine Liste mit Atomen kann dann als Menge angesehen werden, wenn die Reihenfolge der Atome keine Rolle spielt.

Einige Mengen-Operationen mittels Euler-Venn Diagrammen dargestellt :

Vereinigung $A \cup B$ Durchschnitt $A \cap B$ Differenz $A \setminus B$ Untermenge $A \subset B$

Beispiele zu Funktionsdefinitionen :

```
(MEM-SET 'Y '(X Y Z) )          →  T
(EQU-SET '(X Y) '(Y X) )        →  T
(ISA-SET '(X Y X Y Z) )         →  NIL
(MAK-SET '(X Y X Y Z) )         →  (X Y Z)
(UNI-SET '(X Y) '(Y Z) )        →  (X Y Z)    ≙  A∪B
(INT-SET '(X Y) '(Y Z) )        →  (Y)        ≙  A∩B
(DIF-SET '(X Y) '(Y Z) )        →  (X)        ≙  A\B
(SUB-SET '(X Y) '(Z Y X) )      →  T          ≙  A⊂B
```

(Hinweis : In Siklóssy /8/, Abs.5.1 sind einige Beispiele angegeben.)

2.3.2 Infix-Präfix / Präfix-Infix Transformationen

Die in "normaler" Infix-Notation gestellte Aufgabe :

Z = A * (B + C) ↑ D

sollte nach Infix-Präfix Transformation ergeben :

(SETQ Z (TIMES A(EXPT (PLUS B C) D)))

Für die Transformation ist die Darstellung als Baum-Struktur hilfreich :

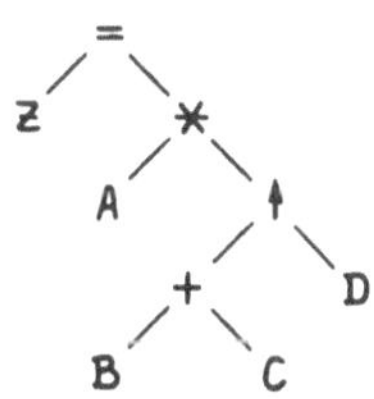

Die Umkehrung, das Ergebnis der Präfix-Infix Transformation, sollte die Liste ergeben :

(Z = A * (B + C) ↑ D)

(Hinweis : Winston + Horn /13/, Kap.12 enthält entsprechende Funktionen.)

2.3.3 Symbolische Differentiation eines Polynoms

Differentiationsregeln :

$$\frac{du}{dx} \begin{cases} = 0, & \text{wenn } u \neq f(x) \\ = 1, & \text{wenn } u = x \end{cases}$$

$$\frac{d}{dx}(u \pm v) = \frac{du}{dx} \pm \frac{dv}{dx}$$

$$\frac{d}{dx}(u * v) = v * \frac{du}{dx} + u * \frac{dv}{dx}$$

$$\frac{d}{dx}(u / v) = (v * \frac{du}{dx} - u * \frac{dv}{dx}) / v^2$$

$$\frac{d}{dx}(u^n) = n * u^{n-1} * \frac{du}{dx}, \quad \text{wenn } n = \text{const}$$

(Hinweis : Weissman /10/, Kap.10 gibt komplettes Programm-Paket an !)

IMPLEMENTIERUNG EINER "BLOCK-WELT"

${}_0($CONS
${}_1($CAR ${}_2(\ {}_3($Grau, teurer Freund, ist alle Theorie$)_3$
${}_3($Und grün des Lebens goldner Baum$)_3\ )_2\ )_1$
${}_1($CDR ${}_2(\ {}_3($Der Worte sind genug gewechselt$)_3$
${}_3($Laßt mich auch endlich Taten sehen !$)_3\ )_2\ )_1\ \ )_0$

```
 333333333
33333333333
33333333333
33333 33333
      33333
  333333333
  33333333
  333333333
      33333
33333 33333
33333333333
33333333333
 333333333
```

I N H A L T

Einführung in die Programm-Struktur der "Block-Welt"

(nach Winston "Artificial Intelligence" Addison-Wesley (1977) /12/)

Um den Befehl (PUT-ON 'BLOCK-B 'BLOCK-C) ausführen zu können, muß (ausgehend von "Situation 0") der Roboter zunächst BLOCK-A aus dem Weg räumen. Er entwickelt dazu nebenstehenden Plan als Liste von Instruktionen für den (simulierten) Roboter-Arm.

```
(PUT-ON 'BLOCK-B 'BLOCK-C)  →  ((MOVETO (1 1 4))
                                (GRASP BLOCK-A)
                                (MOVETO (1 5 2))
                                (UNGRASP BLOCK-A)
                                (MOVETO (1 1 2))
                                (GRASP BLOCK-B)
                                (MOVETO (6 1 4))
                                (UNGRASP BLOCK-B))
```

Das Roboter-Programm benutzt ziel-orientierte Prozeduren: PUT-ON, um Blöcke aufeinander zu setzen; PUT-AT, um Blöcke auf einen spezifizierten Platz zu stellen. PUT-ON ruft FIND-SPACE und anschließend PUT-AT. PUT-AT ruft GRASP, MOVE-OBJECT und UNGRASP. Um das Ziel zu erreichen, müssen Hindernisse ggf. mittels MAKE-SPACE oder CLEAR-TOP beseitigt werden. Die Funktionen agieren als "Gemeinschaft von Experten". Sie können sich untereinander (ggf. rekursiv) aufrufen. REMOVE-SUPPORT und ADD-SUPPORT sind Hilfsfunktionen zur Aktualisierung der Property-Listen.

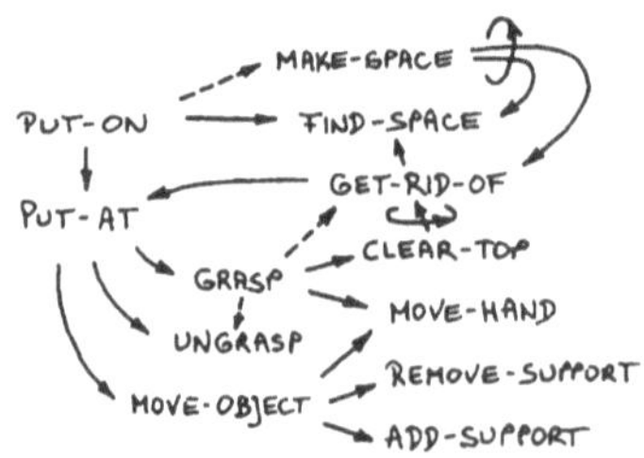

Die zur Ausführung des o.a. Plan (PUT-ON 'BLOCK-B 'BLOCK-C) sich gegenseitig aktivierenden Funktionen zeigt nebenstehende Skizze ("Wer ruft wen ?").

```
PUT-ON
  PUT-AT
    GRASP
      CLEAR-TOP
        GET-RID-OF
          PUT-AT
            GRASP
              MOVE-HAND
            MOVE-OBJECT
              REMOVE-SUPPORT
              ADD-SUPPORT
              MOVE-HAND
            UNGRASP
      MOVE-HAND
    MOVE-OBJECT
      REMOVE-SUPPORT
      ADD-SUPPORT
      MOVE-HAND
    UNGRASP
```

Zur Beantwortung von Fragen muß vom System eine "Trace"-Struktur als Baum aufgebaut werden. Z.B. ist die zur Ausführung des o.a. Planes (PUT-ON 'BLOCK-B 'BLOCK-C) gehörige Struktur nebenstehend skizziert. Sie entspricht der Aufruf-Folge der Funktionen. HAST-DU-Fragen werden durch Suche nach dem Knoten beantwortet. WANN-Fragen werden entweder durch Angabe des top-level Befehls oder durch Auflistung dieser ("...nachdem ...bevor...") beantwortet. WIE-Fragen werden durch die Knoten des unmittelbar nachfolgenden Levels, WARUM-Fragen durch den unmittelbar übergeordneten Knoten beantwortet. Existiert kein untergeordneter Knoten, wird "?", existiert kein übergeordneter, so wird "BECAUSE YOU TOLD ME TO DO IT" ausgegeben.

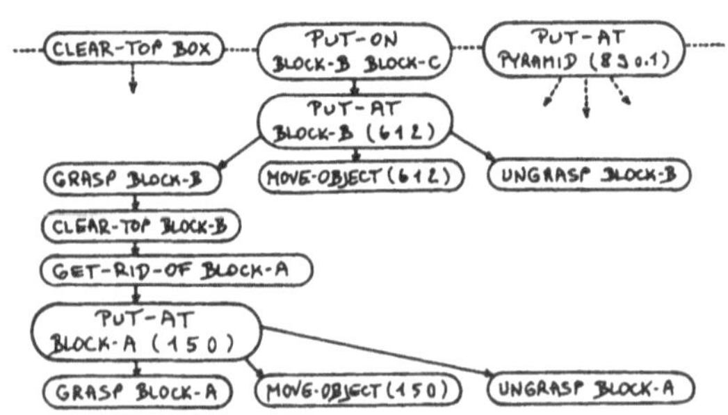

3.1 Transformation der von Winston angegebenen "Block-Welt" Funktionen auf INTERLISP

Ziel und strukturelle Übersicht zur Implementierung einer "Blocks World" sind aus der "Einf. Übersicht" und dem Merkblatt dieses Kapitels zu entnehmen. Die hier im ersten Abschnitt definierten Funktionen wurden (bis auf eine Änderung in MOVE-OBJECT) von Winston /12/ übernommen und auf INTERLISP transformiert. *)

Da wir mit den in den nächsten Abschnitten zu programmierenden eigenen Funktionen Gelegenheit haben werden, mehr Erfahrung in LISP zu sammeln, sei dem Anfänger geraten, diese Module mit den zugehörigen Erklärungen zunächst nur im Überblick aufzunehmen und sich erst im Laufe des 4. Kapitels wieder intensiv damit zu befassen.

Die Funktionsdefinitionen wurden auf den File BLOCKS-WORLD gespeichert. Die folgenden Erklärungen sind aus /12/ zitiert:

3 Das Ziel von <u>PUT-ON</u> ist es, ein Objekt auf ein anderes zu stellen. Als erstes wird geprüft, ob beide Objekte identisch sind. In diesem Fall wird REPORT angesprochen und eine erklärende Meldung gedruckt. Normalerweise passiert das nicht; das erste COND hat dann keine Wirkung. Die Aufgabe von PUT-ON besteht darin, einen Platz zu finden und dann (mittels PUT-AT) das Objekt auf diesen zu stellen. Falls FIND-SPACE keinen passenden Platz finden kann, wird MAKE-SPACE

----

*) Die "Blocks World" von Winston ist ein schönes Übungsbeispiel, um LISP zu lernen. Da sie auch ein vorzügliches "Experimentier-System" ist, sei es dem Leser überlassen, einige Inkonsistenzen in der Behandlung der Fehler-Modi in den Winston-Funktionen zu bereinigen und ein "echtes" Roboter-Programm daraus zu machen.

```
(IN)      DO $RZP.LISP
(OUT)     %  P500 LOADING
(OUT)
(OUT)          SIEMENS-INTERLISP  -  VERSION 4.0
(OUT)
(OUT)
(OUT)
(OUT)     ****** RESET ******
(OUT)
(OUT)     GOOD AFTERNOON.
(OUT)
(OUT)     1-
(OUT)
(IN)      (DATE)
(OUT)     " 5-MAY-81 12:22:30"
(OUT)     2-
(OUT)
(IN)      LOAD(BLOCKS-WORLD)
(OUT)
(OUT)     PRETTYDEF FORMAT BLOCKS-WORLD CREATED  4-MAY-81 00:41:26
          FILENAME: LISP.DATA.BLOCKS-WORLD.11
(OUT)     BLOCKS-WORLDCOMS
(OUT)     BLOCKS-WORLD
(OUT)     3-
(OUT)
(IN)      (PP PUT-ON)
(OUT)
(OUT)     <PUT-ON
(OUT)       <LAMBDA (OBJECT SUPPORT)  **COMMENT**
(OUT)         (PROG (PLACE)
(OUT)               <COND
(OUT)                 ((EQUAL OBJECT SUPPORT)
(OUT)                   (REPORT (QUOTE (PUT-ON --
                                 CANNOT PUT SOMETHING ON ITSELF>
(OUT)               <COND
(OUT)                 ((SETQ PLACE (FIND-SPACE SUPPORT OBJECT)))
(OUT)                 ((SETQ PLACE (MAKE-SPACE SUPPORT OBJECT)))
(OUT)                 ((REPORT (QUOTE (PUT-ON --
                                NO PLACE FOR THE OBJECT>
(OUT)               (PUT-AT OBJECT PLACE)
(OUT)               (RETURN T>>
(OUT)     (PUT-ON)
(OUT)     4-
(OUT)
(IN)      (PP PUT-AT)
(OUT)
(OUT)     <PUT-AT
(OUT)       <LAMBDA (OBJECT PLACE)  **COMMENT**
(OUT)         (PROG NIL
(OUT)               <COND
(OUT)                 ((AND (CLEARP PLACE OBJECT)
(OUT)                       (GET-POSSIBLE-SUPPORT PLACE)))
(OUT)                 ((REPORT (QUOTE (PUT-AT --
                                CANNOT FIND SPACE FOR
                                OR SUPPORT FOR THE OBJECT>
(OUT)               (GRASP OBJECT)
(OUT)               (MOVE-OBJECT PLACE)
(OUT)               (UNGRASP OBJECT)
(OUT)               (RETURN T>>
(OUT)     (PUT-AT)
(OUT)     5-
```

```
(OUT)
(IN)      (PP GRASP)
(OUT)
(OUT)     <GRASP
(OUT)       <LAMBDA (OBJECT)  **COMMENT**
(OUT)         (PROG (KRUFT)
(OUT)               (COND
(OUT)                 ((EQUAL OBJECT (GETPROP (QUOTE HAND)
(OUT)                                         (QUOTE GRASPING)))
(OUT)                   (RETURN T)))
(OUT)               <COND
(OUT)                 <(NOT (GETPROP OBJECT (QUOTE DIRECTLY-SUPPORTS>
(OUT)                 ((CLEAR-TOP OBJECT))
(OUT)                 ((REPORT (QUOTE (GRASP --
                              TOP OF OBJECT CANNOT BE CLEARED>
(OUT)               <COND
(OUT)                 ((SETQ KRUFT (GETPROP (QUOTE HAND)
(OUT)                                       (QUOTE GRASPING)))
(OUT)                   (COND
(OUT)                     ((UNGRASP KRUFT))
(OUT)                     ((GET-RID-OF KRUFT>
(OUT)               (MOVE-HAND (TOPCENTER (GETPROP OBJECT (QUOTE PLACE))
(OUT)                                     OBJECT))
(OUT)               (PUTPROP (QUOTE HAND)
(OUT)                        (QUOTE GRASPING)
(OUT)                        OBJECT)
(OUT)               (SETQ PLAN (CONS (LIST (QUOTE GRASP)
(OUT)                                      OBJECT)
(OUT)                                PLAN))
(OUT)               (RETURN T>>
(OUT)     (GRASP)
(OUT)     6-
(OUT)
(IN)      (PP MOVE-OBJECT)
(OUT)
(OUT)     <MOVE-OBJECT
(OUT)       <LAMBDA (NEWPLACE)  **COMMENT**
(OUT)         (PROG (OBJECT)
(OUT)               <COND
(OUT)                 (<NOT (SETQ OBJECT (GETPROP (QUOTE HAND)
(OUT)                                             (QUOTE GRASPING>
(OUT)                   (REPORT (QUOTE (MOVE-OBJECT --
                                NOT GRASPING ANYTHING>
(OUT)               (REMOVE-SUPPORT OBJECT)
(OUT)               (MOVE-HAND (TOPCENTER NEWPLACE OBJECT))
(OUT)               (PUTPROP OBJECT (QUOTE PLACE)
(OUT)                        NEWPLACE)
(OUT)               (ADD-SUPPORT OBJECT NEWPLACE)
(OUT)               (RETURN T>>
(OUT)     (MOVE-OBJECT)
(OUT)     7-
(OUT)
```

gerufen. MAKE-SPACE ist mächtiger als FIND-SPACE, denn es kann Hindernisse aus dem Weg räumen, um Platz zu schaffen.

Zu beachten ist, daß PUT-ON seine Aufgabe durch "Seiten-Effekte" erfüllen muß, denn sein Ergebnis ist stets T. Bei den meisten Programm-Modulen wird dieser Wert von den aufrufenden Funktionen ignoriert.

4 PUT-AT unterscheidet sich von PUT-ON darin, daß das zweite Argument ein spezifizierter Platz im Raum und nicht der Name eines Objektes ist. Die Aufgabe wird erfüllt durch die aufzurufenden Funktionen GRASP, MOVE-OBJECT und UNGRASP. Zuvor muß im COND die Zulässigkeit der Anwendung geprüft werden: Wenn CLEARP feststellt, daß Raum verfügbar ist und GET-POSSIBLE-SUPPORT ein unterstützendes Objekt am Platz bestätigt. (Die Funktion AND evaluiert ihre Argumente der Reihe nach, bis eines den Wert NIL ergibt: Dann ist NIL der Wert von AND; andernfalls der Wert des letzten Arguments.)

Man mag überrascht sein über die Komplexität von GRASP, aber GRASP hat viele Aufgaben zu erfüllen:

Zuerst muß geprüft werden, ob das Objekt, das angefasst werden soll, schon in der Hand gehalten wird. In diesem Fall wird die Funktion sofort verlassen.

Als nächstes wird in der Property-Liste des Objektes geprüft, ob die Eigenschaft DIRECTLY-SUPPORTS anzeigt, daß die Oberfläche zum Greifen frei ist. Wenn nicht, wird die Funktion CLEAR-TOP gerufen. Falls sie nicht helfen kann, wird der Fehler mittels REPORT gemeldet.

Schließlich kann es sein, daß die Hand gerade irgend etwas hält. In diesem Fall wird UNGRASP gerufen, um es loszulassen. Falls kein unterstützendes Objekt vorhanden ist, darf UNGRASP nicht einfach loslassen; die Funktion GET-RID-OF wird zu Hilfe gerufen.

Nachdem alle Tests durchlaufen wurden, wird MOVE-HAND angesprochen, das die Hand in die richtige Position über dem zu ergreifenden Objekt bringt. Dann wird in der Property-Liste der Hand unter der Eigenschaft GRASPING das Objekt eingetragen und endlich der "Plan" fortgeschrieben: Mittels CONS wird eine Eintragung über die GRASP-Aktivität gemacht. Wir werden sehen, daß nur noch zwei Funktionen, UNGRASP und MOVE-HAND, den PLAN erweitern.

6 Wenn das Objekt ergriffen ist, dann benutzt PUT-AT die Funktion MOVE-OBJECT, um es in die gewünschte Position zu bringen. Wie bei GRASP wird zuerst ein Test vorgenommen und ggf. mittels REPORT eine Fehlermeldung ausgegeben. Üblicherweise ist alles in Ordnung, und die Property-Listen von Hand (durch Aufruf von MOVE-HAND) und Objekt (mittels REMOVE-SUPPORT und ADD-SUPPORT) werden aktualisiert.

8 UNGRASP testet zuerst, ob das Objekt schon losgelassen ist; in diesem Fall wird die Funktion verlassen. Als nächstes muß über die Property-Liste geprüft werden, ob das Objekt, das losgelassen werden soll, auch unterstützt wird. Wenn ja, dann wird die GRASP-Property der Hand auf NIL gesetzt und PLAN fortgeschrieben. Wenn nicht, so ist das Ergebnis von UNGRASP gleich NIL.

9 GET-RID-OF ist sehr einfach: Es stellt ein Objekt auf den Tisch an einen freien Platz. Man beachte, daß durch den Aufruf von PUT-AT dem Netzwerk der Funktionen ein rekursives Verhalten eingeprägt ist!

Der Zweck von CLEAR-TOP ist es, alle Objekte wegzuräumen, die von dem zu ergreifenden Objekt unterstützt werden. Innerhalb einer Schleife wird GET-RID-OF solange aufgerufen, bis alle Objekte der DIRECTLY-SUPPORTS-Property auf den Tisch gestellt wurden.

```
(IN)     (PP MOVE-HAND)
(OUT)
(OUT)    <MOVE-HAND
(OUT)      <LAMBDA (POSITION)  **COMMENT**
(OUT)        (PROG NIL
(OUT)              (COND
(OUT)                ((EQUAL (GETPROP (QUOTE HAND)
(OUT)                                 (QUOTE POSITION))
(OUT)                        POSITION)
(OUT)                  (RETURN T)))
(OUT)              (PUTPROP (QUOTE HAND)
(OUT)                       (QUOTE POSITION)
(OUT)                       POSITION)
(OUT)              (SETQ PLAN (CONS (LIST (QUOTE MOVETO)
(OUT)                                     POSITION)
(OUT)                               PLAN))
(OUT)              (RETURN T>>
(OUT)    (MOVE-HAND)
(OUT)    8-
(OUT)
(IN)     (PP UNGRASP)
(OUT)
(OUT)    <UNGRASP
(OUT)      <LAMBDA (OBJECT)  **COMMENT**
(OUT)        (PROG NIL
(OUT)              (COND
(OUT)                ((NOT (EQUAL OBJECT (GETPROP (QUOTE HAND)
(OUT)                                             (QUOTE GRASPING>
(OUT)                  (RETURN T))
(OUT)                ((GETPROP OBJECT (QUOTE SUPPORTED-BY))
(OUT)                  (PUTPROP (QUOTE HAND)
(OUT)                           (QUOTE GRASPING)
(OUT)                           NIL)
(OUT)                  (SETQ PLAN (CONS (LIST (QUOTE UNGRASP)
(OUT)                                         OBJECT)
(OUT)                                   PLAN))
(OUT)                  (RETURN T))
(OUT)                (T NIL>>
(OUT)    (UNGRASP)
(OUT)    9-
(OUT)
(IN)     (PP GET-RID-OF)
(OUT)
(OUT)    <GET-RID-OF
(OUT)      <LAMBDA (OBJECT)  **COMMENT**
(OUT)        (PROG (PLACE)
(OUT)              (SETQ PLACE (FIND-SPACE (QUOTE TABLE)
(OUT)                                      OBJECT))
(OUT)              (PUT-AT OBJECT PLACE)
(OUT)              (RETURN T>>
(OUT)    (GET-RID-OF)
(OUT)    10-
(OUT)
```

```
(IN)     (PP CLEAR-TOP)
(OUT)
(OUT)    <CLEAR-TOP
(OUT)      <LAMBDA (OBJECT)  **COMMENT**
(OUT)        (PROG (OBSTRUCTION POSSIBILITIES)
(OUT)              (SETQ POSSIBILITIES (GETPROP OBJECT
                                        (QUOTE DIRECTLY-SUPPORTS)))
(OUT)          LOOP(COND
(OUT)                (POSSIBILITIES (SETQ OBSTRUCTION
                                          (CAR POSSIBILITIES))
(OUT)                               (GET-RID-OF OBSTRUCTION)
(OUT)                               (SETQ POSSIBILITIES
                                          (CDR POSSIBILITIES))
(OUT)                               (GO LOOP))
(OUT)                ((RETURN T>>
(OUT)    (CLEAR-TOP)
(OUT)    11-
(OUT)
(IN)     (PP REMOVE-SUPPORT)
(OUT)
(OUT)    <REMOVE-SUPPORT
(OUT)      <LAMBDA (OBJECT)  **COMMENT**
(OUT)        (PROG (SUPPORT)
(OUT)              <COND
(OUT)                <(GETPROP OBJECT (QUOTE DIRECTLY-SUPPORTS))
(OUT)                  (REPORT (QUOTE (REMOVE-SUPPORT --
                               CANNOT MOVE A SUPPORTING OBJECT>
(OUT)                ((NOT (GETPROP OBJECT (QUOTE SUPPORTED-BY)))
(OUT)                  (REPORT (QUOTE (REMOVE-SUPPORT --
                               OBJECT WAS ALREADY UNSUPPORTED>
(OUT)              <PUTPROP (SETQ SUPPORT (GETPROP OBJECT
                                          (QUOTE SUPPORTED-BY)))
(OUT)                       (QUOTE DIRECTLY-SUPPORTS)
(OUT)                       (REMOVE OBJECT (GETPROP SUPPORT
                                           (QUOTE DIRECTLY-SUPPORTS>
(OUT)              (PUTPROP OBJECT (QUOTE SUPPORTED-BY)
(OUT)                       NIL)
(OUT)              (RETURN T>>
(OUT)    (REMOVE-SUPPORT)
(OUT)    12-
(OUT)
(IN)     (PP ADD-SUPPORT)
(OUT)
(OUT)    <ADD-SUPPORT
(OUT)      <LAMBDA (OBJECT PLACE)  **COMMENT**
(OUT)        (PROG (SUPPORT)
(OUT)              <COND
(OUT)                ((SETQ SUPPORT (GET-POSSIBLE-SUPPORT PLACE)))
(OUT)                ((REPORT (QUOTE (ADD-SUPPORT --
                              THERE IS NO POTENTIAL SUPPORT>
(OUT)              (COND
(OUT)                ((OR (EQUAL SUPPORT (QUOTE TABLE))
(OUT)                     (EQUAL (GETPROP SUPPORT (QUOTE TYPE))
(OUT)                            (QUOTE BLOCK)))
(OUT)                  <PUTPROP SUPPORT (QUOTE DIRECTLY-SUPPORTS)
(OUT)                           (CONS OBJECT (GETPROP SUPPORT
                                              (QUOTE DIRECTLY-SUPPORTS>
(OUT)                  (PUTPROP OBJECT (QUOTE SUPPORTED-BY)
(OUT)                           SUPPORT)
(OUT)                  (RETURN T))
(OUT)                ((REPORT (QUOTE (ADD-SUPPORT --
                              THERE IS NO SUPPORT FOR OBJECT>>
(OUT)    (ADD-SUPPORT)
(OUT)    13-
```

11 REMOVE-SUPPORT testet zunächst zwei Fehler-Bedingungen und ruft ggf. REPORT. Andernfalls werden die Property-Listen der alten Situation aktualisiert: Mittels REMOVE wird das Objekt auf der DIRECTLY-SUPPORTS-Property des SUPPORT gelöscht sowie die SUPPORTED-BY-Property des OBJECT auf NIL gesetzt.

12 Der Zweck von ADD-SUPPORT ist es, die DIRECTLY-SUPPORTS und SUPPORTED-BY Properties bez. der neuen Situation zu aktualisieren. Die Funktion wird nur dann nicht auf eine Fehlermeldung laufen, wenn ein unterstützendes Objekt gefunden wird und dieses entweder der Tisch oder ein Block ist. Für Pyramide und Kugel als unterstützendes Objekt wird REPORT angesprochen, um weitere Aktionen zu stoppen.

MAKE-SPACE ist nichts weiter als der wiederholte Aufruf von GET-RID-OF, um Platz zu schaffen für ein neues Objekt. Die Abarbeitung der Schleife wird beendet, wenn genügend Hindernisse weggeräumt wurden, d.h. wenn FIND-SPACE ausreichend Platz bestätigt.

14 Wenn REPORT angesprochen ist, dann wird die Meldung ausgedruckt und anschließend in einer Schleife verweilt. READ erwartet, daß der Benutzer eine S-Expression eingibt. Im PROG-Rumpf wird diese evaluiert. Somit ist die Möglichkeit zur Fehler-Lokalisation und -Korrektur gegeben ! Die Schleife wird verlassen, wenn der Benutzer (REPORT) oder (REPORT sex) eingibt : Nach Auswertung der S-Expression ist man wieder im üblichen Modus.

Die folgenden rechen-intensiven Funktionen wurden von Winston nur im Hinblick auf ihre Aufgaben angegeben:

GET-POSSIBLE-SUPPORT
FIND-SPACE
CLEARP
TOPCENTER

Die Programmierung dieser Funktionen ist Thema des 4. Kapitels.

```
(IN)     (PP MAKE-SPACE)
(OUT)
(OUT)    <MAKE-SPACE
(OUT)      <LAMBDA (SURFACE OBJECT)  **COMMENT**
(OUT)        (PROG (SPACE CLUTTER POSSIBILITIES)
(OUT)              (SETQ POSSIBILITIES (GETPROP SURFACE
                                         (QUOTE DIRECTLY-SUPPORTS)))
(OUT)          TAG <COND
(OUT)                (POSSIBILITIES (SETQ CLUTTER (CAR POSSIBILITIES)))
(OUT)                ((REPORT (QUOTE (MAKE-SPACE --
                             NO SPACE BUT NO CLUTTER EITHER>
(OUT)              (GET-RID-OF CLUTTER)
(OUT)              (COND
(OUT)                ((SETQ SPACE (FIND-SPACE SURFACE OBJECT))
(OUT)                  (RETURN SPACE))
(OUT)                (T (SETQ POSSIBILITIES (CDR POSSIBILITIES))
(OUT)                   (GO TAG>>
(OUT)    (MAKE-SPACE)
(OUT)    14-
(OUT)
(IN)     (PP REPORT)
(OUT)
(OUT)    <REPORT
(OUT)      <LAMBDA (MESSAGE)  **COMMENT**
(OUT)        (PROG (INPUT)
(OUT)              (PRINT MESSAGE)
(OUT)          LOOP(SETQ INPUT (READ))
(OUT)              <COND
(OUT)                <(AND (NOT (ATOM INPUT))
(OUT)                      (EQUAL (CAR INPUT)
(OUT)                             (QUOTE REPORT)))
(OUT)                  (RETURN (EVAL (CADR INPUT>
(OUT)                (T (PRINT (EVAL INPUT>
(OUT)              (GO LOOP>>
(OUT)    (REPORT)
(OUT)    15-
(OUT)
```

```
(IN)     (DATE)
(OUT)    " 5-MAY-81 12:33:44"
(OUT)    16-
(OUT)
(IN)     (EXIT)
(IN)     LOGOFF BUT
(OUT)    %  E419 LOGOFF AT 1239 ON 81-05-05, FOR TSN 0840
(OUT)    %  E421 CPU TIME USED: 000008.0181 SECONDS
```

3.2 Eingabe der Properties für eine definierte "Situation 0"

Wir wollen nun die in der "Einf. Übersicht" vorgestellte "Situation 0" implementieren. In der "Block-Welt" existieren ein Tisch, eine Schachtel sowie die Bausteine Pyramide, Kugel und vier Blöcke A, B, C und D.

Das Eingeben der Eigenschaften Platz, Größe, Farbe ... als PLACE, SIZE, COLOR ... gemäß der Tabelle zur "Situation 0" ist Fleißarbeit. Vereinfachend werden gleichgroße Bausteine angenommen und auch die Kugel mit ihren "Maximal-Dimensionen" als '(2 2 2) definiert. Die Schachtel wird mit "materiellem Boden" als Block ohne Seitenwände mit den Maßen '(4 4 0.1) eingegeben.

Weiterhin wird festgelegt, daß nur ein Baustein (zentrisch) auf einem anderen stehen darf. Da aber auf dem Tisch oder in der Schachtel mehrere Bausteine gleichzeitig vorhanden sein können, werden zur programm-technischen Gleichbehandlung die Werte der Eigenschaft DIRECTLY-SUPPORTS immer als Listen definiert.

Der Indikator SUPPORTP mit den Werten T bzw. NIL wurde geschaffen, um leicht abprüfen zu können, ob ein Baustein einen anderen unterstützen kann (wie z.B. BLOCK-A) oder nicht (wie SPHERE und PYRAMID).

Für die Roboter-Hand HAND gibt es nur zwei Properties: GRASPING und POSITION.

Die Eingaben erfolgten mittels PUTPROP. Die Eigenschaften können abgefragt werden durch GETPROP.

Durch die Prozedur FILES? / Y / MAKEFILE wurden die eingegebenen Properties auf den BLOCKS-WORLD File übertragen. Wie man sieht, ist dabei eine neue Version des Files BLOCKS-WORLD erzeugt worden; die alte Version bleibt erhalten und kann später gelöscht werden.

```
(IN)     DO $RZP.LISP
(OUT)    %  P500 LOADING
(OUT)
(OUT)         SIEMENS-INTERLISP   -   VERSION 4.0
(OUT)
(OUT)
(OUT)
(OUT)    ****** RESET ******
(OUT)
(OUT)    GOOD AFTERNOON.
(OUT)
(OUT)    1-
(OUT)
(IN)     (DATE)
(OUT)    " 5-MAY-81 13:17:52"
(OUT)    2-
(OUT)
(IN)     LOAD(BLOCKS-WORLD)
(OUT)
(OUT)    PRETTYDEF FORMAT BLOCKS-WORLD CREATED  4-MAY-81 00:41:26
         FILENAME: LISP.DATA.BLOCKS-WORLD.11
(OUT)    BLOCKS-WORLDCOMS
(OUT)    BLOCKS-WORLD
(OUT)    3-
(OUT)
(IN)     (PUTPROP 'BLOCK-A 'SUPPORTED-BY 'BLOCK-B)
(OUT)    BLOCK-B
(OUT)    4-
(OUT)
(IN)     (PUTPROP 'BLOCK-B 'SUPPORTED-BY 'TABLE)
(OUT)    TABLE

         .
         .
         .

(IN)     (PUTPROP 'BOX     'SUPPORTED-BY 'TABLE)
(OUT)    TABLE
(OUT)    10-
(OUT)
(IN)     (PUTPROP 'TABLE   'SUPPORTED-BY 'GROUND)
(OUT)    GROUND
(OUT)    11-
(OUT)
(IN)     (PUTPROP 'BLOCK-A 'DIRECTLY-SUPPORTS NIL)
(OUT)    NIL
(OUT)    12-
(OUT)
(IN)     (PUTPROP 'BLOCK-B 'DIRECTLY-SUPPORTS '(BLOCK-A) )
(OUT)    (BLOCK-A)

         .
         .
         .

(IN)     (PUTPROP 'BOX     'DIRECTLY-SUPPORTS NIL)
(OUT)    NIL
(OUT)    18-
(OUT)
(IN)     (PUTPROP 'TABLE   'DIRECTLY-SUPPORTS
         '(BLOCK-B BLOCK-C BLOCK-D SPHERE PYRAMID BOX) )
(OUT)    (BLOCK-B BLOCK-C BLOCK-D SPHERE PYRAMID BOX)
(OUT)    19-
(OUT)
```

```
(IN)      (PUTPROP 'BLOCK-A 'PLACE '(1 1 2) )
(OUT)     (1 1 2)
(OUT)     20-
(OUT)
(IN)      (PUTPROP 'BLOCK-B 'PLACE '(1 1 0) )
(OUT)     (1 1 0)
          ⋮
(IN)      (PUTPROP 'BLOCK-A 'SIZE '(2 2 2) )
(OUT)     (2 2 2)
(OUT)     28-
(OUT)
(IN)      (PUTPROP 'BLOCK-B 'SIZE '(2 2 2) )
(OUT)     (2 2 2)
          ⋮
(IN)      (PUTPROP 'BOX     'SIZE '(4 4 .1) )
(OUT)     (4 4 0.100000)
          ⋮
(IN)      (PUTPROP 'BLOCK-A 'TYPE 'BLOCK)
(OUT)     BLOCK
          ⋮
(IN)      (PUTPROP 'SPHERE  'TYPE 'SPHERE )
(OUT)     SPHERE
(OUT)     40-
(OUT)
(IN)      (PUTPROP 'PYRAMID 'TYPE 'PYRAMID)
(OUT)     PYRAMID
(OUT)     41-
(OUT)
(IN)      (PUTPROP 'BOX     'TYPE 'BLOCK  )
(OUT)     BLOCK
(OUT)     42-
(OUT)
(IN)      (PUTPROP 'TABLE   'TYPE 'TABLE  )
(OUT)     TABLE
(OUT)     43-
(OUT)
(IN)      (PUTPROP 'BLOCK-A 'COLOR 'GREEN)
(OUT)     GREEN
          ⋮
(IN)      (PUTPROP 'BLOCK-A 'SUPPORTP T)
(OUT)     T
          ⋮
(IN)      (PUTPROP 'SPHERE  'SUPPORTP NIL)
(OUT)     NIL
          ⋮
(IN)      (PUTPROP 'HAND 'GRASPING NIL)
(OUT)     NIL
(OUT)     61-
(OUT)
(IN)      (PUTPROP 'HAND 'POSITION '(2 5 7) )
(OUT)     (2 5 7)
(OUT)     62-
```

```
(IN)     (GETPROP 'HAND 'GRASPING)
(OUT)    NIL
(OUT)    63-
(OUT)
(IN)     (GETPROP 'HAND 'POSITION)
(OUT)    (2 5 7)
(OUT)    64-
(OUT)
(IN)     (FILES?)
(OUT)
(OUT)    THE FOLLOWING ATOMS PROPERTIES HAVE NOT BEEN STORED ON ANY FILE:
(OUT)              (HAND . POSITION), (TABLE . SUPPORTP), (BOX . SUPPORTP),
         .
         .
         .
(OUT)    DO YOU WANT TO SPECIFY FILENAMES FOR THE VARIOUS NEW ITEMS?
(OUT)
(IN)     Y
(OUT)    WHERE TO PLACE  (HAND . POSITION)  (ATOMS PROPERTIES) ?
(OUT)
(IN)     BLOCKS-WORLD
(OUT)    WHERE TO PLACE  (TABLE . SUPPORTP)  (ATOMS PROPERTIES) ?
(OUT)
(IN)     BLOCKS-WORLD
(OUT)    WHERE TO PLACE  (BOX . SUPPORTP)  (ATOMS PROPERTIES) ?
(OUT)
(IN)     BLOCKS-WORLD
         .
         .
         .
(OUT)    WHERE TO PLACE  (BLOCK-B . SUPPORTED-BY)  (ATOMS PROPERTIES) ?
(OUT)
(IN)     BLOCKS-WORLD
(OUT)    WHERE TO PLACE  (BLOCK-A . SUPPORTED-BY)  (ATOMS PROPERTIES) ?
(OUT)
(IN)     BLOCKS-WORLD
(OUT)
(OUT)    NIL
(OUT)    65-
(OUT)
(IN)     MAKEFILE( BLOCKS-WORLD )
(OUT)    MAKEFILE OF FILE  BLOCKS-WORLD  STARTED ...
(OUT)
(OUT)    PRETTYDEF FORMAT BLOCKS-WORLD CREATED  5-MAY-81 13:48:52
         FILENAME: LISP.DATA.BLOCKS-WORLD.12
(OUT)    BLOCKS-WORLD
(OUT)    66-
(OUT)
(IN)     (DATE)
(OUT)    " 5-MAY-81 13:49:19"
(OUT)    67-
(OUT)
(IN)     (EXIT)
(IN)     FSTAT
(OUT)    %0000003 LISP.DATA.BLOCKS-WORLD.11
(OUT)    %0000006 LISP.DATA.BLOCKS-WORLD.12
(OUT)    %0000003 LISP.DATA.TOWER-OF-HANOI.03
(OUT)    %0000003 LISP.DATA.UTILITIES.00
(OUT)    %TOTAL PUBLIC PAGES ALLOCATED = 00000015
(IN)     LOGOFF BUT
(OUT)    %  E419 LOGOFF AT 1349 ON 81-05-05, FOR TSN 0878
```

3.3 Definition einer Funktion zur Ausgabe der Situations-Tabelle

Um sich jederzeit einen Überblick verschaffen zu können, in welchem aktuellen Status sich die "Block-Welt" befindet, wurde die Funktion SITUATION entworfen, die (wie in der "Einf. Übersicht" vorgestellt) in Form einer Tabelle alle relevanten Informationen ausdruckt.

3 Für die Programmierung benötigen wir vier Listen: An BW-TOYS ist die Liste der Bausteine, an TOY-INDICATOR und HAND-INDICATOR sind die Listen der Property-Namen gebunden. Die TABULATOR-Liste ist zur Formatierung der Spalten erforderlich.

7 Beginnen wir mit einer Test-Funktion zum Üben der Ausgabe von "Strings" mittels PRINT-Funktionen: Ein String ist eine Folge von beliebigen Zeichen, die in ein Anführungsstriche-Paar eingeschlossen sind. Die Funktion PRINT beginnt bei Aufruf stets eine neue Zeile, druckt den String mit Anführungszeichen und schließt die Zeile ab. Die Funktion PRIN1 dagegen druckt bei Aufruf ab der Stelle, wo der Schreibkopf gerade steht, wobei der String ohne Anführungszeichen ausgegeben wird, und schließt die Zeile nicht ab. Zum Zeilenabschluß muß die Funktion TERPRI (terminate printing) benutzt werden.

8 Rufen wir TEST auf, so erhalten wir den "5-Zeiler". Das NIL am Ende ist der Wert von TERPRI.

9 Die Funktion SITUATION wird zweckmäßig unterteilt in Subfunktionen: SIT- druckt eine Zeile Minus-Zeichen, SIT= eine Zeile Gleichheits-Zeichen.

11 SIT1 soll den Tabellenkopf drucken. An den lokalen Parameter LT wird bei Funktionsaufruf die globale Liste TABULATOR gebunden. Der im PROG-Rumpf gebundene lokale

```
(IN)      DO $RZP.LISP
(OUT)     %  P500 LOADING
(OUT)
(OUT)          SIEMENS-INTERLISP  -  VERSION 4.0
(OUT)
(OUT)
(OUT)
(OUT)     ****** RESET ******
(OUT)
(OUT)     GOOD MORNING.
(OUT)
(OUT)     1-
(OUT)
(IN)      (DATE)
(OUT)     " 6-MAY-81 00:52:38"
(OUT)     2-
(OUT)
(IN)      LOAD(BLOCKS-WORLD)
(OUT)
(OUT)     PRETTYDEF FORMAT BLOCKS-WORLD CREATED  6-MAY-81 00:32:41
          FILENAME: LISP.DATA.BLOCKS-WORLD.20
(OUT)     BLOCKS-WORLDCOMS
(OUT)     BLOCKS-WORLD
(OUT)     3-
(OUT)
(IN)      BW-TOYS
(OUT)     (BLOCK-A BLOCK-B BLOCK-C BLOCK-D SPHERE PYRAMID)
(OUT)     4-
(OUT)
(IN)      TOY-INDICATOR
(OUT)     (SUPPORTED-BY DIRECTLY-SUPPORTS PLACE SIZE TYPE COLOR SUPPORTP)
(OUT)     5-
(OUT)
(IN)      HAND-INDICATOR
(OUT)     (GRASPING POSITION)
(OUT)     6-
(OUT)
(IN)      TABULATOR
(OUT)     (20 30 40 50 60 70)
(OUT)     7-
(OUT)
(IN)      (DE TEST()(PRINT"L")(PRINT"I")(PRINT"S")(PRINT"P")
                    (PRIN1"L")(PRIN1"I")(PRIN1"S")(PRIN1"P")(TERPRI)>
(OUT)     TEST
(OUT)     8-
(OUT)
(IN)      (TEST)
(OUT)     "L"
(OUT)     "I"
(OUT)     "S"
(OUT)     "P"
(OUT)     LISP
(OUT)     NIL
(OUT)     9-
(OUT)
(IN)      (PP SIT-)
(OUT)
(OUT)     <SIT-
(OUT)       <LAMBDA NIL  **COMMENT**
(OUT)          (PRIN1 "--------------------------------------
                   --------------------------------------")
(OUT)          (TERPRI>>
(OUT)     (SIT-)
(OUT)     10-
```

```
(IN)      (PP SIT=)
(OUT)
(OUT)     <SIT=
(OUT)       <LAMBDA NIL  **COMMENT**
(OUT)         (PRIN1 "========================================
                      ========================================")
(OUT)         (TERPRI>>
(OUT)     (SIT=)
(OUT)     11-
(OUT)
(IN)      (PP SIT1)
(OUT)
(OUT)     <SIT1
(OUT)       <LAMBDA (LT)  **COMMENT**
(OUT)         (PROG (BW)
(OUT)               (PRIN1 "SITUATION")
(OUT)               (SETQ BW BW-TOYS)
(OUT)           LOOP<COND
(OUT)                 ((NULL BW)
(OUT)                   (RETURN (TERPRI>
(OUT)               (TAB (CAR LT))
(OUT)               (PRIN1 (CAR BW))
(OUT)               (SETQ BW (CDR BW))
(OUT)               (SETQ LT (CDR LT))
(OUT)               (GO LOOP>>
(OUT)     (SIT1)
(OUT)     12-
(OUT)
(IN)      (PP SIT2)
(OUT)
(OUT)     <SIT2
(OUT)       <LAMBDA (LT)  **COMMENT**
(OUT)         (PRIN1 "INDICATOR")
(OUT)         (TAB (CAR LT))
(OUT)         (PRIN1 "VALUE")
(OUT)         (TAB (CADR LT))
(OUT)         (PRIN1 (DATE))
(OUT)         (TERPRI>>
(OUT)     (SIT2)
(OUT)     13-
(OUT)
(IN)      (PP SIT6)
(OUT)
(OUT)     <SIT6
(OUT)       <LAMBDA (LT LI)  **COMMENT**
(OUT)         (PRIN1 "HAND ")
(OUT)         (PRIN1 (CAR LI))
(OUT)         (TAB (CAR LT))
(OUT)         (PRIN1 (GETPROP (QUOTE HAND)
(OUT)                         (CAR LI)))
(OUT)         (TERPRI)
(OUT)         (PRIN1 "HAND ")
(OUT)         (PRIN1 (CADR LI))
(OUT)         (TAB (CAR LT))
(OUT)         (PRIN1 (GETPROP (QUOTE HAND)
(OUT)                         (CADR LI)))
(OUT)         (TERPRI>>
(OUT)     (SIT6)
(OUT)     14-
(OUT)
```

Parameter BW wird für die globale Liste BW-TOYS benötigt. Durch diese Bindungen wird sichergestellt, daß die Manipulationen der mit diesen Listen arbeitenden SETQ-Statements nur lokale Bedeutung haben!

Das erste PRIN1 druckt das Wort SITUATION. Die Iterations-Schleife beginnt bei der Marke LOOP. Das COND prüft die Endbedingung, ob die lokale BW-TOYS-Liste abgearbeitet ist. Wenn ja, wird mit TERPRI die Funktion beendet. Wenn nicht, so wird mittels der Funktion TAB der Tabulator aktiviert und springt an die erste Position. PRIN1 druckt den Namen des ersten Bausteins. Die beiden folgenden SETQ vermindern die lokalen Listen TABULATOR und BW-TOYS; anschließend wird durch GO die Funktion bei LOOP fortgesetzt.

12 SIT2 druckt den zweiten Tabellensatz. Der Parameter LT wird wieder zur lokalen Bindung der TABULATOR-Liste benutzt. Das erste PRIN1 druckt das Wort INDICATOR, dann wird der Tabulator aufgerufen und mittels zweitem PRIN1 das Wort VALUE an die erste Position geschrieben. Der nächste TAB-Aufruf stellt die zweite Tabulator-Position ein; mittels PRIN1 wird der Wert des aktuellen Funktionsaufrufs von DATE geschrieben und anschließend mit TERPRI die Funktion beendet.

13 SIT6 druckt den letzten Tabellensatz. Die Parameter sind LT für die TABULATOR- und LI für die Bindung der globalen HAND-INDICATOR-Liste. Die Funktion besteht aus zwei ähnlichen Teilen: Im ersten Teil druckt das erste PRIN1 das Wort HAND, das zweite den ersten Property-Namen GRASPING. Durch TAB wird zur ersten Tabulator-Position gesprungen. Mittels GETPROP wird der Wert der Property-Liste ermittelt und durch PRIN1 gedruckt. TERPRI schließt die Zeile ab. Im zweiten Teil wiederholt sich die Ausgabe für den zweiten Indikator POSITION. Man hätte statt (CAR LI) sogleich 'GRASPING

```
(OUT)
(IN)      (PP SIT4)
(OUT)
(OUT)     <SIT4
(OUT)       <LAMBDA (LT)  **COMMENT**
(OUT)         (PRIN1 "BOX")
(OUT)         (TAB (CAR LT))
(OUT)         (PRIN1 "PLACE ")
(OUT)         (PRIN1 (GETPROP (QUOTE BOX)
(OUT)                         (QUOTE PLACE)))
(OUT)         (TAB (CADDR LT))
(OUT)         (PRIN1 "SIZE ")
(OUT)         (PRIN1 (GETPROP (QUOTE BOX)
(OUT)                         (QUOTE SIZE)))
(OUT)         (TAB (CADDR (CDDR LT)))
(OUT)         (PRIN1 "COLOR ")
(OUT)         (PRIN1 (GETPROP (QUOTE BOX)
(OUT)                         (QUOTE COLOR)))
(OUT)         (TERPRI)
(OUT)         (PRIN1 "DIRECTLY-SUPPORTS")
(OUT)         (TAB (CAR LT))
(OUT)         (PRIN1 (GETPROP (QUOTE BOX)
(OUT)                         (QUOTE DIRECTLY-SUPPORTS)))
(OUT)         (TERPRI>>
(OUT)     (SIT4)
(OUT)     15-
(OUT)
(IN)      (PP SIT5)
(OUT)
(OUT)     <SIT5
(OUT)       <LAMBDA (LT)  **COMMENT**
(OUT)         (PRIN1 "TABLE")
(OUT)         (TAB (CAR LT))
(OUT)         (PRIN1 "PLACE ")
(OUT)         (PRIN1 (GETPROP (QUOTE TABLE)
(OUT)                         (QUOTE PLACE)))
(OUT)         (TAB (CADDR LT))
(OUT)         (PRIN1 "SIZE ")
(OUT)         (PRIN1 (GETPROP (QUOTE TABLE)
(OUT)                         (QUOTE SIZE)))
(OUT)         (TAB (CADDR (CDDR LT)))
(OUT)         (PRIN1 "COLOR ")
(OUT)         (PRIN1 (GETPROP (QUOTE TABLE)
(OUT)                         (QUOTE COLOR)))
(OUT)         (TERPRI)
(OUT)         (PRIN1 "DIRECTLY-SUPPORTS")
(OUT)         (TAB (CAR LT))
(OUT)         (PRIN1 (GETPROP (QUOTE TABLE)
(OUT)                         (QUOTE DIRECTLY-SUPPORTS)))
(OUT)         (TERPRI>>
(OUT)     (SIT5)
(OUT)     16-
(OUT)
```

und 'POSITION statt (CADR LI) schreiben können. Die scheinbar etwas umständliche Programmierung wurde als Vorübung zu SIT3 gewählt.

15 SIT4 druckt den vierten, SIT5 den fünften Tabellensatz. LT ist wieder der Parameter zur Bindung der TABULATOR-Liste. Beide Funktionen sind ähnlich aufgebaut und sollten nun ohne weiteres verständlich sein.

17 Die kompliziertere Subfunktion SIT3, die den dritten Tabellensatz ausgibt, haben wir uns bis zuletzt aufgehoben. Hier muß eine zweidimensionale Steuerung erfolgen: Die Zeilen werden durch die Liste TOY-INDICATOR, die Spalten durch BW-TOYS bestimmt.

Als Vorübung wollen wir mit Hilfe der Funktion MAPCAR die Zeile des PLACE-Indikators generieren. Das erste Argument ist die Liste über der operiert wird, hier BW-TOYS. Das zweite Argument von MAPCAR ist die Anwenderfunktion. Hier ergeben sich Probleme, die mit Hilfe eines LAMBDA-Ausdrucks zu lösen sind: Der an LAMBDA gebundene Parameter X steht für das Listenelement, das von MAPCAR der Anwenderfunktion übergeben wird. Die Anwenderfunktion erhält als erstes Element BLOCK-A, geht damit in die zugeordnete Property-Liste und liefert den unter der Eigenschaft PLACE gefundenen Wert '(1 1 2) an MAPCAR zurück, usw. Als Endergebnis liefert MAPCAR die Liste aller PLACE-Properties von BW-TOYS.

Das hier verwendete FUNCTION vor der Anwenderfunktion erfüllt den gleichen Zweck wie das sonst benutzte QUOTE; es kennzeichnet nur besser den <u>funktionalen</u> Parameter von MAPCAR (vgl. /5/ für Details).

Nun zu SIT3 selbst. Die Parameter sind LT für die TABULATOR- und LI zur Bindung der TOY-INDICATOR-Liste. An PROG werden zwei Hilfsparameter gebunden: LV für

```
(OUT)
(IN)      (MAPCAR BW-TOYS (FUNCTION(LAMBDA(X)(GETPROP X 'PLACE)>
(OUT)     ((1 1 2) (1 1 0) (6 1 0) (9 4 0) (4 3 0) (3 8 0))
(OUT)     17-




(OUT)
(IN)      (PP SIT3)
(OUT)
(OUT)     <SIT3
(OUT)       <LAMBDA (LT LI)  **COMMENT**
(OUT)         (PROG (LV Y)
(OUT)           LOOP1
(OUT)               (SETQ Y LT)
(OUT)               (COND
(OUT)                 ((NULL LI)
(OUT)                   (RETURN NIL)))
(OUT)               (PRIN1 (CAR LI))
(OUT)               <SETQ LV (MAPCAR BW-TOYS (FUNCTION (LAMBDA (X)
(OUT)                                       (GETPROP X (CAR LI>
(OUT)               (SETQ LI (CDR LI))
(OUT)           LOOP2
(OUT)               (COND
(OUT)                 ((NULL LV)
(OUT)                   (TERPRI)
(OUT)                   (GO LOOP1)))
(OUT)               (TAB (CAR Y))
(OUT)               (PRIN1 (CAR LV))
(OUT)               (SETQ LV (CDR LV))
(OUT)               (SETQ Y (CDR Y))
(OUT)               (GO LOOP2>>
(OUT)     (SIT3)
(OUT)     18-
(OUT)
(IN)      (PP SITUATION)
(OUT)
(OUT)     <SITUATION
(OUT)       <LAMBDA NIL  **COMMENT**
(OUT)         (SIT-)
(OUT)         (SIT1 TABULATOR)
(OUT)         (SIT=)
(OUT)         (SIT2 TABULATOR)
(OUT)         (SIT-)
(OUT)         (SIT3 TABULATOR TOY-INDICATOR)
(OUT)         (SIT=)
(OUT)         (SIT4 TABULATOR)
(OUT)         (SIT=)
(OUT)         (SIT5 TABULATOR)
(OUT)         (SIT=)
(OUT)         (SIT6 TABULATOR HAND-INDICATOR)
(OUT)         (SIT-)
(OUT)         T>>
(OUT)     (SITUATION)
(OUT)     19-
```

```
(OUT)
(IN)     (SITUATION)
(OUT)    -----------------------------------------------------------------------------
(OUT)    SITUATION           BLOCK-A   BLOCK-B   BLOCK-C   BLOCK-D   SPHERE    PYRAMID
(OUT)    =============================================================================
(OUT)    INDICATOR           VALUE       6-MAY-81 01:05:48
(OUT)    -----------------------------------------------------------------------------
(OUT)    SUPPORTED-BY        BLOCK-B   TABLE     TABLE     TABLE     TABLE     TABLE
(OUT)    DIRECTLY-SUPPORTS   NIL       (BLOCK-A) NIL       NIL       NIL       NIL
(OUT)    PLACE               (1 1 2)   (1 1 0)   (6 1 0)   (9 4 0)   (4 3 0)   (3 8 0)
(OUT)    SIZE                (2 2 2)   (2 2 2)   (2 2 2)   (2 2 2)   (2 2 2)   (2 2 2)
(OUT)    TYPE                BLOCK     BLOCK     BLOCK     BLOCK     SPHERE    PYRAMID
(OUT)    COLOR               GREEN     RED       BLUE      RED       GREEN     RED
(OUT)    SUPPORTP            T         T         T         T         NIL       NIL
(OUT)    =============================================================================
(OUT)    BOX                 PLACE (8 8 0)       SIZE (4 4 0.100000) COLOR BLUE
(OUT)    DIRECTLY-SUPPORTS   NIL
(OUT)    =============================================================================
(OUT)    TABLE               PLACE (5 5 0)       SIZE (10 10 0)      COLOR BLACK
(OUT)    DIRECTLY-SUPPORTS   (BLOCK-B BLOCK-C BLOCK-D SPHERE PYRAMID BOX)
(OUT)    =============================================================================
(OUT)    HAND GRASPING       NIL
(OUT)    HAND POSITION       (2 5 7)
(OUT)    -----------------------------------------------------------------------------
(OUT)    T
(OUT)    20-
(OUT)
(IN)     (DATE)
(OUT)    " 6-MAY-81 01:06:59"
(OUT)    21-
(OUT)
(IN)     (EXIT)
(IN)     FSTAT
(OUT)    %0000006 LISP.DATA.BLOCKS-WORLD.20
(OUT)    %0000003 LISP.DATA.TOWER-OF-HANOI.03
(OUT)    %0000003 LISP.DATA.UTILITIES.0D
(OUT)    %TOTAL PUBLIC PAGES ALLOCATED = 00000012
(IN)     LOGOFF
(OUT)    %  E419 LOGOFF AT 0107 ON 81-05-06, FOR TSN 1232
(OUT)    %  E421 CPU TIME USED: 000006.5019 SECONDS
```

die Liste der Werte und Y zur Zwischenspeicherung der lokalen TABULATOR-Liste. Nach der ersten Sprung-Marke LOOP1 folgt der Programmteil zur Generierung einer Zeile. Mit dem SETQ wird die vollständige TABULATOR-Liste auf Y (zurück-)geladen. Das aus einer Klausel bestehende COND prüft die Endbedingung der abgearbeiteten TOY-INDICATOR-Liste. PRIN1 druckt den ersten Indikator-Namen. Im folgenden SETQ wird an LV das Ergebnis der MAPCAR-Funktion gebunden. Diese ist wie die besprochene Vorübung aufgebaut, jedoch wird hier der Indikator-Name nicht explizit geschrieben, sondern mittels (CAR LI) variabel zugeordnet. Anschließend wird die lokale TOY-INDICATOR-Liste reduziert. Die zweite Sprung-Marke LOOP2 kennzeichnet die Iterations-Schleife zum Drucken. Das COND prüft die Zeilen-Endbedingung und beendet die Zeile ggf. mittels TERPRI vor Rückkehr zu LOOP1. Andernfalls wird mit TAB auf die nächste Tabulator-Position gesprungen und von PRIN1 das nächste Zeilen-Element gedruckt. Die beiden folgenden SETQ reduzieren die Listen LV und Y. Anschließend wird die Druck-Schleife fortgesetzt.

18 Das "Haupt-Programm", die Funktion SITUATION, ist nun schnell zusammengestellt: Wir benötigen keine Parameter, denn TABULATOR, TOY-INDICATOR und HAND-INDICATOR sind global.

Da SIT- zum Schluß die Funktion TERPRI ruft, diese den Wert NIL hat und dieser als Wert von SITUATION im Ausdruck erscheinen würde, ist hier ein T am Ende der Definition eingefügt worden: Die Tabellenausgabe wird dadurch mit einem "unauffälligen" T beendet. (Wieder sind hier die "Seiten-Effekte" der Funktion wichtig und nicht ihr "Wert" !)

Der nun versuchsweise erfolgte Aufruf von SITUATION erfreut uns: Alles in Ordnung!

3.4 Definition einer Funktion, die die "Block-Welt" aus jeder Fehler-Situation in die "Situation 0" zurücksetzen kann

Man kann davon ausgehen, daß der erste Start der ersten Implementierung der "Block-Welt" auf Fehler führt. Da nicht abzusehen ist, welcher "Schaden" (evtl. auch unbemerkt) angerichtet wird, weswegen man sämtliche Properties wieder eingeben müßte, ist es (wie auch aus anderen Gründen) wünschenswert, über eine Funktion RESET-BLOCKS-WORLD zu verfügen, die alle Bindungen der "Situation 0" wieder herstellen kann.

3 Wir wollen so vorgehen, daß der Inhalt der Tabelle zur "Situation 0" zum Rückladen benutzt wird. Dazu fixieren wir ihn in Listen : Die an BW-OBJECTS gebundene Liste enthält sämtliche existierende Objekte der "Block-Welt". Die Indikator-Namen sind Atome, an die man selbstverständlich auch Listen binden kann. Von SUPPORTED-BY bis SUPPORTP werden die Listen so zusammengestellt, daß sie den Zeilen der Tabelle entsprechen, verlängert um die Werte von BOX und TABLE.

13 Für die Roboter-Hand sind zwei weitere Listen angelegt worden: HAND-GRASPING und HAND-POSITION.

16 Zunächst einige Vorübungen: Die Liste TOY-INDICATOR haben wir im vorhergehenden Abschnitt schon kennengelernt. Greifen wir mit CAR auf die Liste zu, erhalten wir SUPPORTED-BY als erstes Element. Die Liste SUPPORTED-BY haben wir eben eingerichtet. Wenn wir hier mit CAR auf das erste Element zugreifen, erhalten wir BLOCK-B.

19 Wie können wir von der Liste TOY-INDICATOR direkt zur Liste SUPPORTED-BY "durchgreifen" ? Das geschieht mittels EVAL, wodurch ein zusätzlicher Evaluierungs-

```
(IN)      DO $RZP.LISP
(OUT)     %  P500 LOADING
(OUT)
(OUT)          SIEMENS-INTERLISP  -  VERSION 4.0
(OUT)
(OUT)
(OUT)
(OUT)     ****** RESET ******
(OUT)
(OUT)     GOOD AFTERNOON.
(OUT)
(OUT)     1-
(OUT)
(IN)      (DATE)
(OUT)     " 6-MAY-81 22:19:11"
(OUT)     2-
(OUT)
(IN)      LOAD(BLOCKS-WORLD)
(OUT)
(OUT)     PRETTYDEF FORMAT BLOCKS-WORLD CREATED  6-MAY-81 21:59:38
          FILENAME: LISP.DATA.BLOCKS-WORLD.22
(OUT)     BLOCKS-WORLDCOMS
(OUT)     BLOCKS-WORLD
(OUT)     3-
 ...
(IN)      BW-OBJECTS
(OUT)     (BLOCK-A BLOCK-B BLOCK-C BLOCK-D SPHERE PYRAMID BOX TABLE)
(OUT)     6-
(OUT)
(IN)      SUPPORTED-BY
(OUT)     (BLOCK-B TABLE TABLE TABLE TABLE TABLE TABLE GROUND)
(OUT)     7-
(OUT)
(IN)      DIRECTLY-SUPPORTS
(OUT)     (NIL (BLOCK-A) NIL NIL NIL NIL
          NIL (BLOCK-B BLOCK-C BLOCK-D SPHERE PYRAMID BOX))
(OUT)     8-
(OUT)
(IN)      PLACE
(OUT)     ((1 1 2) (1 1 0) (6 1 0) (9 4 0) (4 3 0) (3 8 0) (8 8 0) (5 5 0))
(OUT)     9-
(OUT)
(IN)      SIZE
(OUT)     ((2 2 2) (2 2 2) (2 2 2) (2 2 2) (2 2 2) (2 2 2)
          (4 4 0.100000) (10 10 0))
(OUT)     10-
(OUT)
(IN)      TYPE
(OUT)     (BLOCK BLOCK BLOCK BLOCK SPHERE PYRAMID BLOCK TABLE)
(OUT)     11-
(OUT)
(IN)      COLOR
(OUT)     (GREEN RED BLUE RED GREEN RED BLUE BLACK)
(OUT)     12-
(OUT)
(IN)      SUPPORTP
(OUT)     (T T T T NIL NIL T T)
(OUT)     13-
(OUT)
(IN)      HAND-GRASPING
(OUT)     NIL
(OUT)     14-
(OUT)
(IN)      HAND-POSITION
(OUT)     (2 5 7)
(OUT)     15-
```

```
(IN)      TOY-INDICATOR
(OUT)     (SUPPORTED-BY DIRECTLY-SUPPORTS PLACE SIZE TYPE COLOR SUPPORTP)
(OUT)     16-
(OUT)
(IN)      (CAR TOY-INDICATOR)
(OUT)     SUPPORTED-BY
(OUT)     17-
(OUT)
(IN)      SUPPORTED-BY
(OUT)     (BLOCK-B TABLE TABLE TABLE TABLE TABLE TABLE GROUND)
(OUT)     18-
(OUT)
(IN)      (CAR SUPPORTED-BY)
(OUT)     BLOCK-B
(OUT)     19-
(OUT)
(IN)      (EVAL(CAR TOY-INDICATOR>
(OUT)     (BLOCK-B TABLE TABLE TABLE TABLE TABLE TABLE GROUND)
(OUT)     20-
(OUT)
(IN)      (CAR(EVAL(CAR TOY-INDICATOR>
(OUT)     BLOCK-B
(OUT)     21-
(OUT)
(IN)      (PP DROP)
(OUT)
(OUT)     <DROP
(OUT)       <LAMBDA NIL  **COMMENT**
(OUT)         (SETQ PLAN NIL>>
(OUT)     (DROP)
(OUT)     22-
(OUT)
(IN)      (PP RESET-BLOCKS-WORLD)
(OUT)
(OUT)     <RESET-BLOCKS-WORLD
(OUT)       <LAMBDA NIL  **COMMENT**
(OUT)         (DROP)
(OUT)         (PUTPROP (QUOTE HAND)
(OUT)                  (QUOTE GRASPING)
(OUT)                  HAND-GRASPING)
(OUT)         (PUTPROP (QUOTE HAND)
(OUT)                  (QUOTE POSITION)
(OUT)                  HAND-POSITION)
(OUT)         (PROG (BW TI TV)
(OUT)               (SETQ TI TOY-INDICATOR)
(OUT)           LOOP1
(OUT)               (COND
(OUT)                 ((NULL TI)
(OUT)                   (RETURN T)))
(OUT)               (SETQ BW BW-OBJECTS)
(OUT)               (SETQ TV (EVAL (CAR TI)))
(OUT)           LOOP2
(OUT)               (COND
(OUT)                 ((NULL BW)
(OUT)                   (GO TAG)))
(OUT)               (PUTPROP (CAR BW)
(OUT)                        (CAR TI)
(OUT)                        (CAR TV))
(OUT)               (SETQ BW (CDR BW))
(OUT)               (SETQ TV (CDR TV))
(OUT)               (GO LOOP2)
(OUT)           TAG (SETQ TI (CDR TI))
(OUT)               (GO LOOP1>>
(OUT)     (RESET-BLOCKS-WORLD)
(OUT)     23-
```

```
(OUT)
(IN)     (REMPROP 'BLOCK-A 'SUPPORTED-BY)
(OUT)    SUPPORTED-BY
(OUT)    24-
(OUT)
(IN)     (REMPROP 'TABLE 'DIRECTLY-SUPPORTS)
(OUT)    DIRECTLY-SUPPORTS
(OUT)    25-
(OUT)
(IN)     (REMPROP 'HAND 'POSITION)
(OUT)    POSITION
(OUT)    26-
(OUT)
(IN)     (SITUATION)
(OUT)    ------------------------------------------------------------------------------
(OUT)    SITUATION            BLOCK-A    BLOCK-B    BLOCK-C    BLOCK-D    SPHERE     PYRAMID
(OUT)    ==============================================================================
(OUT)    INDICATOR            VALUE       6-MAY-81 22:32:05
(OUT)    ------------------------------------------------------------------------------
(OUT)    SUPPORTED-BY         NIL        TABLE      TABLE      TABLE      TABLE      TABLE
(OUT)    DIRECTLY-SUPPORTS    NIL        (BLOCK-A)  NIL        NIL        NIL        NIL
(OUT)    PLACE                (1 1 2)    (1 1 0)    (6 1 0)    (9 4 0)    (4 3 0)    (3 8 0)
(OUT)    SIZE                 (2 2 2)    (2 2 2)    (2 2 2)    (2 2 2)    (2 2 2)    (2 2 2)
(OUT)    TYPE                 BLOCK      BLOCK      BLOCK      BLOCK      SPHERE     PYRAMID
(OUT)    COLOR                GREEN      RED        BLUE       RED        GREEN      RED
(OUT)    SUPPORTP             T          T          T          T          NIL        NIL
(OUT)    ==============================================================================
(OUT)    BOX                  PLACE (8 8 0)         SIZE (4 4 0.100000) COLOR BLUE
(OUT)    DIRECTLY-SUPPORTS    NIL
(OUT)    ==============================================================================
(OUT)    TABLE                PLACE (5 5 0)         SIZE (10 10 0)        COLOR BLACK
(OUT)    DIRECTLY-SUPPORTS    NIL
(OUT)    ==============================================================================
(OUT)    HAND GRASPING        NIL
(OUT)    HAND POSITION        NIL
(OUT)    ------------------------------------------------------------------------------
(OUT)    T
(OUT)    27-
```

```
(OUT)
(IN)     (RESET-BLOCKS-WORLD)
(OUT)    T
(OUT)    28-
(OUT)
(IN)     (SITUATION)
(OUT)    ---------------------------------------------------------------------------
(OUT)    SITUATION           BLOCK-A    BLOCK-B    BLOCK-C   BLOCK-D   SPHERE    PYRAMID
(OUT)    ===========================================================================
(OUT)    INDICATOR           VALUE      6-MAY-81 22:34:14
(OUT)    ---------------------------------------------------------------------------
(OUT)    SUPPORTED-BY        BLOCK-B    TABLE      TABLE     TABLE     TABLE     TABLE
(OUT)    DIRECTLY-SUPPORTS   NIL        (BLOCK-A)  NIL       NIL       NIL       NIL
(OUT)    PLACE               (1 1 2)    (1 1 0)    (6 1 0)   (9 4 0)   (4 3 0)   (3 8 0)
(OUT)    SIZE                (2 2 2)    (2 2 2)    (2 2 2)   (2 2 2)   (2 2 2)   (2 2 2)
(OUT)    TYPE                BLOCK      BLOCK      BLOCK     BLOCK     SPHERE    PYRAMID
(OUT)    COLOR               GREEN      RED        BLUE      RED       GREEN     RED
(OUT)    SUPPORTP            T          T          T         T         NIL       NIL
(OUT)    ===========================================================================
(OUT)    BOX                 PLACE (8 8 0)         SIZE (4 4 0.100000) COLOR BLUE
(OUT)    DIRECTLY-SUPPORTS   NIL
(OUT)    ===========================================================================
(OUT)    TABLE               PLACE (5 5 0)         SIZE (10 10 0)      COLOR BLACK
(OUT)    DIRECTLY-SUPPORTS   (BLOCK-B BLOCK-C BLOCK-D SPHERE PYRAMID BOX)
(OUT)    ===========================================================================
(OUT)    HAND GRASPING       NIL
(OUT)    HAND POSITION       (2 5 7)
(OUT)    ---------------------------------------------------------------------------
(OUT)    T
(OUT)    29-
(OUT)
(IN)     (DATE)
(OUT)    " 6-MAY-81 22:35:35"
(OUT)    30-
(OUT)
(IN)     (EXIT)
```

Schritt ausgeführt wird. Falls wir diesem Aufruf noch ein CAR voranstellen, wird auf das erste Element zugegriffen und wir erhalten BLOCK-B. (Es sei dem Leser dringend empfohlen, weitere Möglichkeiten "durchzuspielen" !)

21 Wie wir gesehen haben, generieren die "Block-Welt" Funktionen einen Plan, der an das Atom PLAN gebunden wird. Es kann sein, daß wir irgendwann eine Situation aufbauen wollen, die für alles weitere "Start-Situation" ist. Da man erst ab Start-Situation an der Liste PLAN (und später TRACER) interessiert ist, wollen wir eine leicht erweiterbare Funktion DROP schreiben, die das Vergangene "vergißt". Zunächst ist dabei nur PLAN zu löschen.

22 Nun zu RESET-BLOCKS-WORLD: Eingangsparameter werden nicht benötigt. Zuerst wird DROP gerufen, um den PLAN zu "vergessen". Die folgenden beiden PUTPROP setzen die Property-Liste der HAND zurück.

Im PROG-Rumpf (hier ein Beispiel, daß PROG als eigenständige Funktion "irgendwo" stehen kann) werden drei Hilfsparameter benötigt. An TI wird die TOY-INDICATOR-Liste gebunden. Im ersten COND nach der Marke LOOP1 wird als Endbedingung geprüft, ob TI schon abgearbeitet ist. Wenn nicht, so wird auf BW die BW-OBJECTS-Liste (zurück-)geladen und an TV die Liste der Werte des entsprechenden TOY-INDICATOR gebunden, wie soeben in der Vorübung besprochen.

Nach der Marke LOOP2 wird im COND geprüft, ob die lokale BW-OBJECTS-Liste schon abgearbeitet ist. Wenn ja, so wird ab Marke TAG weitergemacht: Die lokale TOY-INDICATOR-Liste wird reduziert und anschließend nach LOOP1 gesprungen. Falls COND "durchfiel" , setzt das anschließende PUTPROP auf die Property-Liste des BW-

Elements unter der Property des TI-Elements den zugehörigen Wert aus der TV-Liste. Nach Reduzierung der BW- und TV-Liste wird die Iteration bei LOOP2 fortgesetzt. (Durch Einführung der Marke TAG ist die Struktur der Schleifen-Schachtelung besser zu erkennen als in SIT3 !)

24 Wir wollen nun RESET-BLOCKS-WORLD testen. Dazu zerstören wir zuvor mit Hilfe von REMPROP drei beliebige Properties. Wie man in der anschließend ausgedruckten Situations-Tabelle sieht, erscheinen an den "Störstellen" NIL statt der alten Werte.

28 Nun rufen wir RESET-BLOCKS-WORLD auf und lassen anschließend die Situations-Tabelle ausgeben. Wir sehen: Die "Situation 0" ist wieder hergestellt.

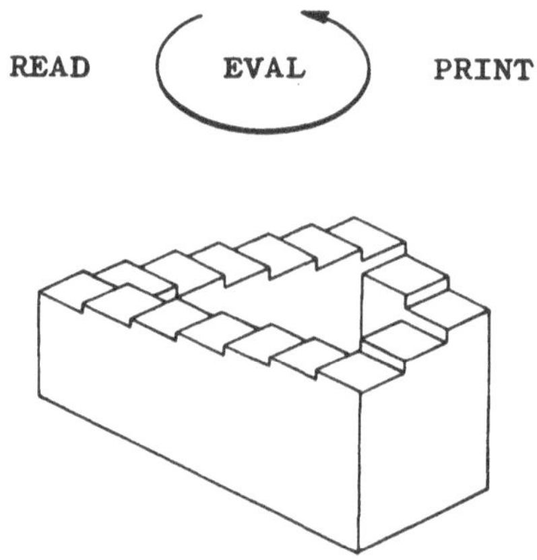
READ
EVAL
PRINT

```
 4444 44444
44444 44444
44444 44444
44444 44444
44444 44444
44444 44444
44444444444
44444444444
44444444444
      44444
      44444
      44444
      44444
```

I N H A L T

Zur Erkennung von verfügbarem Platz im dreidimensionalen Raum der "Block-Welt" wurde folgender Ansatz gemacht:

Die Funktion COMMON-RANGE-P testet zwei durch ihre Bereichsgrenzen definierte Strecken auf gemeinsamen Anteil. (Es bedeuten: LL = Lower Limit, UL = Upper Limit)

Fall	Skizze	numerisches Beispiel	Differenzen-Test LL1 LL2	UL1 UL2	LL1 UL2	UL1 LL2	interne Darstellung	def. Wert	Bemerkungen
1		(1 3) (4 6)	<	<	<	<	(-1 -1 -1 -1)	NIL	nichts
2		(4 6) (1 3)	>	>	>	>	(1 1 1 1)	NIL	Gemeinsames
3		(1 3) (3 5)	<	<	<	=	(-1 -1 -1 0)	NIL	äuß.Berührung
4		(1 3) (2 4)	<	<	<	>	(-1 -1 -1 1)	-1	
5		(1 3) (2 3)	<	=	<	>	(-1 0 -1 1)	-1	
6		(2 3) (1 4)	>	<	<	>	(1 -1 -1 1)	1	"supportable"
7		(2 3) (1 3)	>	=	<	>	(1 0 -1 1)	1	im
8		(1 3) (1 3)	=	=	<	>	(0 0 -1 1)	1	eindimension.
9		(1 2) (1 3)	=	<	<	>	(0 -1 -1 1)	1	
10		(1 4) (2 3)	<	>	<	>	(-1 1 -1 1)	-1	
11		(1 3) (1 2)	=	>	<	>	(0 1 -1 1)	-1	
12		(2 4) (1 3)	>	>	<	>	(1 1 -1 1)	-1	
13		(3 5) (1 3)	>	>	=	>	(1 1 0 1)	NIL	äuß.Berührung
	z.B.	(3 1) (3 3)	=	<	=	<	(0 -1 0 -1)	"WRONG COORDINATES"	

Unter der Voraussetzung von (LL,UL) eingegebenen Bereichsgrenzen sind von den $3^4 = 81$ möglichen Fällen nur diese hier skizzierten 13 Fälle realisierbar!

Die "interne Darstellung" ist zusammen mit dem "definierten Wert" als Assoziations-Liste unter dem Namen COMMON-RANGE-TEST-TABLE gespeichert.

Die Funktion COMMON-AREA-P testet mittels COMMON-RANGE-P die x-, y- Bereichsgrenzen. Grundsätzlich ergeben sich folgende Fallunterscheidungen:

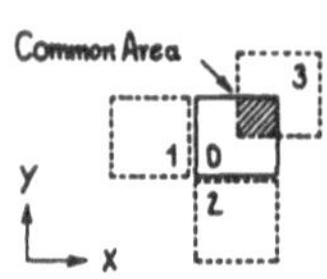

Fall 1 COMMON-RANGE-P(x-limits 0, x-limits 1) = NIL ≙ Term 1
COMMON-RANGE-P(y-limits 0, y-limits 1) ≠ NIL ≙ Term 2

Fall 2 COMMON-RANGE-P(x-limits 0, x-limits 2) ≠ NIL ≙ Term 1
COMMON-RANGE-P(y-limits 0, y-limits 2) = NIL ≙ Term 2

Fall 3 COMMON-RANGE-P(x-limits 0, x-limits 3) ≠ NIL ≙ Term 1
COMMON-RANGE-P(y-limits 0, y-limits 3) ≠ NIL ≙ Term 2

Daraus läßt sich folgende Formel ableiten:

COMMON-AREA-P = T, wenn {Term 1 AND Term 2} ≠ NIL

Die dreidimensionale Erweiterung mit den z-Bereichsgrenzen als Term 3 ergibt die Definitionsgleichung der Funktion COMMON-SPACE-P:

COMMON-SPACE-P = T, wenn [{Term 1 AND Term 2} AND Term 3] ≠ NIL

Wenn vereinfachend vorausgesetzt wird, daß ein Körper nur auf einer mindestens gleichgroßen Fläche stehen darf, kann durch geeignet definierte Werte von COMMON-RANGE-P die Eigenschaft "supportable" in der Funktion COMMON-AREA-P durch Addition von Term 1 und Term 2 (als größer Null) erhalten werden:

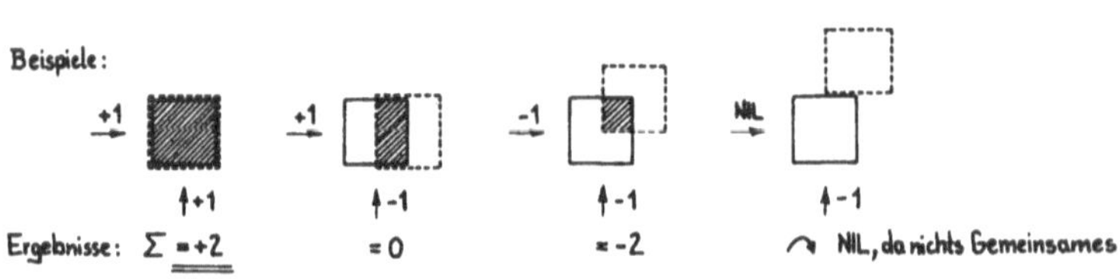

Es ist darum zweckmäßig, der Funktion GET-POSSIBLE-SUPPORT zusätzlich zum Argument PLACE auch noch das OBJECT zu übergeben!

Vorbemerkungen

Unsere Aufgabe im 4. Kapitel besteht darin, die für eine arbeitsfähige "Blocks World" noch notwendigen "Number-Crunching Functions" zu definieren, die von Winston /12/ nur im Hinblick auf ihre Aufgaben angegeben wurden:

GET-POSSIBLE-SUPPORT ist eine Funktion, die die Größen- und Platz-Properties aller Objekte prüft und das Objekt bestimmt, das sich direkt unter der Position eines gegebenen Objektes befindet.

FIND-SPACE arbeitet mit CLEARP zusammen und versucht einen Platz für ein gegebenes Objekt auf einer gegebenen Unterlage zu finden. Bei Tisch und Schachtel wird der Platz zufällig ausgewählt; wenn nach einer gewissen Anzahl von Versuchen kein Platz gefunden wird, gibt FIND-SPACE auf und liefert das Ergebnis NIL. FIND-SPACE liefert sofort NIL, wenn das unterstützende Objekt eine Pyramide oder Kugel ist.

TOPCENTER berechnet den "Angriffspunkt" auf der Oberfläche des gegebenen Objekts bei gegebenen Platz-Koordinaten.

Soweit die Beschreibung von Winston /12/.

Wir gehen zur Programmierung folgendermaßen vor :

Im Merkblatt zu diesem Kapitel ist der Ansatz zur Erkennung von verfügbarem Platz im dreidimensionalen Raum der "Block-Welt" erläutert.

Im Abschnitt 4.1 werden gemäß diesem Ansatz Hilfsfunktionen programmiert, mit deren Hilfe dann in Abschnitt 4.2 die noch fehlenden "Blocks World" Funktionen definiert werden können.

Der erste Testlauf der arbeitsfähigen "Block-Welt" wird in Abschnitt 4.3 gemacht.

4.1 Definition von Hilfsfunktionen zur Erkennung von verfügbarem Platz im dreidimensionalen Raum der "Block-Welt"

Wir haben in den Funktionsdefinitionen schon mehrfach die Funktion EQ statt EQUAL benutzt und wollen nun den Unterschied genauer betrachten.

3 Wir binden mittels SETQ an das Atom L1 die aus den Atomen A, B, C gebildete Liste. Die gleiche Prozedur wiederholen wir zur Bindung von L2. Mit dem dritten SETQ setzen wir L2 gleich L3.

Im Zeiger-Diagramm dargestellt, ergibt sich:

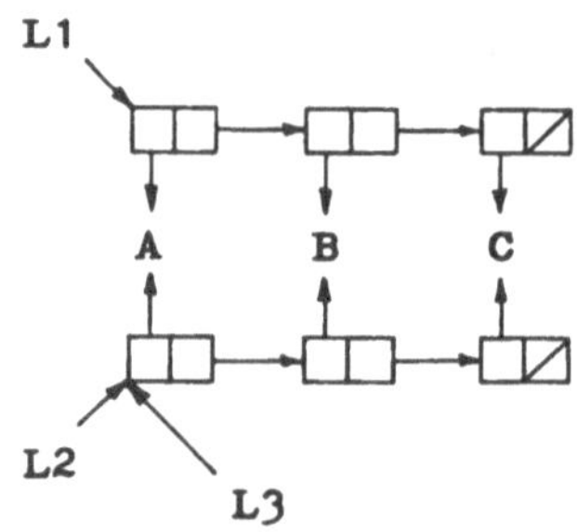

6 Prüfen wir mittels EQUAL die Gleichheit von L1 und L2 bzw. L2 und L3, so ist das Ergebnis in beiden Fällen T wie erwartet. Wiederholen wir den Test mit EQ, so stellen wir überrascht fest, daß im ersten Fall das Ergebnis NIL ist.

Die Erklärung ist folgende: EQ testet auf "Pointer-Gleichheit", die nur bei L2, L3 gegeben ist! EQUAL testet auf "Struktur-Gleichheit", ist also eine "höhere" Funktion, die entsprechend größeren Aufwand und Rechenzeit erfordert.

In diesem Zusammenhang ist wichtig, daß mit EQ nur kleine ganze Zahlen auf Gleichheit geprüft werden können. Große ganze Zahlen und Gleitkommazahlen werden

```
(IN)      DO $RZP.LISP
(OUT)     X  P500 LOADING
(OUT)
(OUT)          SIEMENS-INTERLISP  -  VERSION 4.0
(OUT)
(OUT)
(OUT)
(OUT)     ****** RESET ******
(OUT)
(OUT)     GOOD AFTERNOON.
(OUT)
(OUT)     1-
(OUT)
(IN)      (DATE)
(OUT)     "12-MAY-81 16:00:44"
(OUT)     2-
(OUT)
(IN)      LOAD(BLOCKS-WORLD)
(OUT)
(OUT)     PRETTYDEF FORMAT BLOCKS-WORLD CREATED 12-MAY-81 15:50:48
          FILENAME: LISP.DATA.BLOCKS-WORLD.32
(OUT)     BLOCKS-WORLDCOMS
(OUT)     BLOCKS-WORLD
(OUT)     3-
(OUT)
(IN)      (SETQ L1 (LIST 'A 'B 'C>
(OUT)     (A B C)
(OUT)     4-
(OUT)
(IN)      (SETQ L2 (LIST 'A 'B 'C>
(OUT)     (A B C)
(OUT)     5-
(OUT)
(IN)      (SETQ L3 L2)
(OUT)     (A B C)
(OUT)     6-
(OUT)
(IN)      (EQUAL L1 L2)
(OUT)     T
(OUT)     7-
(OUT)
(IN)      (EQUAL L2 L3)
(OUT)     T
(OUT)     8-
(OUT)
(IN)      (EQ L1 L2)
(OUT)     NIL
(OUT)     9-
(OUT)
(IN)      (EQ L2 L3)
(OUT)     T
(OUT)     10-
(OUT)
(IN)      (SETQ L2 '(X Y Z))
(OUT)     (L2 RESET)
(OUT)     (X Y Z)
(OUT)     11-
(OUT)
(IN)      L3
(OUT)     (A B C)
(OUT)     12-
(OUT)
```

```
(IN)      (PP SPACE-LIMITS)
(OUT)
(OUT)     <SPACE-LIMITS
(OUT)       <LAMBDA (PLACE OBJECT)  **COMMENT**
(OUT)         (PROG (S XH YH Z XMIN XMAX YMIN YMAX ZMIN ZMAX)
(OUT)               (SETQ S (GETPROP OBJECT (QUOTE SIZE)))
(OUT)               (SETQ XH (QUOTIENT (CAR S)
(OUT)                                  2))
(OUT)               (SETQ YH (QUOTIENT (CADR S)
(OUT)                                  2))
(OUT)               (SETQ Z (CADDR S))
(OUT)               (SETQ XMIN (DIFFERENCE (CAR PLACE)
(OUT)                                      XH))
(OUT)               (SETQ XMAX (PLUS (CAR PLACE)
(OUT)                                XH))
(OUT)               (SETQ YMIN (DIFFERENCE (CADR PLACE)
(OUT)                                      YH))
(OUT)               (SETQ YMAX (PLUS (CADR PLACE)
(OUT)                                YH))
(OUT)               (SETQ ZMIN (CADDR PLACE))
(OUT)               (SETQ ZMAX (PLUS (CADDR PLACE)
(OUT)                                Z))
(OUT)               (RETURN (LIST (LIST XMIN XMAX)
(OUT)                             (LIST YMIN YMAX)
(OUT)                             (LIST ZMIN ZMAX>>
(OUT)     (SPACE-LIMITS)
(OUT)     13-
(OUT)
(IN)      (SPACE-LIMITS (GETPROP 'BLOCK-A 'PLACE) 'BLOCK-A)
(OUT)     ((0 2) (0 2) (2 4))
(OUT)     14-
(OUT)
(IN)      (PP LT-EQ-GT)
(OUT)
(OUT)     <LT-EQ-GT
(OUT)       <LAMBDA (T1 T2)  **COMMENT**
(OUT)         (COND
(OUT)           ((EQUAL T1 T2)
(OUT)             0)
(OUT)           ((LESSP T1 T2)
(OUT)             -1)
(OUT)           (T 1>>
(OUT)     (LT-EQ-GT)
(OUT)     15-
(OUT)
(IN)      (LT-EQ-GT 5 7)
(OUT)     -1
(OUT)     16-
(OUT)
(IN)      (LT-EQ-GT 7 7)
(OUT)     0
(OUT)     17-
(OUT)
(IN)      (LT-EQ-GT 9 7)
(OUT)     1
(OUT)     18-
(OUT)
```

speicherintern durch verzweigte Strukturen dargestellt. Im Gegensatz zu EQ führt EQUAL in allen Fällen zum gewünschten Ergebnis !

10 Wir wollen noch ein wichtiges Beispiel ergänzen: Mit dem dritten SETQ wurde L2 gleich L3 gesetzt. Ändern wir jetzt L2 wie angegeben, so bleibt L3 unverändert! Von dieser Möglichkeit wird prinzipiell in Funktionsdefinitionen Gebrauch gemacht: "Globale" Parameter können "lokal" gebunden werden; "lokale" Manipulationen ändern nicht die "globale" Struktur.

Beginnen wir nun mit der Definition der Hilfsfunktionen: SPACE-LIMITS soll bei gegebenen PLACE-Koordinaten (1. Argument) für ein OBJECT der "Blocks World" (2. Argument) die räumlichen Grenzen berechnen. Das Ergebnis soll als Liste in folgender Form ausgegeben werden:

$$((x_{min}\ x_{max})(y_{min}\ y_{max})(z_{min}\ z_{max}))$$

Die Größe S des Objekts erhalten wir durch Zugriff auf die Property-Liste von OBJECT unter dem Indikator SIZE. S hat die Form:

$(x_s\ y_s\ z_s)$, für Block-A z.B. (2 2 2)

PLACE bezieht sich auf den Mittelpunkt der Grundfläche und hat folgende Form:

$(x_p\ y_p\ z_p)$, für Block-A z.B. (1 1 2)

Die Grenzwerte berechnen sich dann zu:

$$x_{min} = x_p - x_s/2 \quad , \quad x_{max} = x_p + x_s/2$$
$$y_{min} = y_p - y_s/2 \quad , \quad y_{max} = y_p + y_s/2$$
$$z_{min} = z_p \quad , \quad z_{max} = z_p + z_s$$

Der Zugriff auf die x_s, x_p, y_s, y_p, z_s, z_p erfolgt über CAR, CADR bzw. CADDR. Die arithmetischen Funktionen sind bekannt. Das Ergebnis wird mittels LIST-Funktionen in der gewünschten Form erzeugt und über RETURN zurückgegeben.

13 Zum Test rufen wir SPACE-LIMITS für das Objekt BLOCK-A. Die PLACE-Koordinate übergeben wir mittels Property-Listen-Aufruf bez. BLOCK-A. Wie man sieht, ist das Ergebnis richtig.

14 Die Hilfsfunktion LT-EQ-GT benötigen wir für den Test mit der COMMON-RANGE-TEST-TABLE (vgl. Merkblatt d. Kap.). LT-EQ-GT setzt die "Kleiner-", "Gleich-" bzw. "Größer-" Beziehungen zweier Grenzwerte T1 und T2 um in die Zahlenwerte -1 , 0 bzw. +1 . Die Beispiele demonstrieren das richtige Arbeiten der Funktion.

19 Die COMMON-RANGE-TEST-TABLE wurde mittels SETQ definiert. Lassen wir sie uns, wie üblich, durch Nennung des Namens ausgeben, so ist sie in dieser Form sehr unübersichtlich. Ähnlich wie PP für Funktionsdefinitionen, gibt es auch ein "pretty-print", PRINTDEF1, zur strukturierten Ausgabe von Listen. Man sieht nun, daß die COMMON-RANGE-TEST-TABLE eine Assoziations-Liste ist, die "Schlüssel"-Listen und zugeordnete Werte als "Punkt-Paare" enthält. Wie im Merkblatt erklärt, stehen die Werte +1 für "supportable", -1 für "non-supportable". NIL wird in der Ausgabe als Wert unterdrückt; es steht für "nichts-gemeinsames" bzw. "äußere Berührung" .

In der "Einf. Übersicht" haben wir den Zugriff auf Assoziations-Listen mit Hilfe der Funktion ASSOC kennengelernt. Hier sind die Schlüssel aber keine Atome, sondern Listen. Da ASSOC mittels EQ testet, würde es in diesem Falle aus den zu Beginn des Abschnitts diskutierten Gründen versagen. Wir müssen darum hier die mit EQUAL testende Funktion SASSOC verwenden! Die drei Beispiele zeigen: Das Ergebnis des Aufrufs von SASSOC ist das den Schlüssel enthaltende Punkt-Paar. Wird keine Übereinstimmung gefunden, ist das Ergebnis NIL .

23 Wir wollen nun die Prädikatfunktion COMMON-RANGE-P besprechen. Sie arbeitet über der COMMON-RANGE-TEST-TABLE und testet zwei durch ihre Bereichsgrenzen definierte Strecken auf gemeinsamen Anteil. Das Ergebnis ist NIL, wenn kein gemeinsamer Anteil festgestellt wird, sonst ungleich NIL.

Die beiden Eingangsparameter R-LIMITS1 und R-LIMITS2 sind Listen, die jeweils die untere und obere Streckengrenze z.B. in folgender Form enthalten:

$$(x_{1min}\ x_{1max}) \quad \text{und} \quad (x_{2min}\ x_{2max})$$

Mittels CAR bzw. CADR extrahieren wir die Grenzwerte und speichern sie auf LL1 , UL1 , LL2 , und UL2 . Mit Hilfe der LT-EQ-GT Funktion erzeugen wir eine "Test-Liste" L, die an SASSOC übergeben wird, um mit den Schlüssel-Listen der COMMON-RANGE-TEST-TABLE verglichen zu werden. Das Ergebnis speichern wir wiederum auf L. War der Test erfolglos, so ist L gleich NIL. Es lagen falsche Koordinaten-Angaben vor und eine entsprechende Meldung wird gedruckt. Als "Fehler-Kennung" wird der aufrufenden Funktion der Wert -2 zurückgegeben. Dieser Wert wurde gewählt, um bei den übergeordneten Funktionen die Eigenschaft "supportable" durch den Test-Wert "größer Null" zu garantieren. War der Test erfolgreich, so ist L ungleich NIL. Mittels CDR wird der rechte Teil des Punkt-Paares als Wert von COMMON-RANGE-P zurückgegeben. Er kann dann NIL, -1 oder +1 sein, mit der in der Tabelle des Merkblattes definierten Bedeutung.

25 Um sicher zu gehen, daß sich kein Eingabe-Fehler eingeschlichen hat, prüfen wir COMMON-RANGE-P mit allen Zahlen-Beispielen der Tabelle des Merkblattes: Die Ergebnisse stimmen überein.

```
(IN)     COMMON-RANGE-TEST-TABLE
(OUT)    (((-1 -1 -1 -1)) ((1 1 1 1)) ((-1 -1 -1 0)) ((-1 -1 -1 1) . -1)
         ((-1 0 -1 1) . -1) ((1 -1 -1 1) . 1) ((1 0 -1 1) . 1)
(OUT)    ((0 0 -1 1) . 1) ((0 -1 -1 1) . 1) ((-1 1 -1 1) . -1)
         ((0 1 -1 1) . -1) ((1 1 -1 1) . -1) ((1 1 0 1))
(OUT)    19-
(OUT)
(IN)     (PRINTDEF1 COMMON-RANGE-TEST-TABLE)
(OUT)      (((-1 -1 -1 -1))
(OUT)       ((1 1 1 1))
(OUT)       ((-1 -1 -1 0))
(OUT)       ((-1 -1 -1 1) . -1)
(OUT)       ((-1 0 -1 1) . -1)
(OUT)       ((1 -1 -1 1) . 1)
(OUT)       ((1 0 -1 1) . 1)
(OUT)       ((0 0 -1 1) . 1)
(OUT)       ((0 -1 -1 1) . 1)
(OUT)       ((-1 1 -1 1) . -1)
(OUT)       ((0 1 -1 1) . -1)
(OUT)       ((1 1 -1 1) . -1)
(OUT)       ((1 1 0 1)))
(OUT)    NIL
(OUT)    20-
(OUT)
(IN)     (SASSOC '(1 -1 -1 1) COMMON-RANGE-TEST-TABLE)
(OUT)    ((1 -1 -1 1) . 1)
(OUT)    21-
(OUT)
(IN)     (SASSOC '(-1 1 -1 1) COMMON-RANGE-TEST-TABLE)
(OUT)    ((-1 1 -1 1) . -1)
(OUT)    22-
(OUT)
(IN)     (SASSOC '(1 1 0 1) COMMON-RANGE-TEST-TABLE)
(OUT)    ((1 1 0 1))
(OUT)    23-
(OUT)
(IN)     (PP COMMON-RANGE-P)
(OUT)
(OUT)    <COMMON-RANGE-P
(OUT)      <LAMBDA (R-LIMITS1 R-LIMITS2)  **COMMENT**
(OUT)        (PROG (LL1 UL1 LL2 UL2 L)
(OUT)              (SETQ LL1 (CAR R-LIMITS1))
(OUT)              (SETQ UL1 (CADR R-LIMITS1))
(OUT)              (SETQ LL2 (CAR R-LIMITS2))
(OUT)              (SETQ UL2 (CADR R-LIMITS2))
(OUT)              (SETQ L (LIST (LT-EQ-GT LL1 LL2)
(OUT)                            (LT-EQ-GT UL1 UL2)
(OUT)                            (LT-EQ-GT LL1 UL2)
(OUT)                            (LT-EQ-GT UL1 LL2)))
(OUT)              (SETQ L (SASSOC L COMMON-RANGE-TEST-TABLE))
(OUT)              (COND
(OUT)                ((NULL L)
(OUT)                  (PRINT (QUOTE (COMMON-RANGE-P --
                                  WRONG COORDINATES)))
(OUT)                  (RETURN -2))
(OUT)                (T (RETURN (CDR L>>
(OUT)    (COMMON-RANGE-P)
(OUT)    24-
```

```
(IN)      (COMMON-RANGE-P '(1 3) '(4 6))
(OUT)     NIL
(OUT)     25-
(OUT)
(IN)      (COMMON-RANGE-P '(4 6) '(1 3))
(OUT)     NIL
(OUT)     26-
(OUT)
(IN)      (COMMON-RANGE-P '(1 3) '(3 5))
(OUT)     NIL
(OUT)     27-
(OUT)
(IN)      (COMMON-RANGE-P '(1 3) '(2 4))
(OUT)     -1
(OUT)     28-
(OUT)
(IN)      (COMMON-RANGE-P '(1 3) '(2 3))
(OUT)     -1
(OUT)     29-
(OUT)
(IN)      (COMMON-RANGE-P '(2 3) '(1 4))
(OUT)     1
(OUT)     30-
(OUT)
(IN)      (COMMON-RANGE-P '(2 3) '(1 3))
(OUT)     1
(OUT)     31-
(OUT)
(IN)      (COMMON-RANGE-P '(1 3) '(1 3))
(OUT)     1
(OUT)     32-
(OUT)
(IN)      (COMMON-RANGE-P '(1 2) '(1 3))
(OUT)     1
(OUT)     33-
(OUT)
(IN)      (COMMON-RANGE-P '(1 4) '(2 3))
(OUT)     -1
(OUT)     34-
(OUT)
(IN)      (COMMON-RANGE-P '(1 3) '(1 2))
(OUT)     -1
(OUT)     35-
(OUT)
(IN)      (COMMON-RANGE-P '(2 4) '(1 3))
(OUT)     -1
(OUT)     36-
(OUT)
(IN)      (COMMON-RANGE-P '(3 5) '(1 3))
(OUT)     NIL
(OUT)     37-
(OUT)
(IN)      (COMMON-RANGE-P '(3 1) '(3 3))
(OUT)     (COMMON-RANGE-P -- WRONG COORDINATES)
(OUT)     -2
(OUT)     38-
```

```
(IN)     (PP COMMON-AREA-P)
(OUT)
(OUT)    <COMMON-AREA-P
(OUT)      <LAMBDA (A-LIMITS1 A-LIMITS2)  **COMMENT**
(OUT)        (PROG (T1 T2)
(OUT)              (SETQ T1 (COMMON-RANGE-P (CAR A-LIMITS1)
(OUT)                                       (CAR A-LIMITS2)))
(OUT)              (SETQ T2 (COMMON-RANGE-P (CADR A-LIMITS1)
(OUT)                                       (CADR A-LIMITS2)))
(OUT)              (COND
(OUT)                ((AND T1 T2)
(OUT)                  (RETURN (PLUS T1 T2)))
(OUT)                (T (RETURN NIL>>
(OUT)    (COMMON-AREA-P)
(OUT)    39-
(OUT)
(IN)     (COMMON-AREA-P '((0 2)(0 2)) '((0 2)(0 2)) )
(OUT)    2
(OUT)    40-
(OUT)
(IN)     (COMMON-AREA-P '((0 2)(0 2)) '((1 3)(0 2)) )
(OUT)    0
(OUT)    41-
(OUT)
(IN)     (COMMON-AREA-P '((0 2)(0 2)) '((1 3)(1 3)) )
(OUT)    -2
(OUT)    42-
(OUT)
(IN)     (COMMON-AREA-P '((0 2)(0 2)) '((1 3)(2 4)) )
(OUT)    NIL
(OUT)    43-
(OUT)


(IN)     (PP COMMON-SPACE-P)
(OUT)
(OUT)    <COMMON-SPACE-P
(OUT)      <LAMBDA (S-LIMITS1 S-LIMITS2)  **COMMENT**
(OUT)        (COND
(OUT)          ((AND (COMMON-RANGE-P (CADDR S-LIMITS1)
(OUT)                                (CADDR S-LIMITS2))
(OUT)                (COMMON-AREA-P S-LIMITS1 S-LIMITS2))
(OUT)            T)
(OUT)          (T NIL>>
(OUT)    (COMMON-SPACE-P)
(OUT)    44-
(OUT)
(IN)     (COMMON-SPACE-P '((0 2)(0 2)(0 2)) '((0 2)(0 2)(0 2)) )
(OUT)    T
(OUT)    45-
(OUT)
(IN)     (COMMON-SPACE-P '((0 2)(0 2)(0 2)) '((1 3)(0 2)(0 2)) )
(OUT)    T
(OUT)    46-
(OUT)
(IN)     (COMMON-SPACE-P '((0 2)(0 2)(0 2)) '((2 4)(0 2)(0 2)) )
(OUT)    NIL
(OUT)    47-
(OUT)
```

Die nächste Prädikatfunktion ist COMMON-AREA-P. Sie testet mit Hilfe von COMMON-RANGE-P die x-, y-Bereichsgrenzen zweier Flächen auf gemeinsamen Anteil. Das Ergebnis ist NIL, wenn kein gemeinsamer Anteil festgestellt wird, andernfalls ungleich NIL.

Die beiden Eingangsparameter A-LIMITS1 und A-LIMITS2 sind Listen, die jeweils als Sublisten die x- und y-Bereichsgrenzen in folgender Form enthalten:

$((x_{1min}\ x_{1max})(y_{1min}\ y_{1max}))$ und

$((x_{2min}\ x_{2max})(y_{2min}\ y_{2max}))$

Mittels CAR bzw. CADR extrahieren wir die x- bzw. y-Bereichsgrenzen als Eingangsparameter für COMMON-RANGE-P. Die Ergebnisse der Funktionsaufrufe speichern wir auf T1 und T2. Wie im Merkblatt dargelegt, prüfen wir (in der ersten COND-Klausel) die AND-Verknüpfung der Terme T1 und T2. Ist mindestens ein Term NIL, so wird AND mit dem Wert NIL verlassen und durch die letzte Klausel wird NIL zurückgegeben. Sind dagegen T1 und T2 ungleich NIL, so wird (per def.) das Ergebnis der Addition von T1 und T2 zurückgegeben. Von der aufrufenden Funktion kann dann geprüft werden, ob der Fall "supportable" vorliegt, wenn das Ergebnis größer Null ist.

39 Die folgenden vier Test-Beispiele entsprechen den Skizzen auf dem Merkblatt und liefern die erwarteten Ergebnisse.

43 Die Prädikatfunktion COMMON-SPACE-P ist die dreidimensionale Erweiterung der eben besprochenen Prozedur, womit Volumen auf gemeinsamen Anteil zu prüfen sind. Das Ergebnis ist NIL, wenn kein gemeinsamer Anteil festgestellt wird, andernfalls T. (Eine Zusatzinformation für die Eigenschaft "supportable" ist nicht sinnvoll.)

Die Eingangsparameter S-LIMITS1 und S-LIMITS2 sind wieder Listen, die jeweils als Sublisten die x-, y- und z-Bereichsgrenzen in folgender Form erwarten:

$((x_{1min}\ x_{1max})(y_{1min}\ y_{1max})(z_{1min}\ z_{1max}))$ und

$((x_{2min}\ x_{2max})(y_{2min}\ y_{2max})(z_{2min}\ z_{2max}))$

Der Zugriff auf die z-Werte geschieht mittels CADDR im ersten Parameter der AND-Funktion für COMMON-RANGE-P. Zu beachten sind die Argumente bei COMMON-AREA-P: Es werden die vollständigen Listen (mit z !) übergeben, COMMON-AREA-P entnimmt aber nur die benötigten x- und y-Werte.

44 In den folgenden drei Test-Beispielen "ziehen" wir zwei ineinander liegende Würfel auseinander:

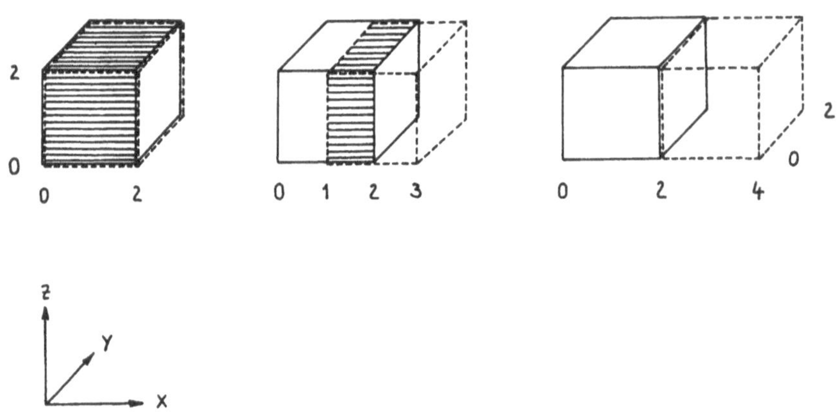

Die Ergebnisse sind richtig: Nur im letzten Beispiel wird kein gemeinsamer Raum festgestellt.

Im letzten Teil dieses Abschnitts wollen wir den Zufallsgenerator RAND besprechen, den wir für die Programme der "Block-Welt" benötigen, um die wegzuräumenden Bausteine "beliebig" verteilen zu können.

RAND liefert gleichverteilte Pseudo-Zufallszahlen im Bereich der durch die Argumente angegebenen Grenzwerte (einschließlich der Grenzwerte Min ... Max).

Pseudo-Zufallszahlen haben gegenüber "echten" Zufallszahlen die Eigenschaft der Reproduzierbarkeit. Somit können Fehler-Konstellationen, die beim Testen von Programmen entdeckt wurden, wiederholt werden und sind damit einer Analyse zugänglich.

Wir wollen als Beispiel einen Spiel-Würfel simulieren: Die Augenzahl kann zwischen 1 und 6 liegen. Das erste Beispiel liefert als "Zufallswert" 5.

48 Durch den Aufruf von RANDSET <u>ohne</u> Argument, kann man den Status des Zufallsgenerators abfragen und mittels SETQ abspeichern.

49 Wir "würfeln" jetzt mehrfach hintereinander und erhalten als erste vier Augenzahlen: 3, 2, 4, 1, ...

Wenn wir nun RANDSET <u>mit</u> dem gespeicherten alten Statuswert aufrufen, so wird der Zufallsgenerator zurückgesetzt. Ein "Würfeln" wiederholt die alte Sequenz 3, 2, 4, 1, ...

```
(IN)      (RAND 1 6)
(OUT)     5
(OUT)     48-
(OUT)
(IN)      (SETQ OLDSTATE (RANDSET))
(OUT)     745227114
(OUT)     49-
(OUT)
(IN)      (RAND 1 6)
(OUT)     3
(OUT)     50-
(OUT)
(IN)      (RAND 1 6)
(OUT)     2
(OUT)     51-
(OUT)
(IN)      (RAND 1 6)
(OUT)     4
(OUT)     52-
(OUT)
(IN)      (RAND 1 6)
(OUT)     1
(OUT)     53-

          .
          .
          .

(IN)      (RANDSET OLDSTATE)
(OUT)     745227114
(OUT)     58-
(OUT)
(IN)      (RAND 1 6)
(OUT)     3
(OUT)     59-
(OUT)
(IN)      (RAND 1 6)
(OUT)     2
(OUT)     60-
(OUT)
(IN)      (RAND 1 6)
(OUT)     4
(OUT)     61-
(OUT)
(IN)      (RAND 1 6)
(OUT)     1
(OUT)     62-

          .
          .
          .

(IN)      (RAND 1 6)
(OUT)     6
(OUT)     68-
(OUT)
(IN)      (DATE)
(OUT)     "12-MAY-81 16:21:21"
(OUT)     69-
(OUT)
(IN)      (EXIT)
```

4.2 Definition der für eine arbeitsfähige "Block-Welt" noch notwendigen Funktionen

In diesem Abschnitt werden wir die Möglichkeit kennenlernen, innerhalb von Funktionsdefinitionen Kommentare einzufügen. Ein Kommentar in INTERLISP steht als Text innerhalb eines Klammer-Paares, dessen erstes Element ein Stern ist.

Wir haben bereits im Dialog-Protokoll der "Übungen zur Einf. Übersicht" von Kommentaren Gebrauch gemacht, um die Nummern der Beispiele zu kennzeichnen.

Das **COMMENT** beim pretty-print einer Funktion mittels PP bedeutet: "An dieser Stelle steht ein Kommentar !" Bisher handelte es sich nur um den vom INTERLISP-System eingefügten Kommentar, der Datum und Uhrzeit der letzten Edition dieser Funktion enthält. Wenn man statt PP die Funktion mittels PP* ausdruckt, werden die Kommentare explizit ausgegeben.

Da Kommentare S-Expressions sind, haben sie auch einen Wert, nämlich das erste Wort des Textes. Es ist darum Vorsicht geboten, Kommentare innerhalb von COND-Klauseln zu verwenden: Sie könnten als Prädikat fehl-interpretiert werden!

2 Die Spalte, ab der ein Kommentar innerhalb des pretty-print ausgedruckt wird, kann durch Veränderung des globalen Parameters FIRSTCOL bestimmt werden: Der Standardwert ist 48; entsprechend SETQ dient RPAQ zum Setzen globaler Werte. Die folgenden Beispiele werden das Benutzen von Kommentaren klären!

4 Die Funktion TOPCENTER soll für die Roboter-Hand die Koordinaten (x_T y_T z_T) des "Angriffspunktes" liefern. Aus der folgenden Skizze ist zu ersehen, wie aus den aktuellen PLACE-Koordinaten (x_P y_P z_P) mit den SIZE-

```
(IN)       DO $RZP.LISP
(OUT)      %  P500 LOADING
(OUT)
(OUT)           SIEMENS-INTERLISP  -  VERSION 4.0
(OUT)
(OUT)
(OUT)
(OUT)      ****** RESET ******
(OUT)
(OUT)      GOOD AFTERNOON.
(OUT)
(OUT)      1-
(OUT)
(IN)       (DATE)
(OUT)      "16-MAY-81 22:13:46"
(OUT)      2-
(OUT)
(IN)       (RPAQ FIRSTCOL 48)
(OUT)      (FIRSTCOL RESET)
(OUT)      48
(OUT)      3-
(OUT)
(IN)       LOAD(BLOCKS-WORLD)
(OUT)
(OUT)      PRETTYDEF FORMAT BLOCKS-WORLD CREATED 16-MAY-81 03:22:14
           FILENAME: LISP.DATA.BLOCKS-WORLD.38
(OUT)      BLOCKS-WORLDCOMS
(OUT)      BLOCKS-WORLD
(OUT)      4-
(OUT)
(IN)       (PP TOPCENTER)
(OUT)
(OUT)      <TOPCENTER
(OUT)        <LAMBDA (PLACE OBJECT)  **COMMENT**
(OUT)          (LIST (CAR PLACE)
(OUT)                (CADR PLACE)
(OUT)                (PLUS (CADDR PLACE)
(OUT)                      (CADDR (GETPROP OBJECT (QUOTE SIZE>>
(OUT)      (TOPCENTER)
(OUT)      5-
(OUT)
(IN)       (TOpCENTER (GETpROp 'BLOCK-A 'pLACE) 'BLOCK-A)
(OUT)      (1 1 4)
(OUT)      6-
(OUT)
(IN)       (TOpCENTER (GETpROp 'SpHERE  'pLACE) 'SpHERE )
(OUT)      (4 3 2)
(OUT)      7-
(OUT)
(IN)       (TOpCENTER (GETpROp 'pYRAMID 'pLACE) 'pYRAMID)
(OUT)      (3 8 2)
(OUT)      8-
(OUT)
(IN)       (TOpCENTER (GETpROp 'BOX 'pLACE) 'BOX )
(OUT)      (8 8 0.100000)
(OUT)      9-
(OUT)
```

Werten (x_S y_S z_S) des OBJECT die TOPCENTER-Koordinaten (x_T y_T z_T) berechnet werden:

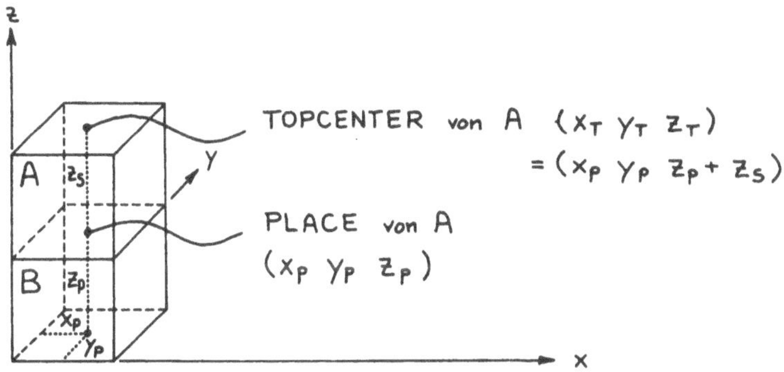

Eingangsparameter von TOPCENTER sind PLACE und OBJECT. Der Zugriff auf die x-, y- und z-Werte erfolgt wieder mittels CAR, CADR bzw. CADDR. Mit LIST werden die Teilergebnisse in eine Liste gebunden, die als Wert von TOPCENTER der aufrufenden Funktion übergeben wird.

5 Die Tests zeigen das richtige Arbeiten von TOPCENTER für Beispiele der "Situation 0". Das PLACE-Argument wurde jeweils durch Zugriff auf die Property-Liste von OBJECT eingegeben.

Wir kommen nun zur Besprechung von GET-POSSIBLE-SUPPORT, die wir mittels PP* gelistet haben. Aus dem System-Kommentar ersehen wir, wann die Funktion zuletzt editiert wurde.

Wie schon im Merkblatt dargelegt, wird der Funktion ein zweites Argument (das OBJECT selbst) übergeben, um die definierte Eigenschaft "supportable" aus dem Ergebnis von COMMON-AREA-P ausnutzen zu können. Selbstverständlich müssen wir die aufrufenden Funktionen entsprechend ändern (vgl. Abs. 4.3).

```
(IN)     (PP* GET-POSSIBLE-SUPPORT)
(OUT)
(OUT)    <GET-POSSIBLE-SUPPORT
(OUT)      <LAMBDA (PLACE OBJECT)
                                          (* EDITED: "14-MAY-81 00:53:26")
(OUT)        (PROG (SLO SLT SLB BWT SUPPORT)
(OUT)              (SETQ SLO (SPACE-LIMITS PLACE OBJECT))
(OUT)              <COND
(OUT)                ((ZEROP (CADDR PLACE))
(OUT)                  (SETQ SLT (SPACE-LIMITS (GETPROP (QUOTE TABLE)
(OUT)                                                   (QUOTE PLACE))
(OUT)                                          (QUOTE TABLE)))
(OUT)                  (COND
(OUT)                    ((GREATERP (COMMON-AREA-P SLO SLT)
(OUT)                               0)
(OUT)                      (RETURN (QUOTE TABLE)))
(OUT)                    (T (RETURN NIL>
(OUT)              <COND
(OUT)                ((<EQUAL (CADDR PLACE)
(OUT)                        (CADDR (GETPROP (QUOTE BOX)
(OUT)                                        (QUOTE SIZE>
(OUT)                  (SETQ SLB (SPACE-LIMITS (GETPROP (QUOTE BOX)
(OUT)                                                   (QUOTE PLACE))
(OUT)                                          (QUOTE BOX)))
(OUT)                  (COND
(OUT)                    ((GREATERP (COMMON-AREA-P SLO SLB)
(OUT)                               0)
(OUT)                      (RETURN (QUOTE BOX)))
(OUT)                    (T (RETURN NIL>
(OUT)              (SETQ BWT BW-TOYS)
(OUT)          LOOP(COND
(OUT)                ((NULL BWT)
(OUT)                  (RETURN NIL)))
(OUT)              (SETQ SUPPORT (CAR BWT))
(OUT)              <COND
(OUT)                ((EQUAL PLACE (TOPCENTER (GETPROP SUPPORT (QUOTE PLACE))
(OUT)                                         SUPPORT))
(OUT)                  (COND
(OUT)                    ((GETPROP SUPPORT (QUOTE SUPPORTP))
(OUT)                      (RETURN SUPPORT))
(OUT)                    (T (RETURN NIL>
(OUT)              (SETQ BWT (CDR BWT))
(OUT)              (GO LOOP>>
(OUT)    (GET-POSSIBLE-SUPPORT)
(OUT)    10-
(OUT)
(IN)     (GET-POSSIBLE-SUPPORT '(10 1 0) 'BLOCK-A)
(OUT)    NIL
(OUT)    11-
(OUT)
(IN)     (GET-POSSIBLE-SUPPORT '(9 1 0) 'BLOCK-A)
(OUT)    TABLE
(OUT)    12-
(OUT)
(IN)     (GET-POSSIBLE-SUPPORT '(9 6 0.1) 'BLOCK-A)
(OUT)    NIL
(OUT)    13-
(OUT)
(IN)     (GET-POSSIBLE-SUPPORT '(9 7 0.1) 'BLOCK-A)
(OUT)    BOX
(OUT)    14-
(OUT)
```

Das Ergebnis von GET-POSSIBLE-SUPPORT ist entweder das "Block-Welt"-Objekt (hier SUPPORT genannt), das für den gegebenen PLACE des OBJECT als unterstützendes Objekt geeignet ist, oder NIL sonst. Der PROG-Rumpf besteht aus drei Teilen: Im ersten wird geprüft, ob TABLE der Support ist, im zweiten, ob die BOX infrage kommt. Falls beides nicht zutrifft, wird im dritten Teil jedes BW-TOYS-Objekt daraufhin getestet. Zunächst speichern wir auf SLO die SPACE-LIMITS des OBJECT für den gegebenen PLACE.

Der TABLE kommt als Support dann infrage, wenn die z-Koordinate von PLACE gleich Null ist. Wenn ja, werden die SPACE-LIMITS von TABLE auf SLT gespeichert. Mit dem nachfolgenden COND wird die "supportable"-Bedingung geprüft : COMMON-AREA-P muß einen Wert größer Null ergeben. Wenn ja, dann wird TABLE, andernfalls NIL zurückgegeben.

Falls die z-Koordinate ungleich Null war, so wird im zweiten Teil geprüft, ob die z-Koordinate von PLACE gleich der Höhe des "materiellen Bodens" der Box ist. Wenn ja, werden die SPACE-LIMITS der BOX auf SLB gespeichert. Anschließend wird mittels COMMON-AREA-P geprüft, ob die "supportable"-Bedingung erfüllt ist und dann entweder BOX oder NIL zurückgegeben. (Wir setzen hierbei voraus, daß die Box immer auf dem Tisch steht!)

War auch die Box nicht der mögliche Support, so wird auf BWT die globale Liste BW-TOYS gespeichert und die Iterations-Schleife des dritten Teils beginnt. Das COND testet die Endbedingung: Wurde kein Support gefunden, so ist das Ergebnis NIL. Ist BWT noch nicht leer, so wird an SUPPORT das erste Element von BWT gebunden. Nun wird als notwendige Bedingung geprüft, ob die gegebenen PLACE-Koordinaten gleich den TOPCENTER-Koordinaten von SUPPORT sind. (Wir hatten vereinfachend vorausgesetzt, daß Bausteine nur zentrisch übereinander gestapelt werden dürfen !) Wenn sie gleich sind, dann muß noch geprüft werden, ob dieses Objekt überhaupt als Support brauchbar ist. Wir hatten über die Eigenschaft SUPPORTP festgelegt: Bei Kugel und Pyramide ist SUPPORTP gleich NIL. Hat aber schon der PLACE-Test ergeben, daß dieses Objekt kein möglicher Support ist, so wird das äußere COND verlassen, die BWT-Liste reduziert und die Iterations-Schleife bei LOOP fortgesetzt.

10 Mit den folgenden Test-Beispielen (man vergleiche die Skizze zur "Situation 0") werden alle Zweige von GET-POSSIBLE-SUPPORT geprüft. Im ersten Beispiel wird BLOCK-A auf die Tisch-Kante gestellt, im zweiten korrekt auf den Tisch. Im dritten Beispiel wird BLOCK-A nicht innerhalb der Box plaziert (wir erinnern uns: Die Box wurde mit "materiellem Boden", aber ohne Seitenwände als "Block" definiert !) Erst im vierten Beispiel wird BOX als Support ausgegeben.

Im fünften und sechsten Beispiel wird versucht, BLOCK-A auf Pyramide bzw. Kugel zu stellen. Im siebenten Beispiel "schwebt" BLOCK-A in der Luft; im achten wird richtig BLOCK-D ermittelt.

18 Im neunten Beispiel wird kein Support festgestellt, aber im zehnten der TABLE angegeben. Bemerkenswert ist, daß in beiden Tests der Raum schon von Block-D belegt war: Es ist aber nicht Aufgabe von GET-POSSIBLE-SUPPORT, dies festzustellen, sondern von CLEARP !

CLEARP soll ermitteln, ob für ein gegebenes OBJECT an einem NEWPLACE auch der benötigte Raum verfügbar ist. Dazu ist es notwendig, daß CLEARP wie ein " richtiges Reise-Buchungs-System " arbeitet, denn ein als "frei" bezeichneter Raum darf nicht nochmals vergeben werden!

```
(IN)    (GET-POSSIBLE-SUPPORT '(3 8 2) 'BLOCK-A)
(OUT)   NIL
(OUT)   15-
(OUT)
(IN)    (GET-POSSIBLE-SUPPORT '(4 3 2) 'BLOCK-A)
(OUT)   NIL
(OUT)   16-
(OUT)
(IN)    (GET-POSSIBLE-SUPPORT '(9 4 3) 'BLOCK-A)
(OUT)   NIL
(OUT)   17-
(OUT)
(IN)    (GET-POSSIBLE-SUPPORT '(9 4 2) 'BLOCK-A)
(OUT)   BLOCK-D
(OUT)   18-
(OUT)
(IN)    (GET-POSSIBLE-SUPPORT '(9 4 1) 'BLOCK-A)
(OUT)   NIL
(OUT)   19-
(OUT)
(IN)    (GET-POSSIBLE-SUPPORT '(9 4 0) 'BLOCK-A)
(OUT)   TABLE
(OUT)   20-
(OUT)



(IN)    (SETQ RESERVATIONS NIL)
(OUT)   NIL
(OUT)   21-
(OUT)
(IN)    (DE TEST(NEWPLACE OBJECT)
        (SETQ RESERVATIONS(CONS(CONS OBJECT NEWPLACE)RESERVATIONS)>
(OUT)   TEST
(OUT)   22-
(OUT)
(IN)    (TEST '(1 9 0) 'BLOCK-A)
(OUT)   ((BLOCK-A 1 9 0))
(OUT)   23-
(OUT)
(IN)    (TEST '(9 1 0) 'PYRAMID)
(OUT)   ((PYRAMID 9 1 0) (BLOCK-A 1 9 0))
(OUT)   24-
(OUT)
(IN)    (SETQ RESERVE (ASSOC 'BLOCK-A RESERVATIONS))
(OUT)   (BLOCK-A 1 9 0)
(OUT)   25-
(OUT)
(IN)    (CAR RESERVE)
(OUT)   BLOCK-A
(OUT)   26-
(OUT)
(IN)    (CDR RESERVE)
(OUT)   (1 9 0)
(OUT)   27-
(OUT)
(IN)    (SETQ RESERVATIONS (REMOVE RESERVE RESERVATIONS))
(OUT)   (RESERVATIONS RESET)
(OUT)   ((PYRAMID 9 1 0))
(OUT)   28-
(OUT)
```

Wir etablieren darum die Assoziations-Liste RESERVATIONS, in die vergebene Plätze zusammen mit dem Namen des Objektes (als Schlüssel des Punkt-Paares) eingetragen werden sollen.

21 Zur Vorübung definieren wir eine Funktion TEST, die Eintragungen in RESERVATIONS vornimmt. Die Parameter sind NEWPLACE und OBJECT. Das innere CONS bildet das Punkt-Paar aus beiden Argumenten; das äußere CONS fügt es an den Anfang der RESERVATIONS-Liste ein.

22 Rufen wir TEST mit einem freien Platz für BLOCK-A auf, wird der neue Status von RESERVATIONS ausgegeben. Nach nochmaligem Aufruf (mit einem anderen freien Platz für PYRAMID) wird die neue Eintragung ergänzt. (Man wundere sich nicht, daß "kein Punkt zu sehen" ist: Von INTERLISP wird diese äquivalente Form ausgegeben!)

24 Da der Schlüssel atomar ist, können wir mit ASSOC auf RESERVATIONS zugreifen und z.B. das Punkt-Paar mit dem Schlüssel BLOCK-A auf RESERVE speichern. Der CAR- und CDR-Zugriff auf RESERVE überzeugt uns, daß hier tatsächlich ein Punkt-Paar von OBJECT und NEWPLACE vorliegt.

27 Das Löschen von Eintragungen auf RESERVATIONS kann mittels REMOVE und Umspeicherung, wie im Beispiel demonstriert, erfolgen.

Nun zu CLEARP, einer schon komplexen Funktionsdefinition: Die Eingangsparameter sind NEWPLACE und OBJECT. Mit den ersten Statements im PROG-Rumpf speichern wir von OBJECT am NEWPLACE die OBJECTLIMITS und auf BW die Namen der "Block-Welt"-Bausteine einschließlich Box. Die Iterations-Schleife beginnt mit der Endbedingung: Ist die Liste BW abgearbeitet, so war bisher "alles klar" und die "Buchung" auf RESERVATIONS kann wie eben geübt erfolgen. Der aufrufenden Funktion wird ein T zurückgegeben. War die BW-Liste noch nicht abgearbeitet, so "fällt COND durch". Mit dem nächsten SETQ wird das erste Element von BW an TESTOBJECT gebunden und anschließend der zugehörige OLDPLACE ermittelt.

Nun muß RESERVATIONS daraufhin durchgesehen werden, ob das TESTOBJECT noch von einer früheren "Buchung" eingetragen ist, inzwischen aber auf den neuen Platz gestellt wurde. Wie zuvor am speziellen Beispiel geübt, greifen wir mit ASSOC auf das gesuchte Punkt-Paar zu und speichern auf RESERVEDPLACE die "gebuchten" Platz-Koordinaten. Das nachfolgende COND prüft, ob OLDPLACE gleich RESERVEDPLACE ist und löscht gegebenenfalls.

Das sich anschließende COND prüft, ob das aktuelle TESTOBJECT der Liste BW gleich dem Argument OBJECT ist. Wenn ja, so ist der anschließende Programmabschnitt nicht relevant und wird übersprungen, die BW-Liste reduziert und die Iterations-Schleife bei LOOP fortgesetzt.

Andernfalls muß im restlichen Programm zweierlei geprüft werden: Erstens, ob das OBJECT am NEWPLACE mit schon "gebuchten" Plätzen kollidiert und zweitens, daß nicht als "frei" ein Platz "verbucht" wird, der zwar frei <u>wird</u>, tatsächlich aber z.Z. noch belegt <u>ist</u>, denn der einarmige Roboter kann jeweils nur einen Baustein versetzen !

Die erste Bedingung wird im COND geprüft, dessen einzige Klausel hier mit einem atomaren Prädikat beginnt: War RESERVE ungleich NIL, so existiert ein "gebuchter" Platz für TESTOBJECT, dessen TESTLIMITS nun zu ermitteln sind. Im eingebetteten COND wird geprüft, ob die TESTLIMITS des neuen Platzes sich mit den OBJECTLIMITS überschneiden. Wenn ja, so wird NIL der aufrufenden Funktion zurückgegeben.

```
(IN)     (PP* CLEARP)
(OUT)
(OUT)    <CLEARP
(OUT)      <LAMBDA (NEWPLACE OBJECT)                     (* EDITED: "16-MAY-81 03:41:42")
(OUT)                                                    (* RESERVATIONS
                                                            = GLOBALE LISTE ZUR PLATZRESERVIERUNG)
(OUT)        (PROG (OBJECTLIMITS BW TESTOBJECT OLDPLACE RESERVE RESERVEDPLACE TESTLIMITS)
(OUT)              (SETQ OBJECTLIMITS (SPACE-LIMITS NEWPLACE OBJECT))
(OUT)              (SETQ BW (REMOVE (QUOTE TABLE)
(OUT)                               BW-OBJECTS))
(OUT)          LOOP(COND
(OUT)                ((NULL BW)                          (* RESERVIERE PLATZ AUF LISTE)
(OUT)                  (SETQ RESERVATIONS (CONS (CONS OBJECT NEWPLACE)
(OUT)                                           RESERVATIONS))
(OUT)                  (RETURN T)))
(OUT)              (SETQ TESTOBJECT (CAR BW))
(OUT)              (SETQ OLDPLACE (GETPROP TESTOBJECT (QUOTE PLACE)))
(OUT)                                                    (* TESTOBJECT NOCH AUF LISTE ?)
(OUT)              (SETQ RESERVE (ASSOC TESTOBJECT RESERVATIONS))
(OUT)              (SETQ RESERVEDPLACE (CDR RESERVE))    (* WENN, DANN MIT DIESEM PLATZ)
(OUT)              <COND
(OUT)                ((EQUAL RESERVEDPLACE OLDPLACE)     (* WENN IDENTISCH, DANN LOESCHEN)
(OUT)                  (SETQ RESERVATIONS (REMOVE RESERVE RESERVATIONS>
(OUT)              (COND
(OUT)                ((EQUAL OBJECT TESTOBJECT)
(OUT)                  (GO TAG)))
(OUT)              <COND
(OUT)                (RESERVE (SETQ TESTLIMITS (SPACE-LIMITS RESERVEDPLACE TESTOBJECT))
(OUT)                                                    (* WENN TESTOBJECT AUF LISTE,
                                                            DANN ZUERST TEST MIT RESERVIERTEM PLATZ)
(OUT)                         (COND
(OUT)                           ((COMMON-SPACE-P OBJECTLIMITS TESTLIMITS)
(OUT)                             (RETURN NIL>           (* TEST MIT ALTEM PLATZ AUCH)
(OUT)              (SETQ TESTLIMITS (SPACE-LIMITS OLDPLACE TESTOBJECT))
(OUT)              (COND
(OUT)                ((COMMON-SPACE-P OBJECTLIMITS TESTLIMITS)
(OUT)                  (RETURN NIL)))
(OUT)          TAG (SETQ BW (CDR BW))
(OUT)              (GO LOOP>>
(OUT)    (CLEARP)
(OUT)    29-
```

```
(IN)     (RESET-BLOCKS-WORLD)
(OUT)    T
(OUT)    30-
(OUT)
(IN)     (SETQ RESERVATIONS NIL)
(OUT)    (RESERVATIONS RESET)
(OUT)    NIL
(OUT)    31-
(OUT)
(IN)     (CLEARp '(6 1 0) 'BLOCK-A)
(OUT)    NIL
(OUT)    32-
(OUT)
(IN)     (CLEARp '(5 1 0) 'BLOCK-A)
(OUT)    NIL
(OUT)    33-
(OUT)
(IN)     (CLEARp '(4 1 0) 'BLOCK-A)
(OUT)    T
(OUT)    34-
(OUT)
(IN)     RESERVATIONS
(OUT)    ((BLOCK-A 4 1 0))
(OUT)    35-
(OUT)
(IN)     (CLEARp '(9 4 0) 'BLOCK-D)
(OUT)    T
(OUT)    36-
(OUT)
(IN)     RESERVATIONS
(OUT)    ((BLOCK-D 9 4 0) (BLOCK-A 4 1 0))
(OUT)    37-
(OUT)
(IN)     (CLEARp '(8 3 0) 'PYRAMID)
(OUT)    NIL
(OUT)    38-
(OUT)
(IN)     (CLEARP '(8 3 0) 'BLOCK-D)
(OUT)    T
(OUT)    39-
(OUT)
(IN)     RESERVATIONS
(OUT)    ((BLOCK-D 8 3 0) (BLOCK-A 4 1 0))
(OUT)    40-
(OUT)
(IN)     (CLEARp '(3 1 0) 'pYRAMID)
(OUT)    NIL
(OUT)    41-
(OUT)
(IN)     (CLEARp '(9 1 0) 'pYRAMID)
(OUT)    T
(OUT)    42-
(OUT)
(IN)     RESERVATIONS
(OUT)    ((PYRAMID 9 1 0) (BLOCK-D 8 3 0) (BLOCK-A 4 1 0))
(OUT)    43-
(OUT)
```

Für die zweite Bedingung werden die TESTLIMITS des TESTOBJECT vom OLDPLACE berechnet und geprüft, ob sie sich mit den OBJECTLIMITS überschneiden. In diesem Fall ist das Ergebnis NIL; sonst wird die Liste BW reduziert und die Iterations-Schleife bei LOOP fortgesetzt.

Zum Test von CLEARP stellen wir "Situation 0" mittels RESET-BLOCKS-WORLD ein. Die RESERVATIONS-Liste muß noch explizit gelöscht werden; später werden wir dieses Statement in die Funktion DROP aufnehmen, die von RESET-BLOCKS-WORLD gerufen wird.

31 CLEARP, aufgerufen für BLOCK-A mit den Koordinaten des Platzes von Block-C, ergibt NIL. Auch der folgende Test kollidiert mit Block-C. Erst der dritte Versuch ist erfolgreich. Wie wir sehen, ist in RESERVATIONS der neue Platz "gebucht" worden.

35 Was passiert, wenn wir die eigenen Koordinaten eines Bausteins (z.B. BLOCK-D) eingeben? Das Ergebnis ist T, denn der letzte Programmabschnitt in CLEARP wird in diesem Fall übersprungen und in RESERVATIONS die Eintragung vorgenommen.

37 Beim nächsten Aufruf prüfen wir für die PYRAMID einen teilweise von Block-D belegten Platz: Erwartungsgemäß ist das Ergebnis NIL.

38 Was ergibt sich aber, wenn wir diesen Platz für BLOCK-D selbst prüfen? Das Ergebnis ist T ! Diese erwünschte Eigenschaft, einen Baustein verrücken zu können, resultiert aus dem Überspringen des letzten Programmabschnitts in CLEARP, wenn es sich um das Objekt selbst handelt. RESERVATIONS enthält den letzten Eintrag des *neuen* Platzes für BLOCK-D. Wir sehen, daß der *alte* Eintrag vom vorangegangenen Aufruf (mit den eigenen Koordinaten) wieder *gelöscht* ist, wie es im zweiten COND von CLEARP programmiert wurde.

40 Fragen wir jetzt, ob für die PYRAMID auf (3 1 0) freier Platz vorhanden ist (in "Situation 0" ist er frei !), dann wird wegen der "Buchung" von BLOCK-A für (4 1 0) diese Frage verneint. Erst ein wirklich freier Platz wird vergeben und in RESERVATIONS "gebucht".

Die Funktion FIND-SPACE wird zweckmäßig unterteilt in die Subfunktionen FINDSPACETOY für die Bausteine und FINDSPACE1 für Box und Tisch.

FINDSPACETOY ist schnell programmiert. Die Parameter sind SUPPORT und OBJECT. Mit dem ersten COND wird geprüft, ob SUPPORT die Eigenschaft SUPPORTP gleich T hat. Wenn nicht, so ist das Ergebnis NIL. Andernfalls wird der PLACE von OBJECT berechnet; er ist vereinbarungsgemäß gleich dem TOPCENTER von SUPPORT. CLEARP prüft, ob Raum verfügbar ist. Wenn ja, werden der aufrufenden Funktion die PLACE-Koordinaten übergeben, andernfalls ist das Ergebnis NIL.

44 Nach RESET-BLOCKS-WORLD und Löschen von RESERVATIONS testen wir FINDSPACETOY.

46 Bei SPHERE und PYRAMID als unterstützendem Objekt für BLOCK-A ist das Ergebnis von FINDSPACETOY gleich NIL; "Buchungen" erfolgen nicht. Warum wird dieser Sonderfall in FINDSPACETOY abgefangen und nicht der Kompetenz von GET-POSSIBLE-SUPPORT überlassen? Nicht nur aus Effektivitätsgründen, sondern zur Vermeidung von Folgefehlern: CLEARP würde irreversible Eintragungen falscher Werte in RESERVATIONS vornehmen!

48 Im dritten Beispiel ist auf BLOCK-C für BLOCK-A Platz vorhanden. Im nächsten Beispiel wird eine schon bestehende Situation, BLOCK-A auf BLOCK-B, eingegeben: Entsprechend der Programmierung ist das Ergebnis von CLEARP gleich T; also wird in diesem Fall der PLACE ausgegeben. Dagegen ist für BLOCK-D auf BLOCK-B kein Platz vorhanden.

```
(IN)     (PP FINDSPACETOY)
(OUT)
(OUT)    <FINDSPACETOY
(OUT)      <LAMBDA (SUPPORT OBJECT)  **COMMENT**
(OUT)        (PROG (PLACE)
(OUT)              (COND
(OUT)                ((NOT (GETPROP SUPPORT (QUOTE SUPPORTP)))
(OUT)                  (RETURN NIL)))
(OUT)              (SETQ PLACE (TOPCENTER (GETPROP SUPPORT (QUOTE PLACE))
(OUT)                                     SUPPORT))
(OUT)              (COND
(OUT)                ((CLEARP PLACE OBJECT)
(OUT)                  (RETURN PLACE))
(OUT)                (T (RETURN NIL>>
(OUT)    (FINDSPACETOY)
(OUT)    44-
(OUT)
(IN)     (RESET-BLOCKS-WORLD)
(OUT)    T
(OUT)    45-
(OUT)
(IN)     (SETQ RESERVATIONS NIL)
(OUT)    (RESERVATIONS RESET)
(OUT)    NIL
(OUT)    46-
(OUT)
(IN)     (FINDSPACETOY 'SPHERE 'BLOCK-A)
(OUT)    NIL
(OUT)    47-
(OUT)
(IN)     (FINDSPACETOY 'PYRAMID 'BLOCK-A)
(OUT)    NIL
(OUT)    48-
(OUT)
(IN)     (FINDSPACETOY 'BLOCK-C 'BLOCK-A)
(OUT)    (6 1 2)
(OUT)    49-
(OUT)
(IN)     (FINDSPACETOY 'BLOCK-B 'BLOCK-A)
(OUT)    (1 1 2)
(OUT)    50-
(OUT)
(IN)     (FINDSPACETOY 'BLOCK-B 'BLOCK-D)
(OUT)    NIL
(OUT)    51-
(OUT)
(IN)     RESERVATIONS
(OUT)    ((BLOCK-A 6 1 2))
(OUT)    52-
(OUT)
(IN)     (RESET-BLOCKS-WORLD)
(OUT)    T
(OUT)    53-
(OUT)
(IN)     (SETQ RESERVATIONS NIL)
(OUT)    (RESERVATIONS RESET)
(OUT)    NIL
(OUT)    54-
(OUT)
```

51 RESERVATIONS zeigt, daß die erste "Buchung" erhalten ist, die zweite Eintragung wurde beim letzten Aufruf wieder gelöscht.

52 Für die weiteren Tests setzen wir die "Block-Welt" zurück auf "Situation 0" und löschen RESERVATIONS.

Bei Bausteinen gibt es vereinbarungsgemäß nur <u>einen</u> Platz, auf den ein anderer Baustein gestellt werden kann. Diesen Platz zu finden war Aufgabe von FINDSPACETOY. Dagegen gibt es bei Box und Tisch mehrere Möglichkeiten: Die zuständige Funktion FINDSPACE1 wählt diese Plätze durch Aufruf des Zufallsgenerators RAND aus.

Die Eingangsparameter von FINDSPACE1 sind wieder SUPPORT (entweder BOX oder TABLE) und OBJECT. Da Tests ergaben, daß etwa 50 Versuche ausreichen, um einen Platz zu finden, falls einer vorhanden ist, wird der Iterations-Zähler I auf 50 gesetzt. Zunächst werden die SUPPORTLIMITS berechnet und daraus mittels C....R -Funktionen die x-, y-Grenzwerte ermittelt.

Die Iterations-Schleife beginnt bei LOOP und prüft zuerst das Abbruchkriterium: Falls der Iterations-Zähler I gleich Null ist, wird NIL zurückgegeben. Andernfalls werden die PLACE-Koordinaten mit Hilfe von RAND ermittelt: Der erste RAND-Aufruf ergibt die "zufällige" x-, der zweite die y-Koordinate. Dabei werden mittels ADD1 bzw. SUB1 die Wertebereiche so vermindert, daß kein Randpunkt ausgegeben wird. Die z-Koordinate ist der Property-Liste zu entnehmen: Beim TABLE ist sie gleich Null, bei der BOX entsprechend der Höhe des "materiellen Bodens". Mittels LIST werden die Koordinaten zusammengefaßt und durch SETQ an PLACE gebunden. Nun muß noch geprüft werden, ob der "zufällig" ausgewählte PLACE auch frei ist, was CLEARP innerhalb der COND-Klausel besorgt. Wenn ja, wird PLACE zurückgegeben; andernfalls wird I vermindert und ein weiterer Versuch gestartet.

```
(IN)      (pp FINDSPACE1)
(OUT)
(OUT)     <FINDSPACE1
(OUT)       <LAMBDA (SUPPORT OBJECT)  **COMMENT**
(OUT)         (PROG (I SUPPORTLIMITS LLX ULX LLY ULY PLACE)
(OUT)               (SETQ I 50)
(OUT)               (SETQ SUPPORTLIMITS
(OUT)                     (SPACE-LIMITS (GETPROP SUPPORT (QUOTE PLACE))
                                        SUPPORT))
(OUT)               (SETQ LLX (CAAR SUPPORTLIMITS))
(OUT)               (SETQ ULX (CADAR SUPPORTLIMITS))
(OUT)               (SETQ LLY (CAADR SUPPORTLIMITS))
(OUT)               (SETQ ULY (CADADR SUPPORTLIMITS))
(OUT)          LOOP(COND
(OUT)                 ((ZEROP I)
(OUT)                   (RETURN NIL)))
(OUT)               <SETQ PLACE (LIST (RAND (ADD1 LLX)
(OUT)                                       (SUB1 ULX))
(OUT)                                 (RAND (ADD1 LLY)
(OUT)                                       (SUB1 ULY))
(OUT)                                 (CADDR (GETPROP SUPPORT (QUOTE SIZE>
(OUT)               (COND
(OUT)                 ((CLEARP PLACE OBJECT)
(OUT)                   (RETURN PLACE)))
(OUT)               (SETQ I (SUB1 I))
(OUT)               (GO LOOP>>
(OUT)     (FINDSPACE1)
(OUT)     55-
(OUT)
(IN)      (FINDSPACE1 'TABLE 'BLOCK-A)
(OUT)     (4 1 0)
(OUT)     56-
(OUT)
(IN)      (FINDSPACE1 'TABLE 'BLOCK-B)
(OUT)     (1 7 0)
(OUT)     57-
(OUT)
(IN)      (FINDSPACE1 'TABLE 'BLOCK-C)
(OUT)     (9 1 0)
(OUT)     58-
(OUT)
(IN)      (FINDSPACE1 'TABLE 'BLOCK-D)
(OUT)     (2 3 0)
(OUT)     59-
(OUT)
(IN)      (FINDSPACE1 'TABLE 'SPHERE)
(OUT)     (2 5 0)
(OUT)     60-
(OUT)
(IN)      (FINDSPACE1 'TABLE 'PYRAMID)
(OUT)     (4 6 0)
(OUT)     61-
(OUT)
(IN)      RESERVATIONS
(OUT)     ((PYRAMID 4 6 0) (SPHERE 2 5 0)
          (BLOCK-D 2 3 0) (BLOCK-C 9 1 0) (BLOCK-B 1 7 0) (BLOCK-A 4 1 0))
(OUT)     62-
(OUT)
(IN)      (RESET-BLOCKS-WORLD)
(OUT)     T
(OUT)     63-
(OUT)
(IN)      (SETQ RESERVATIONS NIL)
(OUT)     (RESERVATIONS RESET)
(OUT)     NIL
(OUT)     64-
(OUT)
```

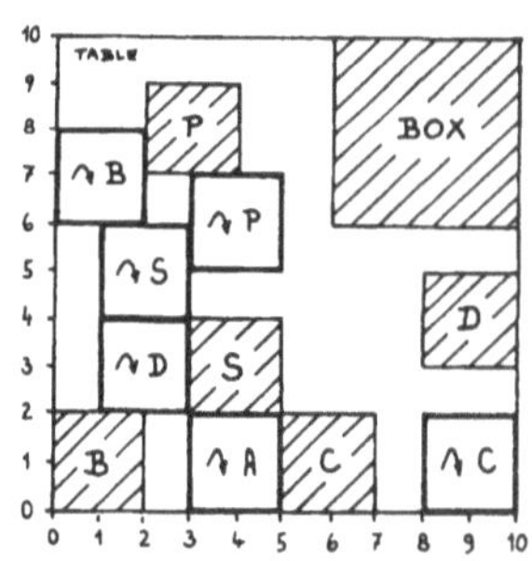

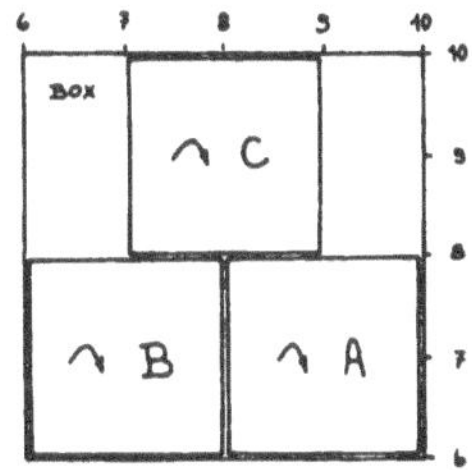


```
(IN)      (FINDSpACE1 'BOX 'BLOCK-A)
(OUT)     (9 7 0.100000)
(OUT)     65-
(OUT)
(IN)      (FINDSpACE1 'BOX 'BLOCK-B)
(OUT)     (7 7 0.100000)
(OUT)     66-
(OUT)
(IN)      (FINDSpACE1 'BOX 'BLOCK-C)
(OUT)     (8 9 0.100000)
(OUT)     67-
(OUT)
(IN)      (FINDSpACE1 'BOX 'BLOCK-D)
(OUT)     NIL
(OUT)     68-
(OUT)
(IN)      (RESET-BLOCKS-WORLD)
(OUT)     T
(OUT)     69-
(OUT)
(IN)      (SETQ RESERVATIONS NIL)
(OUT)     (RESERVATIONS RESET)
(OUT)     NIL
(OUT)     70-
(OUT)
(IN)      (PP FIND-SPACE)
(OUT)
(OUT)     <FIND-SPACE
(OUT)       <LAMBDA (SUPPORT OBJECT)  **COMMENT**
(OUT)         (COND
(OUT)           ((EQUAL SUPPORT (QUOTE TABLE))
(OUT)             (FINDSPACE1 (QUOTE TABLE)
(OUT)                         OBJECT))
(OUT)           ((EQUAL SUPPORT (QUOTE BOX))
(OUT)             (FINDSPACE1 (QUOTE BOX)
(OUT)                         OBJECT))
(OUT)           (T (FINDSPACETOY SUPPORT OBJECT>>
(OUT)     (FIND-SPACE)
(OUT)     71-
(OUT)
(IN)      (FIND-SpACE 'TABLE   'BLOCK-A)
(OUT)     (1 7 0)
(OUT)     72-
(OUT)
(IN)      (FIND-SpACE 'BOX     'BLOCK-B)
(OUT)     (8 8 0.100000)
(OUT)     73-
(OUT)
(IN)      (FIND-SpACE 'BLOCK-D 'BLOCK-C)
(OUT)     (9 4 2)
(OUT)     74-
(OUT)
(IN)      RESERVATIONS
(OUT)     ((BLOCK-C 9 4 2) (BLOCK-B 8 8 0.100000) (BLOCK-A 1 7 0))
(OUT)     75-
(OUT)
(IN)      (DATE)
(OUT)     "16-MAY-81 23:38:21"
(OUT)     76-
(OUT)
(IN)      (EXIT)
```

55 Beginnen wir den Test von FINDSPACE1 mit TABLE als SUPPORT. Zur Übersicht machen wir uns eine Skizze der belegten Plätze: Die der "Situation 0" werden schraffiert, die "gebuchten" Plätze fett markiert.

61 Wir sehen, daß alles wunschgemäß abgelaufen ist: Die "gebuchten" Plätze waren frei, Kollisionen hat es nicht gegeben. Auf RESERVATIONS sind die "Buchungen" eingetragen worden.

62 Für den nächsten Test mit BOX als SUPPORT löschen wir RESERVATIONS.

65 Zum Test von FINDSPACE1 machen wir uns eine Skizze der Box. Für BLOCK-A und BLOCK-B wurden die eingezeichneten Plätze vergeben. Da für BLOCK-C "zufällig" der Platz so gewählt wurde, daß kein weiterer Baustein in die Box paßt, liefert der vierte Aufruf NIL. (Das hätte auch schon nach der Platzvergabe für den ersten Baustein im Falle von (8 8 0.1) passieren können !)

68 Für die weiteren Tests löschen wir wieder RESERVATIONS.

70 Die Definition von FIND-SPACE ist nun selbsterklärend. Der Test läuft einwandfrei; die "Buchungen" sind korrekt.

4.3 Testlauf der ersten (arbeitsfähigen) "Block-Welt"

Wie im Merkblatt erläutert, wurde GET-POSSIBLE-SUPPORT im Abschnitt 4.2 mit einem zusätzlichen Parameter, dem OBJECT, definiert. Wir müssen nun die Funktionen PUT-AT und ADD-SUPPORT, die GET-POSSIBLE-SUPPORT aufrufen, entsprechend ändern.

3 Mittels GETD erhält man einen "kompakten" Ausdruck der Funktionsdefinition. (Das kann zum Editieren am Bildschirm sehr nützlich sein !) Die Änderungen in PUT-AT und ADD-SUPPORT sind vorgenommen worden. Weiterhin ist DROP zum Löschen der RESERVATIONS ergänzt worden.

8 Nun machen wir den ersten Test der ersten lauffähigen "Block-Welt": Wir bauen, wie im Beispiel der "Einf. Übersicht", einen Turm, versetzen die Box und stellen die Pyramide so in die Box, daß kein anderer Baustein mehr hinein paßt.

15 Die Situations-Tabelle zeigt, daß alles richtig erledigt wurde.

Geben wir, wie im alten Beispiel, den Befehl, Block-A in die Box zu stellen, wird dieser richtig ausgeführt, was aus der Situations-Tabelle zu ersehen ist. Die Skizzen vermitteln einen besseren Überblick: Da die abzuräumenden Bausteine auf "zufällig" ausgewählte Plätze gestellt wurden, ist das Bild aber nicht identisch zum alten Beispiel aus der "Einf. Übersicht" !

Während der Abarbeitung der Befehle, wurde von den Funktionen automatisch die Liste PLAN zusammengestellt, die die Bewegungen der Roboter-Hand dokumentiert. Rufen wir PLAN, so sehen wir, daß die Liste "rückwärts" aufgebaut worden ist.

19 Mit der Hilfsfunktion BW-PLAN wird die Liste PLAN reversiert und ist nun leichter lesbar.

```
(IN)     DO $RZP.LISP
(OUT)    %  P500 LOADING
(OUT)
(OUT)         SIEMENS-INTERLISP  -  VERSION 4.0
(OUT)
(OUT)
(OUT)
(OUT)    ****** RESET ******
(OUT)
(OUT)    GOOD MORNING.
(OUT)
(OUT)    1-
(OUT)
(IN)     (DATE)
(OUT)    "17-MAY-81 00:14:41"
(OUT)    2-
(OUT)
(IN)     LOAD(BLOCKS-WORLD)
(OUT)
(OUT)    PRETTYDEF FORMAT BLOCKS-WORLD CREATED 17-MAY-81 00:07:12
         FILENAME: LISP.DATA.BLOCKS-WORLD.39
(OUT)    BLOCKS-WORLDCOMS
(OUT)    (FIRSTCOL RESET)
(OUT)    BLOCKS-WORLD
(OUT)    3-
(OUT)
(IN)     GETD(PUT-AT)
(OUT)    (LAMBDA (OBJECT PLACE) (* EDITED: "17-MAY-81 00:00:56")
         (PROG NIL (COND ((AND (CLEARP PLACE OBJECT)
(OUT)    (GET-POSSIBLE-SUPPORT PLACE OBJECT)))
         ((REPORT (QUOTE (PUT-AT -- CANNOT FIND SPACE FOR OR SUPPORT FOR
(OUT)    THE OBJECT)))))(GRASP OBJECT) (MOVE-OBJECT PLACE) (UNGRASP OBJECT)
         (RETURN T)))
(OUT)    4-
(OUT)
(IN)     GETD(ADD-SUPPORT)
(OUT)    (LAMBDA (OBJECT PLACE) (* EDITED: "17-MAY-81 00:04:07")
         (PROG (SUPPORT) (COND ((SETQ SUPPORT (GET-POSSIBLE-SUPPORT
(OUT)    PLACE OBJECT))) ((REPORT (QUOTE (ADD-SUPPORT -- THERE IS NO
         POTENTIAL SUPPORT))))) (COND ((OR (EQUAL SUPPORT (QUOTE TABLE))
(OUT)    (EQUAL (GETPROP SUPPORT (QUOTE TYPE)) (QUOTE BLOCK)))
         (PUTPROP SUPPORT (QUOTE DIRECTLY-SUPPORTS) (CONS OBJECT
(OUT)    (GETPROP SUPPORT (QUOTE DIRECTLY-SUPPORTS)))) (PUTPROP OBJECT
         (QUOTE SUPPORTED-BY) SUPPORT) (RETURN T)) ((REPORT
(OUT)    (QUOTE (ADD-SUPPORT -- THERE IS NO SUPPORT FOR OBJECT)))))))
(OUT)    5-
(OUT)
(IN)     GETD(DROP)
(OUT)    (LAMBDA NIL (* EDITED: "17-MAY-81 00:05:07")
         (SETQ PLAN NIL) (SETQ RESERVATIONS NIL))
(OUT)    6-
   :
```

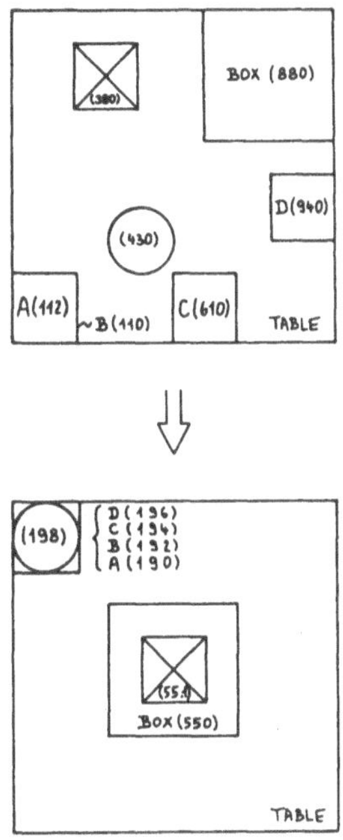


```
(RESET-BLOCKS-WORLD)
T
8-

(PUT-AT 'BLOCK-A '(1 9 0))
T
9-

(PUT-ON 'BLOCK-B 'BLOCK-A)
T
10-

(PUT-ON 'BLOCK-C 'BLOCK-B)
T
11-

(PUT-ON 'BLOCK-D 'BLOCK-C)
T
12-

(PUT-ON 'SPHERE  'BLOCK-D)
T
13-

(PUT-AT 'BOX     '(5 5 0))
T
14-

(PUT-AT 'PYRAMID '(5 5 0.1))
T
15-

(SITUATION)
-------------------------------------------------------------------------------------
SITUATION           BLOCK-A    BLOCK-B    BLOCK-C    BLOCK-D    SPHERE     PYRAMID
=====================================================================================
INDICATOR           VALUE      17-MAY-81  00:24:40
-------------------------------------------------------------------------------------
SUPPORTED-BY        TABLE      BLOCK-A    BLOCK-B    BLOCK-C    BLOCK-D    BOX
DIRECTLY-SUPPORTS   (BLOCK-B)  (BLOCK-C)  (BLOCK-D)  (SPHERE)   NIL        NIL
PLACE               (1 9 0)    (1 9 2)    (1 9 4)    (1 9 6)    (1 9 8)    (5 5 0.1
SIZE                (2 2 2)    (2 2 2)    (2 2 2)    (2 2 2)    (2 2 2)    (2 2 2)
TYPE                BLOCK      BLOCK      BLOCK      BLOCK      SPHERE     PYRAMID
COLOR               GREEN      RED        BLUE       RED        GREEN      RED
SUPPORTP            T          T          T          T          NIL        NIL
=====================================================================================
BOX                 PLACE (5 5 0)         SIZE (4 4 0.100000) COLOR BLUE
DIRECTLY-SUPPORTS   (PYRAMID)
=====================================================================================
TABLE               PLACE (5 5 0)         SIZE (10 10 0)      COLOR BLACK
DIRECTLY-SUPPORTS   (BOX BLOCK-A)
=====================================================================================
HAND GRASPING       NIL
HAND POSITION       (5 5 2.099999)
-------------------------------------------------------------------------------------
T
16-
```

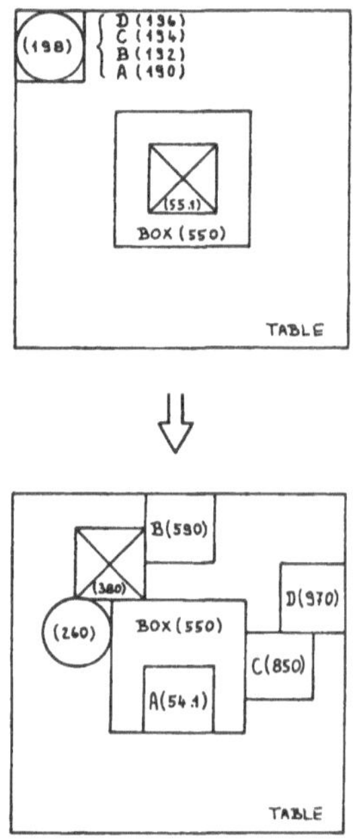


```
(PUT-ON 'BLOCK-A 'BOX)
T
17-

(SITUATION)
--------------------------------------------------------------------------------------
SITUATION           BLOCK-A     BLOCK-B     BLOCK-C     BLOCK-D     SPHERE      PYRAMID
======================================================================================
INDICATOR           VALUE       17-MAY-81 00:28:29
--------------------------------------------------------------------------------------
SUPPORTED-BY        BOX         TABLE       TABLE       TABLE       TABLE       TABLE
DIRECTLY-SUPPORTS   NIL         NIL         NIL         NIL         NIL         NIL
PLACE               (5 4 0.100000)
                                (5 9 0)     (8 5 0)     (9 7 0)     (2 6 0)     (3 8 0)
SIZE                (2 2 2)     (2 2 2)     (2 2 2)     (2 2 2)     (2 2 2)     (2 2 2)
TYPE                BLOCK       BLOCK       BLOCK       BLOCK       SPHERE      PYRAMID
COLOR               GREEN       RED         BLUE        RED         GREEN       RED
SUPPORTP            T           T           T           T           NIL         NIL
======================================================================================
BOX                 PLACE (5 5 0)           SIZE (4 4 0.100000) COLOR BLUE
DIRECTLY-SUPPORTS   (BLOCK-A)
======================================================================================
TABLE               PLACE (5 5 0)           SIZE (10 10 0)          COLOR BLACK
DIRECTLY-SUPPORTS   (BLOCK-B BLOCK-C BLOCK-D SPHERE PYRAMID BOX)
======================================================================================
HAND GRASPING       NIL
HAND POSITION       (5 4 2.099999)
--------------------------------------------------------------------------------------
T
18-
```

```
(IN)     PLAN
(OUT)    ((UNGRASP BLOCK-A) (MOVETO (5 4 2.099999)) (GRASP BLOCK-A)
         (MOVETO (1 9 2)) (UNGRASP BLOCK-B) (MOVETO (5 9 2))
(OUT)    (GRASP BLOCK-B) (MOVETO (1 9 4)) (UNGRASP BLOCK-C)
         (MOVETO (8 5 2)) (GRASP BLOCK-C) (MOVETO (1 9 6))
(OUT)    (UNGRASP BLOCK-D)(MOVETO (9 7 2)) (GRASP BLOCK-D)
         (MOVETO (1 9 8)) (UNGRASP SPHERE) (MOVETO (2 6 2))
(OUT)    (GRASP SPHERE) (MOVETO (1 9 10)) (UNGRASP PYRAMID)
         (MOVETO (3 8 2)) (GRASP PYRAMID) (UNGRASP PYRAMID)
(OUT)    (MOVETO (5 5 2.099999)) (GRASP PYRAMID) (MOVETO (3 8 2))
         (UNGRASP BOX) (MOVETO (5 5 0.100000)) (GRASP BOX)
(OUT)    (MOVETO (8 8 0.100000)) (UNGRASP SPHERE) (MOVETO(1 9 10))
         (GRASP SPHERE) (MOVETO (4 3 2)) (UNGRASP BLOCK-D)
(OUT)    (MOVETO (1 9 8)) (GRASP BLOCK-D) (MOVETO (9 4 2))
         (UNGRASP BLOCK-C) (MOVETO (1 9 6)) (GRASP BLOCK-C)
(OUT)    (MOVETO (6 1 2)) (UNGRASP BLOCK-B) (MOVETO (1 9 4))
         (GRASP BLOCK-B) (MOVETO (1 1 2)) (UNGRASP BLOCK-A)
(OUT)    (MOVETO (1 9 2)) (GRASP BLOCK-A) (MOVETO (1 1 4)))
(OUT)    19-
(OUT)
(IN)     (PP BW-PLAN)
(OUT)
(OUT)    <BW-PLAN
(OUT)      <LAMBDA NIL  **COMMENT**
(OUT)        (REVERSE PLAN>>
(OUT)    (BW-PLAN)
(OUT)    20-
(OUT)
(IN)     (BW-PLAN)
(OUT)    ((MOVETO (1 1 4)) (GRASP BLOCK-A) (MOVETO (1 9 2))
         (UNGRASP BLOCK-A) (MOVETO (1 1 2)) (GRASP BLOCK-B)
(OUT)    (MOVETO (1 9 4)) (UNGRASP BLOCK-B) (MOVETO (6 1 2))
         (GRASP BLOCK-C) (MOVETO (1 9 6)) (UNGRASP BLOCK-C)
(OUT)    (MOVETO (9 4 2)) (GRASP BLOCK-D) (MOVETO (1 9 8))
         (UNGRASP BLOCK-D) (MOVETO (4 3 2)) (GRASP SPHERE)
(OUT)    (MOVETO (1 9 10)) (UNGRASP SPHERE) (MOVETO (8 8 0.100000))
         (GRASP BOX) (MOVETO (5 5 0.100000)) (UNGRASP BOX)
(OUT)    (MOVETO (3 8 2)) (GRASP PYRAMID) (MOVETO (5 5 2.099999))
         (UNGRASP PYRAMID) (GRASP PYRAMID) (MOVETO (3 8 2))
(OUT)    (UNGRASP PYRAMID) (MOVETO (1 9 10)) (GRASP SPHERE)
         (MOVETO (2 6 2)) (UNGRASP SPHERE) (MOVETO (1 9 8))
(OUT)    (GRASP BLOCK-D) (MOVETO (9 7 2)) (UNGRASP BLOCK-D)
         (MOVETO (1 9 6)) (GRASP BLOCK-C) (MOVETO (8 5 2))
(OUT)    (UNGRASP BLOCK-C) (MOVETO (1 9 4)) (GRASP BLOCK-B)
         (MOVETO (5 9 2)) (UNGRASP BLOCK-B) (MOVETO (1 9 2))
(OUT)    (GRASP BLOCK-A) (MOVETO (5 4 2.099999)) (UNGRASP BLOCK-A))
(OUT)    21-
(OUT)
(IN)     (DATE)
(OUT)    "17-MAY-81 00:35:29"
(OUT)    22-
(OUT)
(IN)     (EXIT)
```

CONS (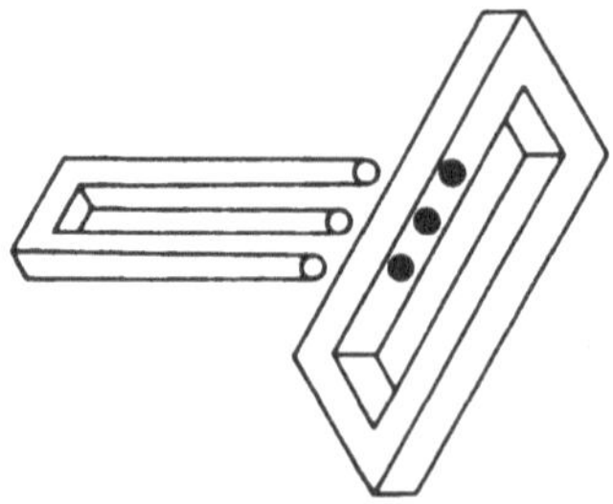)

```
55555555555
55555555555
55555555555
55555
55555
5555555555
55555555555
55555555555
      55555
55555 55555
55555555555
55555555555
 555555555
```

I N H A L T

Reorganisation der "Block-Welt" zur automatischen Generierung eines "Tracers"

Der Schlüssel zur Frage/Antwort-Fähigkeit der "Block-Welt" ist, wie erwähnt, die "Trace"-Struktur der Programmaufrufe. Wie wird ein solcher Baum vom System selbst aufgebaut ? Winston /12/ macht folgenden Vorschlag :

Bis jetzt dienen alle Aktivitäten des vorhandenen Programm-Systems nur der Bildung des PLAN. Die NIL und T Werte der Funktionen werden meist ignoriert. Diese Werte sind daher mehr oder weniger verfügbar zur automatischen Generierung des "Tracers", der als geschachtelte Listenstruktur die Ziel-Zwischenziel Relationen ausdrückt.

PUT-AT z.B. ruft drei Programme auf: GRASP, MOVE-OBJECT und UNGRASP . Die Aktionen von PUT-AT können dann in folgender Struktur dargestellt werden :

```
( (PUT-AT object place)
  (resultat-von-GRASP)
  (resultat-von-MOVE-OBJECT)
  (resultat-von-UNGRASP)       )
```

Die notwendigen Erweiterungen von PUT-AT können einfach programmiert werden. In die PROG-Parameterliste werden die Variablen G1, G2 und G3 aufgenommen, die Ergebnisse der Funktionsaufrufe daran gebunden und diese dann in eine Listenstruktur eingebettet :

```
    :
 (SETQ G1 resultat-von-GRASP)
 (SETQ G2 resultat-von-MOVE-OBJECT)
 (SETQ G3 resultat-von-UNGRASP)
 (RETURN (LIST (LIST 'PUT-AT OBJECT PLACE) G1 G2 G3)>
```

Jedes Resultat kann selbstverständlich in ähnlicher Weise seine Aktionen als Substruktur in die "Trace"-Liste einbinden : Es liegt somit ein rekursives Repräsentationsschema vor, das in komplizierten Fällen tief geschachtelt ist.

Die Generierung weiterer Substrukturen wird gestoppt, wenn Funktionen angesprochen werden (z.B. MOVE-HAND), die im Sinne des Frage/Antwort-Systems uninteressant sind. Z.B. soll UNGRASP nur zurückliefern :

```
( (UNGRASP object) )
```

Die dazu notwendige Programmierung des RETURN ist :

```
(RETURN (LIST (LIST 'UNGRASP OBJECT)>
```

Einige interessante Probleme ergeben sich z.B. beim Aufruf von GET-RID-OF innerhalb der Schleife in MAKE-SPACE , sowie bei GRASP , wo CLEAR-TOP gerufen oder auch nicht gerufen wird. MAKE-SPACE gibt nicht nur T , sondern den Platz zurück. Hier muß der Platz mit dem "Trace" in eine Liste "gepackt" werden und die aufrufende Funktion PUT-ON muß diese wieder "entpacken" !

Ausgehend von der "Situation 0", sollte der Befehl

```
(PUT-ON 'BLOCK-B 'BLOCK-C)
```

z.B. folgende "Trace"-Struktur ergeben (Level handschriftlich nachgetragen !) :

```
0( 1( PUT-ON BLOCK-B BLOCK-C )1
   1( 2( PUT-AT BLOCK-B 3(6 1 2)3 )2
      2( 3( GRASP BLOCK-B )3
         3( 4( CLEAR-TOP BLOCK-B )4
            4( 5( GET-RID-OF BLOCK-A )5
               5( 6( PUT-AT BLOCK-A 7(1 5 0)7 )6
                  6( 7( GRASP BLOCK-A )7 )6
                  6( 7( MOVE-OBJECT 8(1 5 0)8 )7 )6
                  6( 7( UNGRASP BLOCK-A )7 )6 )5 )4 )3 )2
      2( 3( MOVE-OBJECT 4(6 1 2)4 )3 )2
      2( 3( UNGRASP BLOCK-B )3 )2 )1 )0
```

5.1 Reorganisation der "Block-Welt" Funktionen, um die zu einer Handlungskette erforderlichen Aktionen als "Trace" zu erhalten

Der von Winston /12/ gemachte Vorschlag zur Reorganisation der "Block-Welt" für die Erzeugung einer "Trace"-Liste ist dem Merkblatt zu entnehmen. Als Beispiel wurde die "Trace"-Liste angegeben, wie sie durch den Befehl (PUT-ON 'BLOCK-B 'BLOCK-C) erzeugt werden soll. Dadurch, daß die vorderen Klammern gleichen Levels untereinander geschrieben wurden, ergibt sich eine strukturierte (pretty-print) Darstellung, aus der man "wer ruft wen ?" erkennt:

- PUT-ON generiert die Platz-Koordinaten für Block-B und ruft PUT-AT.
- PUT-AT aktiviert GRASP, MOVE-OBJECT und UNGRASP.
- Da GRASP hier noch nicht "angreifen" kann, wird CLEAR-TOP, dann GET-RID-OF gerufen, das wiederum PUT-AT ruft (diesmal für Block-A) und dieses aktiviert GRASP, MOVE-OBJECT und UNGRASP.
- Nun erst kann GRASP für Block-B ausgeführt und das übergeordnete Ziel, MOVE-OBJECT, in Angriff genommen werden.
- Mit UNGRASP wird der Befehl beendet.

Bevor wir mit der Reorganisation der Funktionen beginnen, noch einige Vorübungen mit LIST, CONS und APPEND. (vgl. dazu die "Einf. Übersicht" !)

3 LIST schließt sein(e) Argument(e) in ein Klammer-Paar ein.

5 Falls das zweite Argument von CONS eine Liste ist, so wird das erste Argument erstes Listenelement der neuen Liste, die wir hier an L1 binden.

6 Angenommen, wir wollen eine Liste L2 erzeugen, in die fortlaufend Sublisten gleicher "Tiefe" einzutragen sind: Beim ersten Mal erzeugen wir die Subliste (EINS (2 3 4))

```
(IN)    DO $RZP.LISP
(OUT)   % P500 LOADING
(OUT)
(OUT)       SIEMENS-INTERLISP  -  VERSION 4.0
(OUT)
(OUT)
(OUT)
(OUT)   ****** RESET ******
(OUT)
(OUT)   GOOD MORNING.
(OUT)
(OUT)   1-
(OUT)
(IN)    (DATE)
(OUT)   "18-MAY-81 02:43:52"
(OUT)   2-
(OUT)
(IN)    LOAD(BLOCKS-WORLD)
(OUT)
(OUT)   PRETTYDEF FORMAT BLOCKS-WORLD CREATED 18-MAY-81 02:08:12
        FILENAME: LISP.DATA.BLOCKS-WORLD.54
(OUT)   BLOCKS-WORLDCOMS
(OUT)   (FIRSTCOL RESET)
(OUT)   BLOCKS-WORLD
(OUT)   3-
(OUT)
(IN)    (SETQ L0 (LIST 'S 'E 'X) )
(OUT)   (S E X)
(OUT)   4-
(OUT)
(IN)    (LIST L0)
(OUT)   ((S E X))
(OUT)   5-
(OUT)
(IN)    (SETQ L1 (CONS 'FUENF L0) )
(OUT)   (FUENF S E X)
(OUT)   6-
(OUT)
(IN)    (SETQ L2 (LIST (LIST 'EINS '(2 3 4) ) L1 ) )
(OUT)   ((EINS (2 3 4)) (FUENF S E X))
(OUT)   7-
(OUT)
(IN)    (LIST (LIST 'MINUS 'NULL) L2)
(OUT)   ((MINUS NULL) ((EINS (2 3 4)) (FUENF S E X)))
(OUT)   8-
(OUT)
(IN)    (SETQ L2 (CONS (LIST 'MINUS 'NULL) L2) )
(OUT)   (L2 RESET)
(OUT)   ((MINUS NULL) (EINS (2 3 4)) (FUENF S E X))
(OUT)   9-
(OUT)
(IN)    (APPEND L0 L0)
(OUT)   (S E X S E X)
(OUT)   10-
(OUT)
(IN)    (APPEND L0 (LIST L0) )
(OUT)   (S E X (S E X))
(OUT)   11-
(OUT)
(IN)    (APPEND (LIST L0) (LIST L0) )
(OUT)   ((S E X) (S E X))
(OUT)   12-
(OUT)
(IN)    (SETQ L2 (APPEND L2 (LIST (LIST 'U 'S 'W) ) ) )
(OUT)   (L2 RESET)
(OUT)   ((MINUS NULL) (EINS (2 3 4)) (FUENF S E X) (U S W))
(OUT)   13-
(OUT)
```

mittels LIST und binden mit einem zweiten LIST diese mit L1 zur Liste L2 (vgl. Beispiele im Merkblatt !).

7 Wie das nächste Beispiel demonstriert, kann zur Erweiterung von L2 aber nicht die gleiche Methode nochmals angewandt werden, denn es entstünde ein unerwünschter "Level-Sprung" !

8 Den gewünschten Effekt erreichen wir hier mittels CONS, womit die neue Subliste an den Anfang gesetzt wird.

9 Die folgenden drei Beispiele zeigen nochmals die Arbeitsweise von APPEND, für die Siklóssy /8/ als "Eselsbrücke" angibt: Füge die Listen aneinander und "verbrenne" das sich berührende Klammer-Paar, z.B.:

```
(APPEND '(S E X) '(S E X) )  →  (S E X)(S E X)
                                       "verbrannt"
                             →  (S E X S E X)
```

12 Das letzte Beispiel zeigt, wie wir L2 am Ende mit einer Subliste gleicher "Tiefe" erweitern: Die Subliste selbst erzeugen wir durch LIST. Ein zusätzliches LIST wird für APPEND benötigt, damit es etwas "zum Verbrennen" gibt. (vgl. dazu auch Aufg. (18) und (21) der "Übungen zur Einf. Übersicht" !)

```
L2 = ( ... (FUENF S E X) )
                         ( (U S W) )
                   "verbrannt"
   → ( ... (FUENF S E X)   (U S W))
```

14 Beginnen wir die Reorganisation der "Block-Welt" mit den beiden von Winston /12/ angegebenen Funktionen PUT-AT und UNGRASP, die wir in INTERLISP transformieren. Da UNGRASP zwei logische T-Ausgänge hat, wird an beiden die Ergänzung eingefügt.

16 Die Funktionen MOVE-OBJECT und GET-RID-OF werden nach dem gleichen Schema erweitert.

```
(IN)     (PP* PUT-AT)
(OUT)
(OUT)    <PUT-AT
(OUT)      <LAMBDA (OBJECT PLACE)                          (* EDITED: "17-MAY-81 22:19:33")
(OUT)        (PROG (G1 G2 G3)
(OUT)              <COND
(OUT)                ((AND (CLEARP PLACE OBJECT)
(OUT)                      (GET-POSSIBLE-SUPPORT PLACE OBJECT)))
(OUT)                ((REPORT (QUOTE (PUT-AT -- CANNOT FIND SPACE FOR OR SUPPORT FOR THE OBJECT>
(OUT)              (SETQ G1 (GRASP OBJECT))
(OUT)              (SETQ G2 (MOVE-OBJECT PLACE))
(OUT)              (SETQ G3 (UNGRASP OBJECT))
(OUT)              (RETURN (LIST (LIST (QUOTE PUT-AT)
(OUT)                                  OBJECT PLACE)
(OUT)                            G1 G2 G3>>
(OUT)    (PUT-AT)
(OUT)    14-
(OUT)
(IN)     (PP* UNGRASP)
(OUT)
(OUT)    <UNGRASP
(OUT)      <LAMBDA (OBJECT)                                (* EDITED: "17-MAY-81 23:20:14")
(OUT)        (PROG NIL
(OUT)              (COND
(OUT)                <<NOT (EQUAL OBJECT (GETPROP (QUOTE HAND)
(OUT)                                             (QUOTE GRASPING>
(OUT)                  (RETURN (LIST (LIST (QUOTE UNGRASP)
(OUT)                                      OBJECT>
(OUT)                <(GETPROP OBJECT (QUOTE SUPPORTED-BY))
(OUT)                  (PUTPROP (QUOTE HAND)
(OUT)                           (QUOTE GRASPING)
(OUT)                           NIL)
(OUT)                  (SETQ PLAN (CONS (LIST (QUOTE UNGRASP)
(OUT)                                         OBJECT)
(OUT)                                   PLAN))
(OUT)                  (RETURN (LIST (LIST (QUOTE UNGRASP)
(OUT)                                      OBJECT>
(OUT)                (T NIL>>
(OUT)    (UNGRASP)
(OUT)    15-
(OUT)
```

```
(IN)     (pp* MOVE-OBJECT)
(OUT)
(OUT)    <MOVE-OBJECT
(OUT)      <LAMBDA (NEWPLACE)                                (* EDITED: "17-MAY-81 23:09:54")
(OUT)        (PROG (OBJECT)
(OUT)              <COND
(OUT)                ((<NOT (SETQ OBJECT (GETPROP (QUOTE HAND)
(OUT)                                             (QUOTE GRASPING>
(OUT)                  (REPORT (QUOTE (MOVE-OBJECT -- NOT GRASPING ANYTHING>
(OUT)              (REMOVE-SUPPORT OBJECT)
(OUT)              (MOVE-HAND (TOPCENTER NEWPLACE OBJECT))
(OUT)              (PUTPROP OBJECT (QUOTE PLACE)
(OUT)                       NEWPLACE)
(OUT)              (ADD-SUPPORT OBJECT NEWPLACE)
(OUT)              (RETURN (LIST (LIST (QUOTE MOVE-OBJECT)
(OUT)                                  NEWPLACE>>
(OUT)    (MOVE-OBJECT)
(OUT)    16-
(OUT)
(IN)     (pp* GET-RID-OF)
(OUT)
(OUT)    <GET-RID-OF
(OUT)      <LAMBDA (OBJECT)                                  (* EDITED: "17-MAY-81 23:29:32")
(OUT)        (PROG (PLACE G1)
(OUT)              (SETQ PLACE (FIND-SPACE (QUOTE TABLE)
(OUT)                                      OBJECT))
(OUT)              (SETQ G1 (PUT-AT OBJECT PLACE))
(OUT)              (RETURN (LIST (LIST (QUOTE GET-RID-OF)
(OUT)                                  OBJECT)
(OUT)                            G1>>
(OUT)    (GET-RID-OF)
(OUT)    17-
(OUT)
```

```
(IN)   (PP* GRASP)
(OUT)
(OUT)  <GRASP
(OUT)    <LAMBDA (OBJECT)                              (* EDITED: "18-MAY-81 02:07:43")
(OUT)      (PROG (KRUFT G1 G2 G3)
(OUT)            <COND
(OUT)              ((EQUAL OBJECT (GETPROP (QUOTE HAND)
(OUT)                                      (QUOTE GRASPING)))
(OUT)                (RETURN (LIST (LIST (QUOTE GRASP)
(OUT)                                    OBJECT>
(OUT)            <COND
(OUT)              <(NOT (GETPROP OBJECT (QUOTE DIRECTLY-SUPPORTS>
(OUT)              ((SETQ G1 (CLEAR-TOP OBJECT)))
(OUT)              ((REPORT (QUOTE (GRASP -- TOP OF OBJECT CANNOT BE CLEARED>
(OUT)            <COND
(OUT)              ((SETQ KRUFT (GETPROP (QUOTE HAND)
(OUT)                                    (QUOTE GRASPING)))
(OUT)                (COND
(OUT)                  ((SETQ G2 (UNGRASP KRUFT)))
(OUT)                  ((SETQ G3 (GET-RID-OF KRUFT>
(OUT)            (MOVE-HAND (TOPCENTER (GETPROP OBJECT (QUOTE PLACE))
(OUT)                                  OBJECT))
(OUT)            (PUTPROP (QUOTE HAND)
(OUT)                     (QUOTE GRASPING)
(OUT)                     OBJECT)
(OUT)            (SETQ PLAN (CONS (LIST (QUOTE GRASP)
(OUT)                                   OBJECT)
(OUT)                             PLAN))
(OUT)            (RETURN (REMOVE NIL (LIST (LIST (QUOTE GRASP)
(OUT)                                            OBJECT)
(OUT)                                      G1 G2 G3)))
(OUT)                                                  (* REMOVE NOETIG,
                                                          DA G1, G2, G3 NICHT IMMER GESETZT WERDEN)
(OUT)        >>
(OUT)  (GRASP)
(OUT)  18-
(OUT)
```

Auch die Funktion GRASP hat zwei logische T-Ausgänge. Beim ersten ist das bekannte Schema anzuwenden, doch beim zweiten ist zusätzliche Überlegung notwendig: Die an G1, G2 oder G3 gebundenen "Tracer" werden zwar wie gehabt verknüpft, jedoch kann es sein, daß einige (oder alle) NIL sind, falls sie nicht innerhalb der COND-Klauseln angesprochen wurden! Dieser Fall muß mit Hilfe von REMOVE bereinigt werden.

Die Funktion CLEAR-TOP ist komplizierter: Die erste Sonderbehandlung ist wegen GET-RID-OF erforderlich, denn diese Funktion kann innerhalb der Schleife mehrmals hintereinander aufgerufen werden. Das "zeitliche Nacheinander" legt es nahe, die Liste G1 mittels APPEND zu erweitern. (Vgl. letztes Beispiel der Vorübungen: Das LIST erzeugt das von APPEND benötigte zusätzliche Klammer-Paar !)

Die zweite Sonderbehandlung ergibt sich beim RETURN: Damit kein fehlerhafter "Level-Sprung" im "Trace"-Baum erzeugt wird, muß die Liste mittels CONS in G1 eingefügt werden. (vgl. Vorübung !)

19 In der Funktion MAKE-SPACE liegt GET-RID-OF wie bei CLEAR-TOP innerhalb einer Schleife. Dieser Fall muß darum die gleiche Sonderbehandlung erfahren. Eine zusätzliche Komplikation ergibt sich beim RETURN: Hier ist nicht (wie bei anderen Funktionen) nur T zu übergeben, sondern der weiter zu verarbeitende Wert SPACE ! Wir "packen" darum eine Liste, die als CAR den Wert von SPACE enthält und als CDR den gewünschten "Tracer".

In der Funktion PUT-ON muß die von MAKE-SPACE "gepackte" Liste wieder "entpackt" werden: Mittels CDR wird auf den "Trace", mittels CAR auf den PLACE zugegriffen. Für die Fehlermeldung ist die PLACE-Information maßgebend und wird darum im zusätzlichen COND behandelt. Wie bei GRASP

```
(IN)     (PP* CLEAR-TOP)
(OUT)
(OUT)    <CLEAR-TOP
(OUT)      <LAMBDA (OBJECT)                                    (* EDITED: "18-MAY-81 01:27:32")
(OUT)        (PROG (OBSTRUCTION POSSIBILITIES G1)
(OUT)              (SETQ POSSIBILITIES (GETPROP OBJECT (QUOTE DIRECTLY-SUPPORTS)))
(OUT)          LOOP(COND
(OUT)                (POSSIBILITIES (SETQ OBSTRUCTION (CAR POSSIBILITIES))
(OUT)                               <SETQ G1 (APPEND G1 (LIST (GET-RID-OF OBSTRUCTION>
(OUT)                                                      (* SONDERBEHANDLUNG, DA GET-RID-OF INNERHALB LOOP)
(OUT)                               (SETQ POSSIBILITIES (CDR POSSIBILITIES))
(OUT)                               (GO LOOP))
(OUT)                ((RETURN (CONS (LIST (QUOTE CLEAR-TOP)
(OUT)                                     OBJECT)
(OUT)                               G1)))                  (* SONDERBEHANDLUNG, SONST LEVEL-SPRUNG IM TRACE-BAUM)
(OUT)                >>
(OUT)    (CLEAR-TOP)
(OUT)    19-
(OUT)
(IN)     (PP* MAKE-SPACE)
(OUT)
(OUT)    <MAKE-SPACE
(OUT)      <LAMBDA (SURFACE OBJECT)                            (* EDITED: "18-MAY-81 01:17:16")
(OUT)        (PROG (SPACE CLUTTER POSSIBILITIES G1)
(OUT)              (SETQ POSSIBILITIES (GETPROP SURFACE (QUOTE DIRECTLY-SUPPORTS)))
(OUT)          TAG <COND
(OUT)                (POSSIBILITIES (SETQ CLUTTER (CAR POSSIBILITIES)))
(OUT)                ((REPORT (QUOTE (MAKE-SPACE -- NO SPACE BUT NO CLUTTER EITHER>
(OUT)              <SETQ G1 (APPEND G1 (LIST (GET-RID-OF CLUTTER>
(OUT)                                                      (* SONDERBEHANDLUNG, DA GET-RID-OF INNERHALB LOOP)
(OUT)              (COND
(OUT)                ((SETQ SPACE (FIND-SPACE SURFACE OBJECT))
(OUT)                  (RETURN (APPEND (LIST SPACE)
(OUT)                                  (LIST (LIST (QUOTE MAKE-SPACE)
(OUT)                                              SURFACE OBJECT))
(OUT)                                  G1)))               (* SONDERBEHANDLUNG "PACK" ,
                                                              DA AUCH "SPACE" ZU UEBERGEBEN IST)
(OUT)                                                      (* VON MAKE-SPACE KOMMT LISTE: ("SPACE" , "TRACE"))
(OUT)                (T (SETQ POSSIBILITIES (CDR POSSIBILITIES))
(OUT)                   (GO TAG>>
(OUT)    (MAKE-SPACE)
(OUT)    20-
(OUT)
```

```
(IN)      (PP* PUT-ON)
(OUT)
(OUT)     <PUT-ON
(OUT)       <LAMBDA (OBJECT SUPPORT)                          (* EDITED: "18-MAY-81 01:41:33")
(OUT)         (PROG (PLACE G1 G2)
(OUT)               <COND
(OUT)                 ((EQUAL OBJECT SUPPORT)
(OUT)                   (REPORT (QUOTE !PUT-ON -- CANNOT PUT SOMETHING ON ITSELF>
(OUT)               <COND
(OUT)                 ((SETQ PLACE (FINC-SPACE SUPPORT OBJECT)))
(OUT)                 ((SETQ PLACE (MAKE-SPACE SUPPORT OBJECT))
(OUT)                                                     (* SONDERBEHANDLUNG "UNPACK" ,
                                                             WEGEN "PACK" IN MAKE-SPACE)
(OUT)                                                     (* VON MAKE-SPACE KOMMT LISTE; ("PLACE" , "TRACE"))
(OUT)                   (SETQ G1 (CDR PLACE))
(OUT)                   (SETQ PLACE (CAR PLACE))
(OUT)                   (COND
(OUT)                     (PLACE)
(OUT)                     ((REPORT (QUOTE (PUT-ON -- NO PLACE FOR THE OBJECT>
(OUT)               (SETQ G2 (PUT-AT OBJECT PLACE))
(OUT)               (RETURN (REMOVE NIL (LIST (LIST (QUOTE PUT-ON)
(OUT)                                               OBJECT SUPPORT)
(OUT)                                         G1 G2)))    (* REMOVE NOETIG, DA G1 NICHT IMMER GESETZT WIRD)
(OUT)           >>
(OUT)     (PUT-ON)
(OUT)     21-
(OUT)
(IN)      (RESET-BLOCKS-WORLD)
(OUT)     T
(OUT)     22-
(OUT)
(IN)      (PUT-ON 'BLOCK-B 'BLOCK-C)
(OUT)     ((PUT-ON BLOCK-B BLOCK-C) ((PUT-AT BLOCK-B (6 1 2)) ((GRASP BLOCK-B) ((CLEAR-TOP BLOCK-B)
(OUT)     ((GET-RID-OF BLOCK-A) ((PUT-AT BLOCK-A (1 5 0)) ((GRASP BLOCK-A)) ((MOVE-OBJECT (1 5 0)))
(OUT)     ((UNGRASP BLOCK-A)))))) ((MOVE-OBJECT (6 1 2))) ((UNGRASP BLOCK-B))))
(OUT)     23-
(OUT)
(IN)      (BW-PLAN)
(OUT)     ((MOVETO (1 1 4)) (GRASP BLOCK-A) (MOVETO (1 5 2)) (UNGRASP BLOCK-A) (MOVETO (1 1 2))
(OUT)     (GRASP BLOCK-B) (MOVETO (6 1 4)) (UNGRASP BLOCK-B))
(OUT)     24-
(OUT)
```

ist beim RETURN ein REMOVE nötig, denn G1 könnte NIL sein, falls FIND-SPACE bereits fündig geworden ist.

21 Nun sind alle notwendigen Änderungen erfolgt. Wir testen das neue System, nachdem wir es in "Situation 0" zurückgesetzt haben:

22 Der Befehl (PUT-ON 'BLOCK-B 'BLOCK-C) ergibt genau den "Trace", dessen strukturierte Darstellung im Merkblatt als Beispiel skizziert wurde.

23 BW-PLAN liefert den zugehörigen Plan.

Geben wir anschließend (PUT-ON 'PYRAMID 'BLOCK-C) als Befehl, so wird MAKE-SPACE gerufen, dessen "Sonderbehandlungen" hiermit getestet werden.

25 BW-PLAN zeigt, daß PLAN fortgeschrieben wurde. Die Skizzen machen den Handlungsablauf nochmals anschaulich.

27 Mittels SITUATION lassen wir uns den neuen Status ausgeben, der Ausgangs-Situation für die weiteren Test-Beispiele ist. Mit DROP "vergessen" wir die Vorgeschichte.

Mit den folgenden vier Befehlen setzen wir die Blöcke in die Box. (Der "Trace" des dritten Befehls hat die gleiche Struktur wie unser erstes Test-Beispiel.)

32 BW-PLAN zeigt den Plan nach dem letzten DROP-Befehl.

33 Die aktuelle SITUATION ist wieder Ausgangs-Status für den folgenden Test. Mit DROP wird die Vergangenheit "vergessen".

Für die neue Situation wird mit (CLEAR-TOP 'BOX) die "Sonderbehandlung", das GET-RID-OF innerhalb der Schleife, getestet.

36 BW-PLAN listet den Plan nach dem letzten DROP-Befehl. SITUATION zeigt den aktuellen Status. Aus den Skizzen ist der Handlungsablauf nochmals zu ersehen.

```
(PUT-ON 'PYRAMID 'BLOCK-C)
((PUT-ON PYRAMID BLOCK-C) ((MAKE-SPACE BLOCK-C PYRAMID) ((GET-RID-OF BLOCK-B) ((PUT-AT BLOCK-B (1 7 0))
((GRASP BLOCK-B)) ((MOVE-OBJECT (1 7 0))) ((UNGRASP BLOCK-B))))) ((PUT-AT PYRAMID (6 1 2)) ((GRASP PYRAMID))
((MOVE-OBJECT (6 1 2))) ((UNGRASP PYRAMID))))
25-

(BW-PLAN)
((MOVETO (1 1 4)) (GRASP BLOCK-A) (MOVETO (1 5 2)) (UNGRASP BLOCK-A) (MOVETO (1 1 2)) (GRASP BLOCK-B)
(MOVETO (6 1 4)) (UNGRASP BLOCK-B) (GRASP BLOCK-B) (MOVETO (1 7 2)) (UNGRASP BLOCK-B) (MOVETO (3 8 2))
(GRASP PYRAMID) (MOVETO (6 1 4)) (UNGRASP PYRAMID))
26-

(SITUATION)
-------------------------------------------------------------------------------------------------
SITUATION              BLOCK-A     BLOCK-B     BLOCK-C     BLOCK-D     SPHERE      PYRAMID
=================================================================================================
INDICATOR              VALUE       18-MAY-81 03:02:58
-------------------------------------------------------------------------------------------------
SUPPORTED-BY           TABLE       TABLE       TABLE       TABLE       TABLE       BLOCK-C
DIRECTLY-SUPPORTS      NIL         NIL         (PYRAMID)   NIL         NIL         NIL
PLACE                  (1 5 0)     (1 7 0)     (6 1 0)     (9 4 0)     (4 3 0)     (6 1 2)
SIZE                   (2 2 2)     (2 2 2)     (2 2 2)     (2 2 2)     (2 2 2)     (2 2 2)
TYPE                   BLOCK       BLOCK       BLOCK       BLOCK       SPHERE      PYRAMID
COLOR                  GREEN       RED         BLUE        RED         GREEN       RED
SUPPORTP               T           T           T           T           NIL         NIL
=================================================================================================
BOX                    PLACE (8 8 0)           SIZE (4 4 0.100000) COLOR BLUE
DIRECTLY-SUPPORTS      NIL
=================================================================================================
TABLE                  PLACE (5 5 0)           SIZE (10 10 0)      COLOR BLACK
DIRECTLY-SUPPORTS      (BLOCK-B BLOCK-A BLOCK-C BLOCK-D SPHERE BOX)
=================================================================================================
HAND GRASPING          NIL
HAND POSITION          (6 1 4)
-------------------------------------------------------------------------------------------------
T
27-

(DROP)
NIL
28-
```

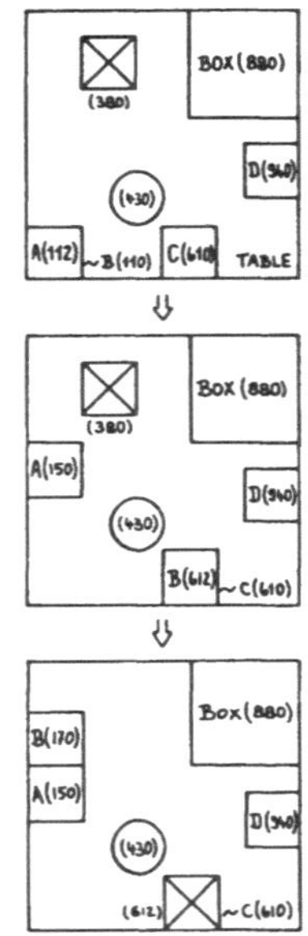

```
(PUT-AT 'BLOCK-A '(7 7 0.1) )
((PUT-AT BLOCK-A (7 7 0.100000)) ((GRASP BLOCK-A))
((MOVE-OBJECT (7 7 0.100000))) ((UNGRASP BLOCK-A)))
29-

(PUT-AT 'BLOCK-B '(7 9 0.1) )
((PUT-AT BLOCK-B (7 9 0.100000)) ((GRASP BLOCK-B))
((MOVE-OBJECT (7 9 0.100000))) ((UNGRASP BLOCK-B)))
30-

(PUT-AT 'BLOCK-C '(9 9 0.1) )
((PUT-AT BLOCK-C (9 9 0.100000)) ((GRASP BLOCK-C) ((CLEAR-TOP BLOCK-C)
((GET-RID-OF PYRAMID) ((PUT-AT PYRAMID (6 5 0)) ((GRASP PYRAMID))
((MOVE-OBJECT (6 5 0))) ((UNGRASP PYRAMID)))))) ((MOVE-OBJECT (9 9 0.100000)))
((UNGRASP BLOCK-C)))
31-

(PUT-AT 'BLOCK-D '(9 7 0.1) )
((PUT-AT BLOCK-D (9 7 0.100000)) ((GRASP BLOCK-D))
((MOVE-OBJECT (9 7 0.100000))) ((UNGRASP BLOCK-D)))
32-

(BW-PLAN)
((MOVETO (1 5 2)) (GRASP BLOCK-A) (MOVETO (7 7 2.099999)) (UNGRASP BLOCK-A)
(MOVETO (1 7 2)) (GRASP BLOCK-B) (MOVETO (7 9 2.099999)) (UNGRASP BLOCK-B)
(MOVETO (6 1 4)) (GRASP PYRAMID) (MOVETO (6 5 2)) (UNGRASP PYRAMID)
(MOVETO (6 1 2)) (GRASP BLOCK-C) (MOVETO (9 9 2.099999)) (UNGRASP BLOCK-C)
(MOVETO (9 4 2)) (GRASP BLOCK-D) (MOVETO (9 7 2.099999)) (UNGRASP BLOCK-D))
33-

(SITUATION)
---------------------------------------------------------------------------------
SITUATION             BLOCK-A   BLOCK-B   BLOCK-C   BLOCK-D   SPHERE    PYRAMID
=================================================================================
INDICATOR             VALUE     18-MAY-81 03:07:21
---------------------------------------------------------------------------------
SUPPORTED-BY          BOX       BOX       BOX       BOX       TABLE     TABLE
DIRECTLY-SUPPORTS     NIL       NIL       NIL       NIL       NIL       NIL
PLACE                 (7 7 0.100000)
                                (7 9 0.100000)
                                          (9 9 0.100000)
                                                    (9 7 0.100000)
                                                              (4 3 0)   (6 5 0)
SIZE                  (2 2 2)   (2 2 2)   (2 2 2)   (2 2 2)   (2 2 2)   (2 2 2)
TYPE                  BLOCK     BLOCK     BLOCK     BLOCK     SPHERE    PYRAMID
COLOR                 GREEN     RED       BLUE      RED       GREEN     RED
SUPPORTP              T         T         T         T         NIL       NIL
=================================================================================
BOX                   PLACE (8 8 0)       SIZE (4 4 0.100000) COLOR BLUE
DIRECTLY-SUPPORTS     (BLOCK-D BLOCK-C BLOCK-B BLOCK-A)
=================================================================================
TABLE                 PLACE (5 5 0)       SIZE (10 10 0)      COLOR BLACK
DIRECTLY-SUPPORTS     (PYRAMID SPHERE BOX)
=================================================================================
HAND GRASPING         NIL
HAND POSITION         (9 7 2.099999)
---------------------------------------------------------------------------------
T
34-

(DROP)
NIL
35-
```

```
(CLEAR-TOP 'BOX)
((CLEAR-TOP BOX) ((GET-RID-OF BLOCK-D) ((PUT-AT BLOCK-D (6 3 0))
((GRASP BLOCK-D)) ((MOVE-OBJECT (6 3 0))) ((UNGRASP BLOCK-D))))
((GET-RID-OF BLOCK-C) ((PUT-AT BLOCK-C (3 5 0)) ((GRASP BLOCK-C))
((MOVE-OBJECT (3 5 0))) ((UNGRASP BLOCK-C)))) ((GET-RID-OF BLOCK-B)
((PUT-AT BLOCK-B (8 4 0)) ((GRASP BLOCK-B)) ((MOVE-OBJECT (8 4 0)))
((UNGRASP BLOCK-B)))) ((GET-RID-OF BLOCK-A) ((PUT-AT BLOCK-A (1 3 0))
((GRASP BLOCK-A)) ((MOVE-OBJECT (1 3 0))) ((UNGRASP BLOCK-A)))))
36-

(BW-PLAN)
((GRASP BLOCK-D) (MOVETO (6 3 2)) (UNGRASP BLOCK-D) (MOVETO (9 9 2.099999))
(GRASP BLOCK-C) (MOVETO (3 5 2)) (UNGRASP BLOCK-C) (MOVETO (7 9 2.099999))
(GRASP BLOCK-B) (MOVETO (8 4 2)) (UNGRASP BLOCK-B) (MOVETO (7 7 2.099999))
(GRASP BLOCK-A) (MOVETO (1 3 2)) (UNGRASP BLOCK-A))
37-
```

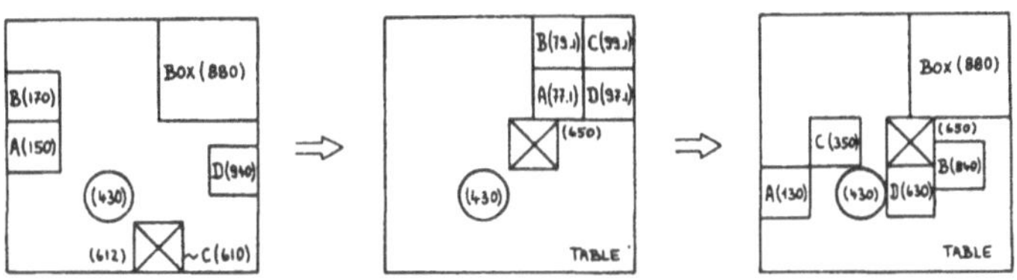


```
(SITUATION)
------------------------------------------------------------------------------------
SITUATION            BLOCK-A    BLOCK-B    BLOCK-C    BLOCK-D    SPHERE     PYRAMID
====================================================================================
INDICATOR            VALUE      18-MAY-81 03:10:18
------------------------------------------------------------------------------------
SUPPORTED-BY         TABLE      TABLE      TABLE      TABLE      TABLE      TABLE
DIRECTLY-SUPPORTS    NIL        NIL        NIL        NIL        NIL        NIL
PLACE                (1 3 0)    (8 4 0)    (3 5 0)    (6 3 0)    (4 3 0)    (6 5 0)
SIZE                 (2 2 2)    (2 2 2)    (2 2 2)    (2 2 2)    (2 2 2)    (2 2 2)
TYPE                 BLOCK      BLOCK      BLOCK      BLOCK      SPHERE     PYRAMID
COLOR                GREEN      RED        BLUE       RED        GREEN      RED
SUPPORTP             T          T          T          T          NIL        NIL
====================================================================================
BOX                  PLACE (8 8 0)         SIZE (4 4 0.100000) COLOR BLUE
DIRECTLY-SUPPORTS    NIL
====================================================================================
TABLE                PLACE (5 5 0)         SIZE (10 10 0)      COLOR BLACK
DIRECTLY-SUPPORTS    (BLOCK-A BLOCK-B BLOCK-C BLOCK-D PYRAMID SPHERE BOX)
====================================================================================
HAND GRASPING        NIL
HAND POSITION        (1 3 2)
------------------------------------------------------------------------------------
T
38-

(DATE)
"18-MAY-81 03:11:53"
39-

(EXIT)
```

5.2 Bindung des "Trace" an eine Liste als Voraussetzung zur Frage/Antwort-Fähigkeit des Systems

Die im vorigen Abschnitt (5.1) erzeugten "Trace"-Listen wurden nicht gebunden, gingen also verloren. Als Voraussetzung zur Frage/Antwort-Fähigkeit des "Block-Welt" Systems muß auf die vorhandene "Trace"-Struktur zurückgegriffen werden können! Wir werden darum Funktionen definieren, die die "Trace"-Bindung an die Liste TRACER ermöglichen.

3 Da für RESET-BLOCKS-WORLD auch der "Trace" zurückgesetzt werden muß, werden wir zweckmäßig in DROP auch die Liste TRACER löschen.

4 Die Funktion BW-TRACER soll die "Trace"-Bindung an TRACER vornehmen. Im aktuellen Definitions-Zustand der "Block-Welt" ist der "Trace" der Wert des ausgeführten Befehls. Zeitlich nacheinander gegebenen Befehlen sollen auch entsprechend nacheinander angeordnete "Traces" entsprechen. Es bietet sich APPEND zur Verknüpfung an, wobei wiederum LIST zum richtigen Arbeiten notwendig ist! Mittels SETQ wird der "Trace" an TRACER gebunden und somit "abgefangen": Die Antwort ist schlicht "O.K.", wenn kein Fehler entdeckt wurde.

5 Im folgenden wird das Verhalten von BW-TRACER demonstriert: Der Befehl (PUT-ON 'BLOCK-B 'BLOCK-C) ist Argument von BW-TRACER; das Ergebnis ist "O.K." .

7 Rufen wir jetzt TRACER auf, so wird der gebundene "Trace" ausgegeben. Das (gegenüber dem Merkblatt-Beispiel) zusätzliche äußere Klammer-Paar dient der Verknüpfung mehrerer Befehls-"Traces" !

Mittels BW-TRACER können wir den "Trace" binden. Wir wollen doch aber nicht jeden Befehl eingebettet in BW-TRACER eingeben! Eine Möglichkeit wäre die erneute

```
(IN)     DO $RZP.LISP
(OUT)    %  P500 LOADING
(OUT)
(OUT)         SIEMENS-INTERLISP  -  VERSION 4.0
(OUT)
(OUT)
(OUT)
(OUT)    ****** RESET ******
(OUT)
(OUT)    GOOD MORNING.
(OUT)
(OUT)    1-
(OUT)
(IN)     (DATE)
(OUT)    "22-MAY-81 00:34:12"
(OUT)    2-
(OUT)
(IN)     LOAD(BLOCKS-WORLD)
(OUT)
(OUT)    PRETTYDEF FORMAT BLOCKS-WORLD CREATED 22-MAY-81 00:10:46
         FILENAME: LISP.DATA.BLOCKS-WORLD.55
(OUT)    BLOCKS-WORLDCOMS
(OUT)    (FIRSTCOL RESET)
(OUT)    BLOCKS-WORLD
(OUT)    3-
(OUT)
(IN)     GETD(DROP)
(OUT)    (LAMBDA NIL (* EDITED: "21-MAY-81 23:46:39")
         (SETQ PLAN NIL) (SETQ RESERVATIONS NIL) (SETQ TRACER NIL))
(OUT)    4-
(OUT)
(IN)     (PP BW-TRACER)
(OUT)
(OUT)    <BW-TRACER
(OUT)      <LAMBDA (BW-FUNCTION)  **COMMENT**
(OUT)        (SETQ TRACER (APPEND TRACER (LIST BW-FUNCTION)))
(OUT)        (QUOTE "O.K.">>
(OUT)    (BW-TRACER)
(OUT)    5-
(OUT)
(IN)     (RESET-BLOCKS-WORLD)
(OUT)    T
(OUT)    6
(OUT)
(IN)     (BW-TRACER (PUT-ON 'BLOCK-B 'BLOCK-C))
(OUT)    "O.K."
(OUT)    7-
(OUT)
(IN)     TRACER
(OUT)    (((PUT-ON BLOCK-B BLOCK-C) ((PUT-AT BLOCK-B (6 1 2))
         ((GRASP BLOCK-B) ((CLEAR-TOP BLOCK-B) ((GET-RID-OF BLOCK-A)
(OUT)    ((PUT-AT BLOCK-A (1 5 0)) ((GRASP BLOCK-A))
         ((MOVE-OBJECT (1 5 0))) ((UNGRASP BLOCK-A))))))
(OUT)    ((MOVE-OBJECT (6 1 2))) ((UNGRASP BLOCK-B)))))
(OUT)    8-
(OUT)
```

Reorganisation des Programm-Systems so, daß der "Trace" (wie PLAN) als globale Liste gebunden wird. Es gibt aber eine einfache Lösung, die die Mächtigkeit von LISP gut demonstriert: Wir schreiben ein kleines "Monitor-Programm" mit dem das gesamte "Block-Welt"-System in den "Trace-Binde-Modus" umgeschaltet werden kann!

Zunächst binden wir an BW-FUNCTIONS die zulässigen "Befehls-Funktionen" der "Block-Welt".

9 Das "Monitor-Programm" heißt BW-TRACER-ON und ist in Anlehnung an die Funktion REPORT geschrieben: Der Aufruf (BW-TRACER-ON) bewirkt die Umschaltung in den "Tracer-Modus". Die Funktion hat keinen Eingangsparameter. Sie druckt als Quittung "BW-TRACER-ON..." , geht in einen LOOP und erwartet weitere Eingaben.

Das von READ Eingelesene wird an INPUT gebunden. Die erste COND-Klausel prüft die Endbedingung: Wenn (BW-TRACER-OFF) eingegeben wird, so soll die Rückschaltung in den normalen Modus erfolgen: Die AND-Funktion prüft, daß kein einzelnes Atom eingegeben wurde, also INPUT eine Liste ist, und ob das Atom BW-TRACER-OFF der CAR ist. Wenn ja, so wird mit "...BW-TRACER-OFF" quittiert und das "Monitor-Programm" verlassen.

Falls die Endbedingung nicht zutrifft, so prüft die zweite Klausel wiederum mittels AND, ob die Eingabeliste mit einem "zulässigen" "Blocks World"-Befehl beginnt. Wenn ja, so wird die Funktion BW-TRACER gerufen. Als Argument wird der INPUT mittels EVAL übergeben. (Es muß hier EVAL stehen, sonst würde z.B. (QUOTE(PUT-ON 'BLOCK-B 'BLOCK-C)) übergeben, was nicht zum gewünschten Resultat führt !) Der Wert von BW-TRACER wird mittels PRINT gedruckt; es ist das "O.K." . Anschließend wird nach LOOP gesprungen: Das "Monitor-Programm" erwartet weitere Eingaben.

Falls weder die erste noch die zweite Klausel relevant waren, wird die "beliebige" Eingabe evaluiert und die Schleife wieder gestartet.

Das "Monitor-Programm" BW-TRACER-ON ist solange aktiv, bis wir (BW-TRACER-OFF) eingeben. Würde man irrtümlich den "Monitor" ein zweites Mal "abschalten" wollen, so würde das entweder auf die Meldung "Undefinierte Funktion" mit anschließendem RESET führen, oder "DWIM" würde den Irrtum so behandeln, daß BW-TRACER-ON wieder *ein*geschaltet wird.

10 Um derartigen Komplikationen aus dem Weg zu gehen, schreiben wir als Dummy-Funktion BW-TRACER-OFF, die lediglich ein Fragezeichen als Hinweis ausgibt.

11 Nach RESET-BLOCKS-WORLD testen wir unser neues System. Man beachte, daß der "originale" INTERLISP-Monitor sich mit Eingabezähler und Strich (hier: 12-) gemeldet hat.

12 Mit (BW-TRACER-ON) rufen wir unseren "Monitor". Dieser quittiert mit "BW-TRACER-ON..." und es erscheint *kein* weiteres Zeichen!

Wir geben nun den Befehl (PUT-ON 'PYRAMID 'BLOCK-B). Dieser wird ausgeführt, BW-TRACER quittiert mit "O.K.".

Wenn wir jetzt z.B. (BW-PLAN) eingeben, wird im "Monitor" die letzte Klausel wirksam, evaluiert die eingegebene *Liste* und druckt das Ergebnis.

Anschließend verweilt der "Monitor" wieder im Eingabe-Modus. Der Befehl (PUT-AT 'SPHERE '(9 9 0.1)) wird als solcher erkannt und ausgeführt.

Geben wir jetzt das *Atom* TRACER ein, so wird TRACER evaluiert und ausgedruckt. Wir sehen, daß die "Traces" beider Befehle enthalten sind!

```
(IN)      BW-FUNCTIONS
(OUT)     (PUT-AT UNGRASP MOVE-OBJECT GET-RID-OF
          GRASP CLEAR-TOP MAKE-SPACE PUT-ON)
(OUT)     9-
(OUT)
(IN)      (PP BW-TRACER-ON)
(OUT)
(OUT)     <BW-TRACER-ON
(OUT)       <LAMBDA NIL  **COMMENT**
(OUT)         (PROG (INPUT)
(OUT)               (PRINT "BW-TRACER-ON...")
(OUT)           LOOP(SETQ INPUT (READ))
(OUT)               <COND
(OUT)                 ((AND (NOT (ATOM INPUT))
(OUT)                       (EQUAL (CAR INPUT)
(OUT)                              (QUOTE BW-TRACER-OFF)))
(OUT)                   (RETURN "...BW-TRACER-OFF"))
(OUT)                 <(AND (NOT (ATOM INPUT))
(OUT)                       (MEMBER (CAR INPUT)
(OUT)                               BW-FUNCTIONS))
(OUT)                   (PRINT (BW-TRACER (EVAL INPUT>
(OUT)                 (T (PRINT (EVAL INPUT>
(OUT)               (GO LOOP>>
(OUT)     (BW-TRACER-ON)
(OUT)     10-
(OUT)
(IN)      (PP BW-TRACER-OFF)
(OUT)
(OUT)     <BW-TRACER-OFF
(OUT)       <LAMBDA NIL  **COMMENT**
(OUT)         (QUOTE "?">>
(OUT)     (BW-TRACER-OFF)
(OUT)     11-
(OUT)
(IN)      (RESET-BLOCKS-WORLD)
(OUT)     T
(OUT)     12-
(OUT)
(IN)      (BW-TRACER-ON)
(OUT)     "BW-TRACER-ON..."
(OUT)
(IN)      (PUT-ON 'PYRAMID 'BLOCK-B)
(OUT)     "O.K."
(OUT)
(IN)      (BW-PLAN)
(OUT)     ((MOVETO (1 1 4)) (GRASP BLOCK-A) (MOVETO (5 5 2))
          (UNGRASP BLOCK-A) (MOVETO (3 8 2)) (GRASP PYRAMID)
(OUT)     (MOVETO (1 1 4)) (UNGRASP PYRAMID))
(OUT)
(IN)      (PUT-AT 'SPHERE '(9 9 .1))
(OUT)     "O.K."
(OUT)
(IN)      TRACER
(OUT)     (((PUT-ON PYRAMID BLOCK-B) ((MAKE-SPACE BLOCK-B PYRAMID)
          ((GET-RID-OF BLOCK-A) ((PUT-AT BLOCK-A (5 5 0))
(OUT)     ((GRASP BLOCK-A)) ((MOVE-OBJECT (5 5 0)))
          ((UNGRASP BLOCK-A))))) ((PUT-AT PYRAMID (1 1 2))
(OUT)     ((GRASP PYRAMID)) ((MOVE-OBJECT (1 1 2)))
          ((UNGRASP PYRAMID)))) ((PUT-AT SPHERE (9 9 0.100000))
(OUT)     ((GRASP SPHERE)) ((MOVE-OBJECT (9 9 0.100000)))
(OUT)     ((UNGRASP SPHERE))))
(OUT)
```

```
(BW-TRACER-OFF)
"...BW-TRACER-OFF"
13-

(BW-TRACER-OFF)
"?"
14-

(BW-PLAN)
((MOVETO (1 1 4)) (GRASP BLOCK-A) (MOVETO (5 5 2)) (UNGRASP BLOCK-A)
(MOVETO (3 8 2)) (GRASP PYRAMID) (MOVETO (1 1 4)) (UNGRASP PYRAMID)
(MOVETO (4 3 2)) (GRASP SPHERE) (MOVETO (9 9 2.099999)) (UNGRASP SPHERE))
15-
```

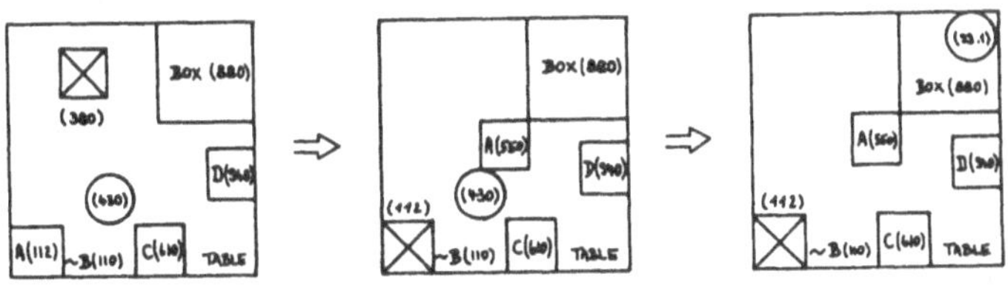


```
(SITUATION)
------------------------------------------------------------------------------
SITUATION            BLOCK-A    BLOCK-B    BLOCK-C    BLOCK-D    SPHERE     PYRAMID
==============================================================================
INDICATOR            VALUE      22-MAY-81 00:45:31
------------------------------------------------------------------------------
SUPPORTED-BY         TABLE      TABLE      TABLE      TABLE      BOX        BLOCK-B
DIRECTLY-SUPPORTS    NIL        (PYRAMID)  NIL        NIL        NIL        NIL
PLACE                (5 5 0)    (1 1 0)    (6 1 0)    (9 4 0)    (9 9 0.100000)
                                                                            (1 1 2)
SIZE                 (2 2 2)    (2 2 2)    (2 2 2)    (2 2 2)    (2 2 2)    (2 2 2)
TYPE                 BLOCK      BLOCK      BLOCK      BLOCK      SPHERE     PYRAMID
COLOR                GREEN      RED        BLUE       RED        GREEN      RED
SUPPORTP             T          T          T          T          NIL        NIL
==============================================================================
BOX                  PLACE (8 8 0)         SIZE (4 4 0.100000) COLOR BLUE
DIRECTLY-SUPPORTS    (SPHERE)
==============================================================================
TABLE                PLACE (5 5 0)         SIZE (10 10 0)       COLOR BLACK
DIRECTLY-SUPPORTS    (BLOCK-A BLOCK-B BLOCK-C BLOCK-D BOX)
==============================================================================
HAND GRASPING        NIL
HAND POSITION        (9 9 2.099999)
------------------------------------------------------------------------------
T
16-

(DATE)
"22-MAY-81 00:46:49"
17-

(EXIT)
```

Wenn wir nun (BW-TRACER-OFF) eingeben, wird die Endbedingung erkannt, der "Monitor" quittiert mit der Meldung "...BW-TRACER-OFF" und gibt die Kontrolle an den "originalen" INTERLISP-Monitor zurück. Dieser quittiert seinerseits mit dem um 1 erhöhten Eingabezähler (hier: 13-).

13 Wollten wir "irrtümlich" unseren "Monitor" nochmals ausschalten, so wird (ohne weitere Folgen) "?" ausgegeben.

14 BW-PLAN liefert den vollständigen, fortgeschriebenen Plan beider Befehle.

Die Skizzen veranschaulichen noch einmal die Handlungskette.

15 SITUATION gibt den aktuellen Status der "Block-Welt" aus.

```
 666666666
66666666666
66666666666
66666 66666
66666
6666666666
66666666666
66666666666
66666 66666
66666 66666
66666666666
66666666666
 666666666
```

I N H A L T

Definition von Hilfsfunktionen zur Manipulation in Baum-Strukturen

Durch Bindung der "Trace"-Struktur an die Liste TRACER kann die "Block-Welt" zu einem formalisierten Frage/Antwort-System erweitert werden.

Der Zugriff auf die Baum-Struktur des TRACER erfordert folgende Manipulationen:

- Für die Frage-Funktion DID muß ein bestimmtes Listenelement in beliebiger Tiefe gefunden werden.
  (mittels erweiterter Hilfsfunktion INSIDE)
- Für die Frage-Funktion WHEN muß der zu einem bestimmten Listenelement zugehörige top-level Knoten gefunden werden.
  (durch spezielle Definition von INSIDE möglich)
- Für die Frage-Funktion HOW müssen zu einem bestimmten Knoten einer Liste die direkt untergeordneten Elemente gefunden werden.
  (mittels Hilfsfunktion SUBLIST)
- Für die Frage-Funktion WHY muß zu einem bestimmten Listenelement der direkt übergeordnete Knoten gefunden werden.
  (mittels Hilfsfunktion SUPERLIST)

Vor der Definition der Frage-Funktionen ist es zweckmäßig, zunächst allgemein Manipulationen in Baum-Strukturen zu betrachten und die notwendigen Hilfsfunktionen zu entwickeln.

Beispielsweise sei 3TREE eine Liste mit drei top-level Elementen. Die atomaren Knoten haben jeweils drei atomare Nachfolger. LTREE sei eine Liste mit zwei top-level Elementen, deren binäre Baum-Strukturen Listen als Elemente enthalten.

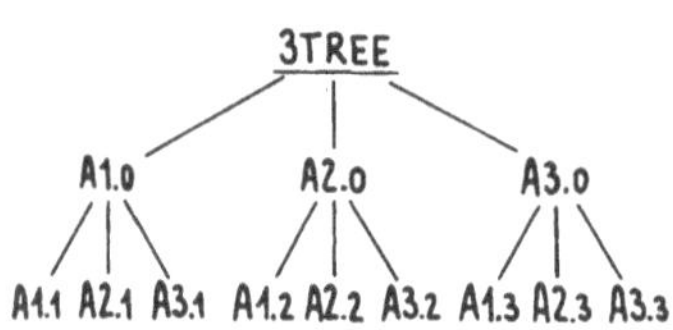

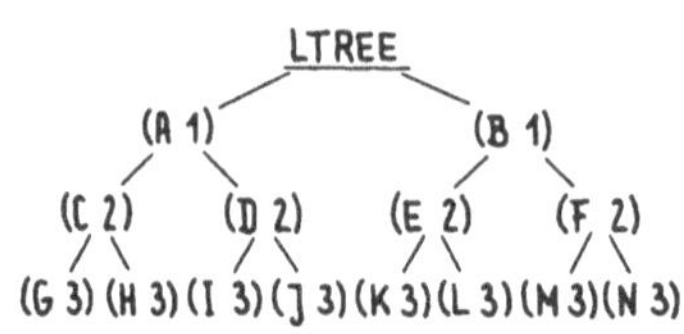


```
3TREE = < (A1.0 ( A1.1
                  A2.1
                  A3.1 ))
          (A2.0 ( A1.2
                  A2.2
                  A3.2 ))
          (A3.0 ( A1.3
                  A2.3
                  A3.3 )) >
```

```
LTREE = < ( (A 1) ( (C 2) ((G 3)
                           (H 3)))
                  ( (D 2) ((I 3)
                           (J 3))))
          ( (B 1) ( (E 2) ((K 3)
                           (L 3)))
                  ( (F 2) ((M 3)
                           (N 3))))) >
```

Die Hilfsfunktionen seien folgendermaßen definiert :

- Die Funktion INSIDE prüft, ob eine beliebige S-Expression SEX1 in einer beliebigen S-Expression SEX2 irgendwo enthalten ist. Wird nichts gefunden, so ist das Ergebnis NIL. Andernfalls wird das top-level Element von SEX2 zurückgegeben, in dem SEX1 gefunden wurde.
- Die Funktion SUBLIST prüft, ob eine beliebige S-Expression SEX in einer Liste LIS irgendwo enthalten ist. Wird nichts gefunden, so ist das Ergebnis NIL. Andernfalls wird als "Sub-Liste" diejenige Liste zurückgegeben, in der SEX ein top-level Element ist.
- Die Funktion SUPERLIST prüft, ob eine beliebige S-Expression SEX in einer Liste LIS irgendwo enthalten ist. Wird nichts gefunden, so ist das Ergebnis NIL. Andernfalls wird als "Super-Liste" diejenige Liste zurückgegeben, die der Liste in der SEX vorkommt direkt übergeordnet ist.

6.1 Übungen zur Manipulation in Baum-Strukturen, Test-Definitionen der Frage-Funktionen

Im Merkblatt zum 3. Kapitel ist nachzulesen, wie die Frage-Funktionen in der Baum-Struktur des "Trace" arbeiten. Im Merkblatt zu diesem Kapitel werden detaillierte Spezifikationen zur Definition von Hilfsfunktionen für die Frage-Funktionen angegeben.

4 Für Test- und Übungszwecke haben wir zwei Baum-Strukturen 3TREE und LTREE definiert, die wir mittels PRINTDEF1 ausgeben.

6 Bevor wir INSIDE besprechen, wollen wir uns in Erinnerung rufen, daß die Funktion NULL bez. eines Atoms den Wert NIL liefert, die Funktion ATOM aber bez. der leeren Liste den Wert T. Das liegt daran, daß das Atom NIL und die leere Liste () äquivalent sind. ("NIL ist bisexuell !" sagt Siklóssy /8/)

Die Systemfunktion MEMBER haben wir schon öfter benutzt: Sie vergleicht nur auf top-level Ebene. Die in der "Einf. Übersicht" vorgestellte Definition von INSIDE als Prädikatfunktion testet, ob ein Atom irgendwo innerhalb einer Liste enthalten ist. Es war:

```
< DE INSIDE (A L)
    (COND ((ATOM L)(EQUAL A L))
          ((INSIDE A (CAR L)) T)
          (T (INSIDE A (CDR L)  >
```

Wir wollen die alte Definition von INSIDE wie im Merkblatt angegeben erweitern: Statt A (für Atom) und L (für Liste) sind die Eingangsparameter jetzt beliebige S-Expressions SEX1 und SEX2. Statt dem einfachen Ergebnis T werden zwei Informationen übergeben: "Es befindet sich SEX1 in SEX2" und "... im x-ten top-level Element".

```
(IN)      DO $RZP.LISP
(OUT)     %  P500 LOADING
(OUT)
(OUT)          SIEMENS-INTERLISP  -  VERSION 4.0
(OUT)
(OUT)
(OUT)
(OUT)     ****** RESET ******
(OUT)
(OUT)     GOOD MORNING.
(OUT)
(OUT)     1-
(OUT)
(IN)      (DATE)
(OUT)     "30-MAY-81 01:45:19"
(OUT)     2-
(OUT)
(IN)      LOAD(BLOCKS-WORLD)
(OUT)
(OUT)     PRETTYDEF FORMAT BLOCKS-WORLD CREATED 30-MAY-81 01:12:28
          FILENAME: LISP.DATA.BLOCKS-WORLD.69
(OUT)     BLOCKS-WORLDCOMS
(OUT)     (FIRSTCOL RESET)
(OUT)     BLOCKS-WORLD
(OUT)     3-
(OUT)
(IN)      LOAD(UTILITIES)
(OUT)
(OUT)     PRETTYDEF FORMAT UTILITIES CREATED 26-MAY-81 20:50:22
          FILENAME: LISP.DATA.UTILITIES.01
(OUT)     UTILITIESCOMS
(OUT)     UTILITIES
(OUT)     4-
(OUT)
(IN)      (PRINTDEF1 3TREE)
(OUT)       ((A1.0 (A1.1 A2.1 A3.1))
(OUT)        (A2.0 (A1.2 A2.2 A3.2))
(OUT)        (A3.0 (A1.3 A2.3 A3.3)))
(OUT)     NIL
(OUT)     5-
(OUT)
(IN)      (PRINTDEF1 LTREE)
(OUT)       <<(A 1)
(OUT)         ((C 2)
(OUT)          ((G 3)
(OUT)           (H 3)))
(OUT)         ((D 2)
(OUT)          ((I 3)
(OUT)           (J 3>
(OUT)        ((B 1)
(OUT)         ((E 2)
(OUT)          ((K 3)
(OUT)           (L 3)))
(OUT)         ((F 2)
(OUT)          ((M 3)
(OUT)           (N 3>
(OUT)     NIL
(OUT)     6-
(OUT)
(IN)      (NULL 'B )
(OUT)     NIL
(OUT)     7-
(OUT)
(IN)      (ATOM () )
(OUT)     T
(OUT)     8-
(OUT)
```

Beginnen wir die Erklärung der neuen Version von INSIDE mit der zweiten Klausel, der Test-Bedingung: Wenn SEX1 gleich dem ersten top-level Element von SEX2 (also dem CAR) ist, dann soll dieser CAR das Ergebnis sein. Wenn nicht, dann muß weiter gesucht werden.

Die vorletzte Klausel berücksichtigt, daß SEX1 auch in Sublisten von SEX2 eingebettet sein kann: INSIDE wird als Prädikat rekursiv auf den CAR von SEX2 angesetzt. Wird SEX1 darin gefunden, so ist definitionsgemäß dieser CAR das Ergebnis. Wenn nicht, so muß rekursiv die Restliste durchsucht werden, wie in der letzten Klausel vorgeschrieben.

Die erste Klausel definiert die Endbedingung: Wenn die Liste SEX2 abgearbeitet ist, ohne daß die Test-Bedingung erfüllt wurde, dann ist das Ergebnis NIL. Da die folgenden Klauseln mittels CAR und CDR auf SEX2 zugreifen, muß zusätzlich sichergestellt sein, daß SEX2 kein Atom ist. Beide Bedingungen werden mittels ATOM geprüft: In diesen Fällen ist das (Teil-)Ergebnis NIL.

9 Nun testen wir INSIDE. Das erste einfache Beispiel sucht das Atom B in der Liste (A B C). Das Ergebnis ist B, da es gleich dem zweiten top-level Element ist.

10 Das zweite Beispiel ist komplizierter: Es soll das Atom B in der Liste (A (B (C))) gefunden werden. Das Ergebnis ist gleich dem zweiten top-level Element, in dem B enthalten ist.

11 Wollen wir die Verarbeitung im einzelnen verfolgen, so können wir uns der Hilfe von TRACE bedienen. Erinnern wir uns: Die Abarbeitung einer rekursiven Funktion geschieht über eine Stack-Verwaltung, die das bei jedem Rekursionsschritt entstehende Zwischenergebnis in einem Stack ablegt. Der Stack wird bis zum Rekursionsende aufgebaut und anschließend durch Verknüpfung dieser

```
(IN)      (PP INSIDE)
(OUT)
(OUT)     <INSIDE
(OUT)       <LAMBDA (SEX1 SEX2)  **COMMENT**
(OUT)         (COND
(OUT)           ((ATOM SEX2)
(OUT)             NIL)
(OUT)           ((EQUAL SEX1 (CAR SEX2))
(OUT)             (CAR SEX2))
(OUT)           ((INSIDE SEX1 (CAR SEX2))
(OUT)             (CAR SEX2))
(OUT)           (T (INSIDE SEX1 (CDR SEX2>>
(OUT)     (INSIDE)
(OUT)     9-
(OUT)
(IN)      (INSIDE 'B '(A B C) )
(OUT)     B
(OUT)     10-
(OUT)
(IN)      (INSIDE 'B '(A(B(C))) )
(OUT)     (B (C))
(OUT)     11-
(OUT)



(IN)      (TRACE INSIDE)
(OUT)     (INSIDE)
(OUT)     12-
(OUT)
(IN)      (INSIDE 'B '((A B)C) )
(OUT)
(OUT)     INSIDE:
(OUT)     SEX1 = B
(OUT)     SEX2 = ((A B) C)
(OUT)
(OUT)        INSIDE:
(OUT)        SEX1 = B
(OUT)        SEX2 = (A B)
(OUT)
(OUT)           INSIDE:
(OUT)           SEX1 = B
(OUT)           SEX2 = A
(OUT)           INSIDE = NIL
(OUT)
(OUT)           INSIDE:
(OUT)           SEX1 = B
(OUT)           SEX2 = (B)
(OUT)           INSIDE = B
(OUT)        INSIDE = B
(OUT)     INSIDE = (A B)
(OUT)     (A B)
(OUT)     13-
(OUT)
(IN)      (UNBREAK INSIDE)
(OUT)     (INSIDE)
(OUT)     14-
(OUT)
```

```
(IN)      (INSIDE 'B '((A B)C) )
(OUT)     (A B)
(OUT)     15-
(OUT)
(IN)      (INSIDE '(B) '((A B)C) )
(OUT)     NIL
(OUT)     16-
(OUT)
(IN)      (INSIDE 'B '((B)) )
(OUT)     (B)
(OUT)     17-
(OUT)
(IN)      (INSIDE '(B) '((B)) )
(OUT)     (B)
(OUT)     18-
(OUT)
(IN)      (INSIDE '(B) '(B) )
(OUT)     NIL
(OUT)     19-
(OUT)
(IN)      (INSIDE 'B '(B) )
(OUT)     B
(OUT)     20-
(OUT)
(IN)      (INSIDE 'B 'B )
(OUT)     NIL
(OUT)     21-
(OUT)
(IN)      (INSIDE 'B NIL)
(OUT)     NIL
(OUT)     22-
(OUT)
(IN)      (INSIDE 'A2.2 3TREE)
(OUT)     (A2.0 (A1.2 A2.2 A3.2))
(OUT)     23-
(OUT)
(IN)      (INSIDE '(L 3) LTREE)
(OUT)     ((B 1) ((E 2) ((K 3) (L 3))) ((F 2) ((M 3) (N 3))))
(OUT)     24-
(OUT)
(IN)      (INSIDE 'I LTREE)
(OUT)     ((A 1) ((C 2) ((G 3) (H 3))) ((D 2) ((I 3) (J 3))))
(OUT)     25-
(OUT)



(IN)      (MEMBER 'B '(A B C) )
(OUT)     (B C)
(OUT)     26-
(OUT)
(IN)      (MEMBER 'B '(A(B(C))) )
(OUT)     NIL
(OUT)     27-
(OUT)
(IN)      (MEMBER '(B) '(B) )
(OUT)     NIL
(OUT)     28-
(OUT)
(IN)      (MEMBER 'B 'B )
(OUT)     NIL
(OUT)     29-
(OUT)
```

Zwischenergebnisse gemäß der Funktionsdefinition wieder abgebaut. Das Ergebnis ist der Wert der Funktion.

12 TRACE markiert die Funktion so, daß bei jedem Aufruf Argumente und Ergebnis entsprechend der Aufruf-Hierarchie strukturiert ausgedruckt werden. Lassen wir ein drittes Beispiel mit TRACE auswerten, so ist die Abarbeitung zu verfolgen: Der zweite und dritte rekursive Aufruf wird jeweils durch die vorletzte Klausel veranlaßt (CAR SEX2). Er führt auf das Ergebnis NIL (wegen erster Klausel). Der vierte Aufruf bearbeitet den zweiten weiter; diesmal spricht die letzte Klausel an (CDR SEX2). Hier wird INSIDE mit der zweiten Klausel fündig (CAR SEX2). Dieses Ergebnis wird an die aufrufende Ebene zurückgegeben; diese gibt wiederum ihr Zwischenergebnis zurück, sodaß endlich die vorletzte Klausel des ersten Aufrufs das Ergebnis bestimmt (CAR SEX2).

13 Der TRACE wird ausgeschaltet durch Aufruf von UNBREAK. TRACE und UNBREAK sind no-spread-LAMBDA Funktionen.

Das gleiche Beispiel wie in 12 lassen wir zur Übersicht nochmals ohne TRACE ausgeben. Es sei dem Anfänger dringend empfohlen die Ablaufverfolgung mittels TRACE mit "Papier und Bleistift" nachzuvollziehen und weitere TRACE-Läufe zu probieren !

15 Die folgenden sieben Beispiele sollen das Verhalten von INSIDE im Detail klären. Man vergleiche die Definition und begründe die Ergebnisse !

22 In den folgenden drei Beispielen wird INSIDE auf die Baum-Strukturen 3TREE und LTREE angewandt. Wieder vergleiche man die Ergebnisse mit dem entsprechenden Baum und der Funktionsdefinition.

25 Die anschließenden vier Beispiele erinnern an die Arbeitsweise von MEMBER, da diese Funktion in der nach-

folgenden Definition von SUBLIST gebraucht wird: MEMBER sucht auf top-level Ebene, ob SEX1 in SEX2 enthalten ist. Wenn ja, so wird die Restliste von SEX2 ausgegeben, deren erstes top-level Element SEX1 ist. Andernfalls ist das Ergebnis NIL.

SUBLIST soll entsprechend der Definition als "Sub-Liste" diejenige Liste aus LIS zurückgeben, in der SEX ein top-level Element ist. Die erste Klausel entspricht der Endbedingung von INSIDE. Die zweite Klausel ist Test-Bedingung, die mit Hilfe von MEMBER prüft, ob SEX in LIS enthalten ist. Wenn ja, so ist SEX ein top-level Element von LIS und als Ergebnis wird LIS zurückgegeben. (Man beachte, daß LIS durch rekursive Aufrufe mittels CAR bzw. CDR bereits modifiziert sein kann !)

Falls die Prädikatfunktion MEMBER NIL liefert, wird in der nächsten Klausel (die hier nur aus dem Funktionsaufruf besteht !) SUBLIST rekursiv für den CAR von LIS gerufen. Falls der Test ungleich NIL ergibt, so ist das Ergebnis gefunden. Wenn nicht, so wird SUBLIST rekursiv auf die Restliste angewandt.

31 Das TRACE-Beispiel veranschaulicht wieder die Arbeitsweise.

Die folgenden Test-Beispiele sollen das Verhalten der Funktion SUBLIST wieder im Detail demonstrieren. Man vergleiche die Ergebnisse mit der Definition von SUBLIST und den Ergebnissen von INSIDE !

49 Wir sehen, daß SUBLIST als Ergebnis eine Liste ausgibt, die "eine Stufe höher" ist als der Eingabewert. Rufen wir, wie im letzten Beispiel gezeigt, SUBLIST zweimal auf, so "klettern wir im Baum nach oben" und haben damit die Definitionsgleichung für SUPERLIST gefunden !

Definitionsgemäß wird als "Super-Liste" diejenige Liste bezeichnet, die der Liste, in der SEX vorkommt, direkt übergeordnet ist.

```
(IN)      (PP SUBLIST)
(OUT)
(OUT)     <SUBLIST
(OUT)       <LAMBDA (SEX LIS)  **COMMENT**
(OUT)         (COND
(OUT)           ((ATOM LIS)
(OUT)             NIL)
(OUT)           ((MEMBER SEX LIS)
(OUT)             LIS)
(OUT)           ((SUBLIST SEX (CAR LIS)))
(OUT)           (T (SUBLIST SEX (CDR LIS>>
(OUT)     (SUBLIST)
(OUT)     30-
(OUT)



(IN)      (TRACE SUBLIST)
(OUT)     (SUBLIST)
(OUT)     31-
(OUT)
  :
(IN)      (SUBLIST 'C '((A(B C))) )
(OUT)
(OUT)     SUBLIST:
(OUT)     SEX = C
(OUT)     LIS = ((A (B C)))
(OUT)
(OUT)        SUBLIST:
(OUT)        SEX = C
(OUT)        LIS = (A (B C))
(OUT)
(OUT)           SUBLIST:
(OUT)           SEX = C
(OUT)           LIS = A
(OUT)           SUBLIST = NIL
(OUT)
(OUT)           SUBLIST:
(OUT)           SEX = C
(OUT)           LIS = ((B C))
(OUT)
(OUT)              SUBLIST:
(OUT)              SEX = C
(OUT)              LIS = (B C)
(OUT)              SUBLIST = (B C)
(OUT)           SUBLIST = (B C)
(OUT)        SUBLIST = (B C)
(OUT)     SUBLIST = (B C)
(OUT)     (B C)
(OUT)     35-
(OUT)
(IN)      (UNBREAK SUBLIST)
(OUT)     (SUBLIST)
(OUT)     36-
```

```
(IN)      (SUBLIST 'B '(A B C) )
(OUT)     (A B C)
(OUT)     37-
(OUT)
(IN)      (SUBLIST 'C '(A(B(C(D E)))) )
(OUT)     (C (D E))
(OUT)     38-
(OUT)
(IN)      (SUBLIST 'C '((((A B)C)D)E) )
(OUT)     ((A B) C)
(OUT)     39-
(OUT)
(IN)      (SUBLIST '(B) '((A B)C) )
(OUT)     NIL
(OUT)     40-
(OUT)
(IN)      (SUBLIST 'B '((B)) )
(OUT)     (B)
(OUT)     41-
(OUT)
(IN)      (SUBLIST '(B) '((B)) )
(OUT)     ((B))
(OUT)     42-
(OUT)
(IN)      (SUBLIST '(B) '(B) )
(OUT)     NIL
(OUT)     43-
(OUT)
(IN)      (SUBLIST 'B '(B) )
(OUT)     (B)
(OUT)     44-
(OUT)
(IN)      (SUBLIST 'B 'B )
(OUT)     NIL
(OUT)     45-
(OUT)
(IN)      (SUBLIST 'B NIL)
(OUT)     NIL
(OUT)     46-
(OUT)
(IN)      (SUBLIST 'A2.2 3TREE)
(OUT)     (A1.2 A2.2 A3.2)
(OUT)     47-
(OUT)
(IN)      (SUBLIST '(L 3) LTREE)
(OUT)     ((K 3) (L 3))
(OUT)     48-
(OUT)
(IN)      (SUBLIST 'I LTREE)
(OUT)     (I 3)
(OUT)     49-
(OUT)
(IN)      (SUBLIST (SUBLIST 'A2.2 3TREE) 3TREE)
(OUT)     (A2.0 (A1.2 A2.2 A3.2))
(OUT)     50-
(OUT)
```

```
(IN)      (PP SUPERLIST)
(OUT)
(OUT)     <SUPERLIST
(OUT)       <LAMBDA (SEX LIS)  **COMMENT**
(OUT)         (SUBLIST (SUBLIST SEX LIS)
(OUT)                  LIS>>
(OUT)     (SUPERLIST)
(OUT)     51-
(OUT)
(IN)      (SUPERLIST 'B '(A B C) )
(OUT)     NIL
(OUT)     52-
(OUT)
(IN)      (SUPERLIST 'B '((A(B(C)))D) )
(OUT)     (A (B (C)))
(OUT)     53-
(OUT)
(IN)      (SUPERLIST 'B '(((A B)C)D) )
(OUT)     ((A B) C)
(OUT)     54-
(OUT)
(IN)      (SUPERLIST '(B) '((A B)C) )
(OUT)     NIL
(OUT)     55-
(OUT)
(IN)      (SUPERLIST 'B '((B)) )
(OUT)     ((B))
(OUT)     56-
(OUT)
(IN)      (SUPERLIST '(B) '((B)) )
(OUT)     NIL
(OUT)     57-
(OUT)
(IN)      (SUPERLIST '(B) '(B) )
(OUT)     NIL
(OUT)     58-
(OUT)
(IN)      (SUPERLIST 'B '(B) )
(OUT)     NIL
(OUT)     59-
(OUT)
(IN)      (SUPERLIST 'B 'B )
(OUT)     NIL
(OUT)     60-
(OUT)
(IN)      (SUPERLIST 'B NIL)
(OUT)     NIL
(OUT)     61-
(OUT)
(IN)      (SUPERLIST 'A2.2 3TREE)
(OUT)     (A2.0 (A1.2 A2.2 A3.2))
(OUT)     62-
(OUT)
(IN)      (SUPERLIST '(L 3) LTREE)
(OUT)     ((E 2) ((K 3) (L 3)))
(OUT)     63-
(OUT)
(IN)      (SUPERLIST 'I LTREE)
(OUT)     ((I 3) (J 3))
(OUT)     64-
(OUT)
(IN)      (SUPERLIST 'A2.0 3TREE)
(OUT)     ((A1.0 (A1.1 A2.1 A3.1)) (A2.0 (A1.2 A2.2 A3.2))
          (A3.0 (A1.3 A2.3 A3.3)))
(OUT)     65-
(OUT)
```

Wie wir gerade im Beispiel demonstriert haben, erhalten wir SUPERLIST durch den geschachtelten Aufruf von SUBLIST.

51 Man vergleiche wieder die Ergebnisse der folgenden Test-Beispiele mit der Definition von SUPERLIST, sowie den Beispielen und Definitionen von SUBLIST und INSIDE !

Um für die zu definierenden Frage-Funktionen reproduzierbare Test-Ergebnisse zu erhalten, wurde der "Tracer" der ersten beiden Befehle vom Test-Lauf aus Abschnitt 5.2 gespeichert: TRACER-1.1 enthält den "Trace" des ersten Befehls (PUT-ON 'BLOCK-B 'BLOCK-C) ; TRACER-1.2 <u>zusätzlich</u> den "Trace" des zweiten Befehls (PUT-ON 'PYRAMID 'BLOCK-C) als zweites top-level Element der Liste. Mittels PRINTDEF1 geben wir beide "Tracer"-Versionen strukturiert aus.

67 Für die später folgenden Tests der Frage-Funktionen laden wir TRACER-1.2 auf TRACER.

Wir wollen nun die Funktionen INSIDE, SUBLIST und SUPERLIST auf TRACER-1.1 und TRACER-1.2 anwenden, um das Verhalten dieser Funktionen am konkreten Beispiel zu verstehen: Diese Funktionen sind Grundlage der anschließend zu definierenden Frage-Funktionen, die über der Liste TRACER arbeiten ! Um übersichtliche Ausdrucke zu erhalten, betten wir hier die Funktionsaufrufe in PRINTDEF1 ein.

69 Vergleichen wir nochmals die Definitionen: INSIDE liefert das top-level Element der Liste, in dem das Argument vorkommt: Im ersten Beispiel das erste, im zweiten Beispiel das zweite top-level Element von TRACER-1.2 . Wird nichts gefunden, so ist das Ergebnis NIL.

70 Das Ergebnis von SUBLIST ist die "Sub-Liste", in der das Argument top-level Element ist.

```
(IN)      (PRINTDEF1 TRACER-1.1)
(OUT)       <((PUT-ON BLOCK-B BLOCK-C)
(OUT)         ((PUT-AT BLOCK-B (6 1 2))
(OUT)          <(GRASP BLOCK-B)
(OUT)           ((CLEAR-TOP BLOCK-B)
(OUT)            ((GET-RID-OF BLOCK-A)
(OUT)             ((PUT-AT BLOCK-A (1 5 0))
(OUT)              ((GRASP BLOCK-A))
(OUT)              ((MOVE-OBJECT (1 5 0)))
(OUT)              ((UNGRASP BLOCK-A>
(OUT)          ((MOVE-OBJECT (6 1 2)))
(OUT)          ((UNGRASP BLOCK-B>
(OUT)     NIL
(OUT)     66-
(OUT)
(IN)      (PRINTDEF1 TRACER-1.2)
(OUT)       <<(PUT-ON BLOCK-B BLOCK-C)
(OUT)         ((PUT-AT BLOCK-B (6 1 2))
(OUT)          <(GRASP BLOCK-B)
(OUT)           ((CLEAR-TOP BLOCK-B)
(OUT)            ((GET-RID-OF BLOCK-A)
(OUT)             ((PUT-AT BLOCK-A (1 5 0))
(OUT)              ((GRASP BLOCK-A))
(OUT)              ((MOVE-OBJECT (1 5 0)))
(OUT)              ((UNGRASP BLOCK-A>
(OUT)          ((MOVE-OBJECT (6 1 2)))
(OUT)          ((UNGRASP BLOCK-B>
(OUT)        ((PUT-ON PYRAMID BLOCK-C)
(OUT)         <(MAKE-SPACE BLOCK-C PYRAMID)
(OUT)          ((GET-RID-OF BLOCK-B)
(OUT)           ((PUT-AT BLOCK-B (1 7 0))
(OUT)            ((GRASP BLOCK-B))
(OUT)            ((MOVE-OBJECT (1 7 0)))
(OUT)            ((UNGRASP BLOCK-B>
(OUT)         ((PUT-AT PYRAMID (6 1 2))
(OUT)          ((GRASP PYRAMID))
(OUT)          ((MOVE-OBJECT (6 1 2)))
(OUT)          ((UNGRASP PYRAMID>
(OUT)     NIL
(OUT)     67-
(OUT)
```

```
(IN)      (SETQ TRACER TRACER-1.2)
(OUT)     (TRACER RESET)
(OUT)     (((PUT-ON BLOCK-B BLOCK-C) ((PUT-AT BLOCK-B (6 1 2))
          ((GRASP BLOCK-B) ((CLEAR-TOP BLOCK-B) ((GET-RID-OF BLOCK-A)
(OUT)     ((PUT-AT BLOCK-A (1 5 0)) ((GRASP BLOCK-A))
          ((MOVE-OBJECT (1 5 0))) ((UNGRASP BLOCK-A))))))
(OUT)     ((MOVE-OBJECT (6 1 2))) ((UNGRASP BLOCK-B))))
          ((PUT-ON PYRAMID BLOCK-C) ((MAKE-SPACE BLOCK-C PYRAMID)
(OUT)     ((GET-RID-OF BLOCK-B) ((PUT-AT BLOCK-B (1 7 0))
          ((GRASP BLOCK-B)) ((MOVE-OBJECT (1 7 0)))
(OUT)     ((UNGRASP BLOCK-B))))) ((PUT-AT PYRAMID (6 1 2))
          ((GRASP PYRAMID)) ((MOVE-OBJECT (6 1 2)))
(OUT)     ((UNGRASP PYRAMID)))))
(OUT)     68-
```

```
(IN)       (PRINTDEF1 (INSIDE '(CLEAR-TOP BLOCK-B) TRACER-1.2) )
(OUT)        <(PUT-ON BLOCK-B BLOCK-C)
(OUT)         ((PUT-AT BLOCK-B (6 1 2))
(OUT)          <(GRASP BLOCK-B)
(OUT)           ((CLEAR-TOP BLOCK-B)
(OUT)            ((GET-RID-OF BLOCK-A)
(OUT)             ((PUT-AT BLOCK-A (1 5 0))
(OUT)              ((GRASP BLOCK-A))
(OUT)              ((MOVE-OBJECT (1 5 0)))
(OUT)              ((UNGRASP BLOCK-A>
(OUT)          ((MOVE-OBJECT (6 1 2)))
(OUT)          ((UNGRASP BLOCK-B>
(OUT)      NIL
(OUT)      69-
(OUT)
(IN)       (PRINTDEF1 (INSIDE '(MAKE-SPACE BLOCK-C PYRAMID) TRACER-1.2) )
(OUT)        <(PUT-ON PYRAMID BLOCK-C)
(OUT)         <(MAKE-SPACE BLOCK-C PYRAMID)
(OUT)          ((GET-RID-OF BLOCK-B)
(OUT)           ((PUT-AT BLOCK-B (1 7 0))
(OUT)            ((GRASP BLOCK-B))
(OUT)            ((MOVE-OBJECT (1 7 0)))
(OUT)            ((UNGRASP BLOCK-B>
(OUT)         ((PUT-AT PYRAMID (6 1 2))
(OUT)          ((GRASP PYRAMID))
(OUT)          ((MOVE-OBJECT (6 1 2)))
(OUT)          ((UNGRASP PYRAMID>
(OUT)      NIL
(OUT)      70-
(OUT)
(IN)       (PRINTDEF1 (SUBLIST '(PUT-AT BLOCK-A (1 5 0)) TRACER-1.1) )
(OUT)        ((PUT-AT BLOCK-A (1 5 0))
(OUT)         ((GRASP BLOCK-A))
(OUT)         ((MOVE-OBJECT (1 5 0)))
(OUT)         ((UNGRASP BLOCK-A)))
(OUT)      NIL
(OUT)      71-
(OUT)
(IN)       (PRINTDEF1 (SUBLIST '(PUT-AT BLOCK-B (6 1 2)) TRACER-1.1) )
(OUT)        ((PUT-AT BLOCK-B (6 1 2))
(OUT)         <(GRASP BLOCK-B)
(OUT)          ((CLEAR-TOP BLOCK-B)
(OUT)           ((GET-RID-OF BLOCK-A)
(OUT)            ((PUT-AT BLOCK-A (1 5 0))
(OUT)             ((GRASP BLOCK-A))
(OUT)             ((MOVE-OBJECT (1 5 0)))
(OUT)             ((UNGRASP BLOCK-A>
(OUT)         ((MOVE-OBJECT (6 1 2)))
(OUT)         ((UNGRASP BLOCK-B)))
(OUT)      NIL
(OUT)      72-
(OUT)
(IN)       (PRINTDEF1 (SUBLIST '(GRASP BLOCK-A) TRACER-1.1) )
(OUT)        ((GRASP BLOCK-A))
(OUT)      NIL
(OUT)      73-
(OUT)
(IN)       (PRINTDEF1 (SUPERLIST '(PUT-AT BLOCK-A (1 5 0)) TRACER-1.1) )
(OUT)        <(GET-RID-OF BLOCK-A)
(OUT)         ((PUT-AT BLOCK-A (1 5 0))
(OUT)          ((GRASP BLOCK-A))
(OUT)          ((MOVE-OBJECT (1 5 0)))
(OUT)          ((UNGRASP BLOCK-A>
(OUT)      NIL
(OUT)      74-
(OUT)
```

73 Das Ergebnis von SUPERLIST ist die "Super-Liste", die der Liste, in der das Argument vorkommt, direkt übergeordnet ist.

Wenn uns nun die Arbeitsweise dieser Hilfsfunktionen vertraut ist, so können wir an die (Test-)Definitionen der Frage-Funktionen herangehen. Die Argumente der Frage-Funktionen sind "Handlungen", formuliert als Elemente des globalen Parameters TRACER. (Wir erinnern uns, daß z.Z. TRACER-1.2 an TRACER gebunden ist !)

75 Die Funktion DID-TEST ("Hast Du ... ?") soll die Frage beantworten, ob eine Handlung ausgeführt wurde. Der Test erfolgt mittels INSIDE. Das Ergebnis ist entweder "YES" oder NIL.

78 WHEN-TEST ("Wann hast Du ... ?") muß den zu einer Handlung gehörigen top-level Knoten (also den Befehl) finden. Jeder Befehl hat einen eigenen "Trace"-Baum zur folge, der als ein top-level Element von TRACER gespeichert ist. Mit Hilfe von INSIDE wird zunächst das zur gefragten Handlung gehörige top-level Element von TRACER extrahiert und an LT gebunden. Ist LT leer, so ist die Antwort NIL.

Wurde nicht nach dem Befehl selbst gefragt, so ist die Antwort dieser Befehl: Er ist der top-level Knoten, das erste Element von LT, auf das mit CAR zugegriffen wird.

Die LIST-Funktion im RETURN steht hier aus Gründen der Konsistenz aller Antworten: Für die spätere Weiterverarbeitung ist es wichtig, daß sämtliche Ausgaben der WHEN- , HOW- und WHY-Funktionen formal gleich aufgebaut sind !

Wurde nach dem Befehl selbst gefragt, so soll als Antwort die Liste aller Befehle des TRACER ausgegeben werden. (Ein natürlich-sprachliches Interface könnte daraus die Antwort "nachdem ... bevor ..." generieren.)

Das notwendige Zusammenbinden aller ersten Elemente von sämtlichen top-level Elementen des TRACER ist einfach mittels MAPCAR zu lösen. Falls nur ein Befehl existiert, so soll die Antwort "WHILE PLAYING" sein, andernfalls die Liste aller Befehle.

Die folgenden vier Beispiele zu WHEN-TEST arbeiten bez. TRACER-1.2 , bei dem zwei top-level Elemente existieren. Wird nach einem Befehl gefragt, so werden beide Befehle gelistet.

83 Nun laden wir den nur ein top-level Element enthaltenden TRACER-1.1 auf TRACER.

84 Fragen wir jetzt nach dem Befehl selbst, so ist die Antwort "WHILE PLAYING", da nur ein Befehl existiert.

85 Die Funktion HOW-TEST ("Wie hast Du ... ?") muß als Antwort die der Frage unmittelbar nachgeordneten Elemente ausgeben. Mit Hilfe von SUBLIST finden wir zunächst die zur gefragten Handlung gehörige Subliste, die wir an LT binden. Ist LT leer, so ist die Antwort NIL.

Besteht die Subliste nur aus einem einzigen Element, nämlich dem der Frage, so wird als Antwort "?" ausgegeben: Wie der Roboter z.B. greift, "weiß" er nicht !

Zur Erklärung der letzten Zeile von HOW-TEST vergleiche man nochmals die zuvor gegebenen Beispiele von SUBLIST bez. TRACER-1.1 : Die Antwort von HOW-TEST auf

```
(PUT-AT BLOCK-A (1 5 0) )
```

soll sein:

```
((GRASP ...)(MOVE-OBJECT ...)(UNGRASP ...))
```

Die Antwort auf

```
(PUT-AT BLOCK-B (6 1 2) )
```

soll aber entsprechend für Block-B die gleiche Form haben !

```
(IN)     (PRINTDEF1 (SUPERLIST '(PUT-ON BLOCK-B BLOCK-C) TRACER-1.1) )
(OUT)      <((PUT-ON BLOCK-B BLOCK-C)
(OUT)        ((PUT-AT BLOCK-B (6 1 2))
(OUT)         <(GRASP BLOCK-B)
(OUT)          ((CLEAR-TOP BLOCK-B)
(OUT)           ((GET-RID-OF BLOCK-A)
(OUT)            ((PUT-AT BLOCK-A (1 5 0))
(OUT)             ((GRASP BLOCK-A))
(OUT)             ((MOVE-OBJECT (1 5 0)))
(OUT)             ((UNGRASP BLOCK-A>
(OUT)         ((MOVE-OBJECT (6 1 2)))
(OUT)         ((UNGRASP BLOCK-B>
(OUT)    NIL
(OUT)    75-
(OUT)


(IN)     (PP* DID-TEST)
(OUT)
(OUT)    <DID-TEST
(OUT)      <LAMBDA (THAT)   (* EDITED: "30-MAY-81 00:01:41")
(OUT)                       (* "DID YOU THAT ?")
(OUT)        (PROG NIL
(OUT)              (COND
(OUT)                ((INSIDE THAT TRACER)
(OUT)                  (RETURN "YES"))
(OUT)                (T (RETURN NIL>>
(OUT)    (DID-TEST)
(OUT)    76-
(OUT)
(IN)     (DID-TEST '(CLEAR-TOP BLOCK-B) )
(OUT)    "YES"
(OUT)    77-
(OUT)
(IN)     (DID-TEST '(GRASP SPHERE) )
(OUT)    NIL
(OUT)    78-
(OUT)


(IN)     (PP* WHEN-TEST)
(OUT)
(OUT)    <WHEN-TEST
(OUT)      <LAMBDA (THAT)   (* EDITED: "30-MAY-81 00:17:56")
(OUT)                       (* "WHEN DID YOU THAT ?")
(OUT)        (PROG (LT)
(OUT)              (SETQ LT (INSIDE THAT TRACER))
(OUT)              <COND
(OUT)                ((NULL LT)
(OUT)                  (RETURN NIL))
(OUT)                ((NOT (EQUAL THAT (CAR LT)))
(OUT)                  (RETURN (LIST (CAR LT>
                            (* FRAGE NACH TOP-LEVEL-KNOTEN ?)
(OUT)                       (* WENN JA, LISTE ALLE TOP-LEVEL-KNOTEN)
(OUT)              (SETQ LT (MAPCAR TRACER (QUOTE CAR)))
(OUT)                       (* EINZIGER TOP-LEVEL-KNOTEN ?)
(OUT)              (COND
(OUT)                ((NULL (CDR LT))
(OUT)                  (RETURN "WHILE PLAYING"))
(OUT)                (T (RETURN LT>>
(OUT)    (WHEN-TEST)
(OUT)    79-
(OUT)
```

```
(IN)       (WHEN-TEST '(GRASP SPHERE) )
(OUT)      NIL
(OUT)      80-
(OUT)
(IN)       (WHEN-TEST '(CLEAR-TOP BLOCK-B) )
(OUT)      ((PUT-ON BLOCK-B BLOCK-C))
(OUT)      81-
(OUT)
(IN)       (WHEN-TEST '(MAKE-SPACE BLOCK-C PYRAMID) )
(OUT)      ((PUT-ON PYRAMID BLOCK-C))
(OUT)      82-
(OUT)
(IN)       (WHEN-TEST '(PUT-ON PYRAMID BLOCK-C) )
(OUT)      ((PUT-ON BLOCK-B BLOCK-C) (PUT-ON PYRAMID BLOCK-C))
(OUT)      83-
(OUT)
(IN)       (SETQ TRACER TRACER-1.1)
(OUT)      (TRACER RESET)
(OUT)      (((PUT-ON BLOCK-B BLOCK-C) ((PUT-AT BLOCK-B (6 1 2))
           ((GRASP BLOCK-B) ((CLEAR-TOP BLOCK-B) ((GET-RID-OF BLOCK-A)
(OUT)      ((PUT-AT BLOCK-A (1 5 0)) ((GRASP BLOCK-A))
           ((MOVE-OBJECT (1 5 0))) ((UNGRASP BLOCK-A))))))
(OUT)      ((MOVE-OBJECT (6 1 2))) ((UNGRASP BLOCK-B)))))
(OUT)      84-
(OUT)
(IN)       (WHEN-TEST '(PUT-ON BLOCK-B BLOCK-C) )
(OUT)      "WHILE PLAYING"
(OUT)      85-
(OUT)
(IN)       (PP* HOW-TEST)
(OUT)
(OUT)      <HOW-TEST
(OUT)        <LAMBDA (THAT)     (* EDITED: "30-MAY-81 00:42:02")
(OUT)                           (* "HOW DID YOU THAT ?")
(OUT)          (PROG (LT)
(OUT)                (SETQ LT (SUBLIST THAT TRACER))
(OUT)                (COND
(OUT)                  ((NULL LT)
(OUT)                    (RETURN NIL)))
(OUT)                           (* IST ENTHALTEN)
(OUT)                           (* SIND AUCH UNTERGEORDNETE
                                   ELEMENTE VORHANDEN ?)
(OUT)                (SETQ LT (CDR LT))
(OUT)                (COND
(OUT)                  ((NULL LT)
(OUT)                    (RETURN "?"))
(OUT)                  (T (RETURN (MAPCAR LT (QUOTE CAR>>
(OUT)      (HOW-TEST)
(OUT)      86-
(OUT)
(IN)       (HOW-TEST '(CLEAR-TOP BLOCK-B) )
(OUT)      ((GET-RID-OF BLOCK-A))
(OUT)      87-
(OUT)
(IN)       (HOW-TEST '(PUT-AT BLOCK-A (1 5 0)) )
(OUT)      ((GRASP BLOCK-A) (MOVE-OBJECT (1 5 0)) (UNGRASP BLOCK-A))
(OUT)      88-
(OUT)
(IN)       (HOW-TEST '(PUT-AT BLOCK-B (6 1 2)) )
(OUT)      ((GRASP BLOCK-B) (MOVE-OBJECT (6 1 2)) (UNGRASP BLOCK-B))
(OUT)      88-
(OUT)
(IN)       (HOW-TEST '(GRASP BLOCK-A) )
(OUT)      "?"
(OUT)      90-
(OUT)
```

```
(IN)     (HOW-TEST '(GRASP SPHERE) )
(OUT)    NIL
(OUT)    91-
(OUT)

(IN)     (PP* WHY-TEST)
(OUT)
(OUT)    <WHY-TEST
(OUT)      <LAMBDA (THAT)                              (* EDITED: "30-MAY-81 01:02:46")
(OUT)                                                  (* "WHY DID YOU THAT ?")
(OUT)        (PROG (LT)
(OUT)              (SETQ LT (INSIDE THAT TRACER))
(OUT)              (COND
(OUT)                ((NULL LT)
(OUT)                  (RETURN NIL)))                  (* IST ENTHALTEN)
(OUT)                                                  (* IST AUCH UEBERGEORDNETER KNOTEN VORHANDEN ?)
(OUT)              (SETQ LT (SUPERLIST THAT LT))
(OUT)              (COND
(OUT)                ((NULL LT)
(OUT)                  (RETURN "BECAUSE YOU TOLD ME TO DO IT"))
(OUT)                (T (RETURN (LIST (CAR LT>>
(OUT)    (WHY-TEST)
(OUT)    92-
(OUT)
(IN)     (WHY-TEST '(GRASP SPHERE) )
(OUT)    NIL
(OUT)    93-
(OUT)
(IN)     (WHY-TEST '(GET-RID-OF BLOCK-A) )
(OUT)    ((CLEAR-TOP BLOCK-B))
(OUT)    94-
(OUT)
(IN)     (WHY-TEST '(PUT-ON BLOCK-B BLOCK-C) )
(OUT)    "BECAUSE YOU TOLD ME TO DO IT"
(OUT)    95-
(OUT)
(IN)     (DATE)
(OUT)    "30-MAY-81 02:16:02"
(OUT)    96-
(OUT)
(IN)     (EXIT)
```

Die Antwort-Liste kann mittels MAPCAR aus LT zusammengestellt werden !

86 Die Beispiele zeigen im Vergleich mit dem TRACER-1.1 , daß die Funktion HOW-TEST wie erwartet arbeitet.

91 Die Frage-Funktion WHY-TEST ("Warum hast Du ... ?") soll als Antwort den zur Frage übergeordneten Knoten finden. Zuerst müssen wir mit INSIDE prüfen, ob die erfragte Handlung im TRACER zu finden ist und binden das Ergebnis an LT. Ist LT leer, so ist die Antwort NIL.

Andernfalls übergeben wir die Liste LT an SUPERLIST und speichern das Ergebnis wiederum auf LT. Ist jetzt LT leer, so gibt es keinen übergeordneten Knoten. Die Antwort soll in diesem Fall sein: "BECAUSE YOU TOLD ME TO DO IT".

Ist LT nicht leer, so ist das erste Element von LT der gesuchte top-level Knoten und wird als Antwort zurückgegeben. Das zusätzliche LIST sorgt wieder dafür, daß die Ausgabe-Form mit den anderen übereinstimmt !

92 Die folgenden Beispiele liefern die richtigen Resultate, wie der Vergleich mit TRACER-1.1 bestätigt.

6.2 Definition der erweiterten Frage-Funktionen mit "Spezifizierung" und "Fokussierung" des Dialogs

In diesem Abschnitt wollen wir die Frage-Funktionen so erweitern, daß ein zweites, spezifizierendes Argument angegeben werden kann.

Betrachten wir als Beispiel wieder TRACER-1.2 : In beiden top-level Elementen kommt (GRASP BLOCK-B) vor, aber in jeweils anderem Kontext. In ihrer jetzigen Form greifen die Frage-Funktionen immer von links beginnend auf den TRACER zu und beziehen sich im Ergebnis auf das erste top-level Element, in dem zum ersten Mal das Argument gefunden wird. Durch ein zweites Argument sollte (wie im natürlichen Sprachgebrauch auch !) der Zugriff spezifiziert werden können.

3 Wir binden an TEST eine Liste, die aus drei top-level Elementen besteht: Im ersten kommt ALPHA, im zweiten BETA und im dritten ALPHA und BETA vor.

6 Die Hilfsfunktion INSID2 soll die beiden S-Expressions SEX1 und SEX2 in der Liste L suchen. Ergebnis ist das top-level Element von L in dem SEX1 <u>und</u> SEX2 enthalten sind, oder NIL sonst.

INSID2 wird rekursiv definiert. Die Endbedingung ist in der 1. Klausel, die Test-Bedingung (mittels AND verknüpfte INSIDE-Aufrufe) in der 2. Klausel formuliert. Trifft sie für das erste top-level Element von L nicht zu, so wird in der 3. Klausel INSID2 rekursiv auf die Restliste angesetzt.

8 Die beiden Beispiele zeigen, daß die Funktion wie gewünscht arbeitet.

Als zusätzliche Erweiterung der Frage-Funktionen soll es möglich sein (wie im natürlichen Sprachgebrauch !), auf die vorangegangene Antwort bezug zu nehmen: Ist ein

```
(IN)     DO $RZP.LISP
(OUT)    %  P500 LOADING
(OUT)
(OUT)         SIEMENS-INTERLISP  -  VERSION 4.0
(OUT)
(OUT)
(OUT)
(OUT)    ****** RESET ******
(OUT)
(OUT)    GOOD AFTERNOON.
(OUT)
(OUT)    1-
(OUT)
(IN)     (DATE)
(OUT)    "13-JUN-81 13:51:06"
(OUT)    2-
(OUT)
(IN)     LOAD(BLOCKS-WORLD)
(OUT)
(OUT)    PRETTYDEF FORMAT BLOCKS-WORLD CREATED 13-JUN-81 13:36:45
         FILENAME: LISP.DATA.BLOCKS-WORLD.72
(OUT)    BLOCKS-WORLDCOMS
(OUT)    (FIRSTCOL RESET)
(OUT)    BLOCKS-WORLD
(OUT)    3-
(OUT)
(IN)     (SETQ TEST '( (A(ALPHA 1)) (B(2 BETA)) (C(ALPHA BETA)) ) )
(OUT)    ((A (ALPHA 1)) (B (2 BETA)) (C (ALPHA BETA)))
(OUT)    4-
(OUT)
(IN)     (INSIDE 'ALPHA TEST)
(OUT)    (A (ALPHA 1))
(OUT)    5-
(OUT)
(IN)     (INSIDE 'BETA TEST)
(OUT)    (B (2 BETA))
(OUT)    6-
  :
(IN)     (PP INSID2)
(OUT)
(OUT)    <INSID2
(OUT)      <LAMBDA (SEX1 SEX2 L)  **COMMENT**
(OUT)        (COND
(OUT)          ((NULL L)
(OUT)            NIL)
(OUT)          ((AND (INSIDE SEX1 (CAR L))
(OUT)                (INSIDE SEX2 (CAR L)))
(OUT)            (CAR L))
(OUT)          (T (INSID2 SEX1 SEX2 (CDR L>>
(OUT)    (INSID2)
(OUT)    8-
(OUT)
(IN)     (INSID2 'ALPHA 'BETA TEST)
(OUT)    (C (ALPHA BETA))
(OUT)    9-
(OUT)
(IN)     (INSID2 'C 'BETA TEST)
(OUT)    (C (ALPHA BETA))
(OUT)    10-
(OUT)
```

```
(IN)     GETD(DROP)
(OUT)    (LAMBDA NIL (* EDITED: "12-JUN-81 22:22:49") (SETQ PLAN NIL)
(OUT)    (SETQ RESERVATIONS NIL) (SETQ TRACER NIL) (SETQ MEMORY  NIL))
(OUT)    11-
(OUT)
(IN)     (SETQ TRACER TRACER-1.2)
(OUT)    (TRACER RESET)
         ...

(IN)     (PP* DID)
(OUT)
(OUT)    <DID
(OUT)      <LAMBDA (L1 L2)
(OUT)                        (* EDITED: "12-JUN-81 22:41:35")
(OUT)        (PROG (FOCUS)
(OUT)              <COND
(OUT)                ((NULL L1)
(OUT)                        (* KEIN PARAMETER GEGEBEN, FRAGE SINNLOS)
(OUT)                  (RETURN "?"))
(OUT)                <(NULL L2)
(OUT)                        (* NUR EIN PARAMETER GEGEBEN)
(OUT)                  (COND
(OUT)                    ((INSIDE L1 (CDR MEMORY))
(OUT)                      (SETQ FOCUS (CDR MEMORY)))
(OUT)                    (T (SETQ FOCUS (INSIDE L1 TRACER>
(OUT)                (T      (* ZUSAETZLICH
                           SPEZIFIZIERENDER PARAMETER GEGEBEN !)
(OUT)                  (SETQ FOCUS (INSID2 L1 L2 TRACER>
(OUT)                        (* PARAMETER GEFUNDEN ?)
(OUT)              (COND
(OUT)                ((NULL FOCUS)
(OUT)                  (RETURN NIL)))
(OUT)                        (* JA, SETZE MEMORY)
(OUT)              (SETQ MEMORY (CONS L1 FOCUS))
(OUT)              (RETURN "YES">>
(OUT)    (DID)
(OUT)    13-
(OUT)
(IN)     (DID)
(OUT)    "?"
(OUT)    14-
(OUT)
(IN)     (DID '(GRASP SPHERE) )
(OUT)    NIL
(OUT)    15-
(OUT)
(IN)     (DID '(GRASP BLOCK-B) '(GRASP PYRAMID) )
(OUT)    "YES"
(OUT)    16-
(OUT)
(IN)     (CAR MEMORY)
(OUT)    (GRASP BLOCK-B)
(OUT)    17-
(OUT)
(IN)     (CDR MEMORY)
(OUT)    ((PUT-ON PYRAMID BLOCK-C) ((MAKE-SPACE BLOCK-C PYRAMID)
         ...
(OUT)    ((UNGRASP PYRAMID))))
(OUT)    18-
(OUT)
(IN)     (DID '(UNGRASP BLOCK-B) )
(OUT)    "YES"
(OUT)    19-
(OUT)
```

top-level Element des TRACER (ggf. durch ein spezifizierendes Argument) "in den Fokus des Dialogs" gebracht worden, so sollen in den folgenden Fragen die spezifizierenden Argumente weggelassen werden dürfen. Darüber hinaus sollte auch auf das erste Argument verzichtet werden können, wenn sich die Frage auf die vorangegangene Antwort bezieht.

Diesen Komfort erreichen wir durch Einrichtung eines globalen MEMORY, der die vorangegangene Antwort und den "Fokus" speichert. Zweckmäßig lassen wir MEMORY von DROP löschen und ergänzen die Funktion entsprechend.

11 Für die folgenden Tests laden wir uns TRACER-1.2 auf TRACER zurück.

Nun zur Definition der Frage-Funktion DID ("Hast Du ... ?"), der erweiterten Version von DID-TEST. Frage-Parameter sind L1 und L2 zur Spezifizierung. Mindestens L1 muß gegeben sein, sonst ist die Frage sinnlos : In diesem Fall (1. Klausel) wird "?" ausgedruckt. Sind zwei Argumente gegeben (3. Klausel), so wird der FOCUS durch INSID2 ermittelt.

Ist nur ein Argument gegeben (2. Klausel), so wird zuerst versucht, ob INSIDE im FOCUS (das ist der CDR des MEMORY, wie wir gleich sehen werden !) fündig wird. Wenn ja, wird der alte FOCUS geladen, somit bleibt der Dialog "beim Thema" ! Falls im alten FOCUS nichts zu finden ist, wird der neue FOCUS durch INSIDE aus dem TRACER ermittelt.

Im zweiten COND wird geprüft, ob FOCUS leer ist; wenn ja, ist die Antwort NIL. Andernfalls wird der MEMORY mit L1 und dem FOCUS geladen; die Antwort ist "YES".

13 Die folgenden Test-Beispiele zeigen das Verhalten der Frage-Funktion DID und den zugeordneten Inhalt des MEMORY : Durch den Lade-Modus enthält der CAR das erste

```
(IN)      (CDR MEMORY)
(OUT)     ((PUT-ON PYRAMID BLOCK-C) ((MAKE-SPACE BLOCK-C PYRAMID)
          ...
(OUT)     ((UNGRASP PYRAMID))))
(OUT)     20-
(OUT)
(IN)      (DID '(CLEAR-TOP BLOCK-B) )
(OUT)     "YES"
(OUT)     21-
(OUT)
(IN)      (CDR MEMORY)
(OUT)     ((PUT-ON BLOCK-B BLOCK-C) ((PUT-AT BLOCK-B (6 1 2))
          ...
(OUT)     ((UNGRASP BLOCK-B))))
(OUT)     22-
(OUT)


(IN)      (PP* WHEN)
(OUT)
(OUT)     <WHEN
(OUT)       <LAMBDA (L1 L2)
(OUT)                         (* EDITED: "13-JUN-81 12:43:31")
(OUT)         (PROG (FOCUS LT)
(OUT)               <COND
(OUT)                 ((NULL L1)
(OUT)                         (* KEIN PARAMETER GEGEBEN,
                                 RUECKGRIFF AUF MEMORY)
(OUT)                   (SETQ L1 (CAR MEMORY))
(OUT)                   (SETQ FOCUS (CDR MEMORY)))
(OUT)                 <(NULL L2)
(OUT)                         (* NUR EIN PARAMETER GEGEBEN)
(OUT)                   (COND
(OUT)                     ((INSIDE L1 (CDR MEMORY))
(OUT)                       (SETQ FOCUS (CDR MEMORY)))
(OUT)                     (T (SETQ FOCUS (INSIDE L1 TRACER>
(OUT)                 (T      (* ZUSAETZLICH
                                 SPEZIFIZIERENDER PARAMETER GEGEBEN !)
(OUT)                   (SETQ FOCUS (INSID2 L1 L2 TRACER>
(OUT)                         (* PARAMETER GEFUNDEN ?)
(OUT)               (COND
(OUT)                 ((NULL FOCUS)
(OUT)                   (RETURN NIL)))
(OUT)                         (* FRAGE NACH TOP-LEVEL-KNOTEN ?)
(OUT)               <COND
(OUT)                 ((NOT (EQUAL L1 (CAR FOCUS)))
(OUT)                         (* NEIN, SETZE MEMORY)
(OUT)                   (SETQ MEMORY (CONS (CAR FOCUS)
(OUT)                                      FOCUS))
(OUT)                   (RETURN (LIST (CAR MEMORY>
(OUT)                         (* LISTE ALLE TOP-LEVEL-KNOTEN)
(OUT)               (SETQ LT (MAPCAR TRACER (QUOTE CAR)))
(OUT)                         (* SETZE MEMORY)
(OUT)               (SETQ MEMORY (CONS L1 FOCUS))
(OUT)                         (* EINZIGER TOP-LEVEL-KNOTEN ?)
(OUT)               (COND
(OUT)                 ((NULL (CDR LT))
(OUT)                   (RETURN "WHILE PLAYING")))
(OUT)                         (* NEIN, AUSGABE ALLE TOP-LEVEL-KNOTEN)
(OUT)               (RETURN LT>>
(OUT)     (WHEN)
(OUT)     23-
(OUT)
```

```
(IN)     (SETQ TRACER TRACER-1.1)
(OUT)    (TRACER RESET)
         ...

(IN)     (WHEN '(PUT-ON BLOCK-B BLOCK-C) )
(OUT)    "WHILE PLAYING"
(OUT)    25-
(OUT)
(IN)     (CAR MEMORY)
(OUT)    (PUT-ON BLOCK-B BLOCK-C)
(OUT)    26-
(OUT)
(IN)     (CDR MEMORY)
(OUT)    ((PUT-ON BLOCK-B BLOCK-C) ((PUT-AT BLOCK-B (6 1 2))
         ...
(OUT)    ((UNGRASP BLOCK-B))))
(OUT)    27-
(OUT)
(IN)     (SETQ TRACER TRACER-1.2)
(OUT)    (TRACER RESET)
         ...

(IN)     (WHEN '(GRASP BLOCK-B) '(GRASP PYRAMID) )
(OUT)    ((PUT-ON PYRAMID BLOCK-C))
(OUT)    29-
(OUT)
(IN)     (CAR MEMORY)
(OUT)    (PUT-ON PYRAMID BLOCK-C)
(OUT)    30-
(OUT)
(IN)     (CDR MEMORY)
(OUT)    ((PUT-ON PYRAMID BLOCK-C) ((MAKE-SPACE BLOCK-C PYRAMID)
         ...
(OUT)    ((UNGRASP PYRAMID))))
(OUT)    31-
(OUT)
(IN)     (WHEN '(UNGRASP BLOCK-B) )
(OUT)    ((PUT-ON PYRAMID BLOCK-C))
(OUT)    32-
(OUT)
 ...

(IN)     (WHEN '(CLEAR-TOP BLOCK-B) )
(OUT)    ((PUT-ON BLOCK-B BLOCK-C))
(OUT)    34-
(OUT)
(IN)     (CAR MEMORY)
(OUT)    (PUT-ON BLOCK-B BLOCK-C)
(OUT)    35-
(OUT)
(IN)     (CDR MEMORY)
(OUT)    ((PUT-ON BLOCK-B BLOCK-C) ((PUT-AT BLOCK-B (6 1 2))
         ...
(OUT)    ((UNGRASP BLOCK-B))))
(OUT)    36-
(OUT)
(IN)     (WHEN)
(OUT)    ((PUT-ON BLOCK-B BLOCK-C) (PUT-ON PYRAMID BLOCK-C))
(OUT)    37-
(OUT)
 ...
(IN)     (WHEN '(GRASP SPHERE) )
(OUT)    NIL
(OUT)    40-
(OUT)
```

Frage-Argument, der CDR den FOCUS. Man beachte "Beibehalten" und "Wechseln" des FOCUS und vergleiche die Beispiele mit TRACER-1.2 !

22 Die Frage-Funktion WHEN ("Wann hast Du ... ?") ist die Erweiterung von WHEN-TEST. Die Frage-Parameter sind L1 und L2 zur Spezifizierung. Falls kein Argument angegeben wurde, muß auf den MEMORY zurückgegriffen werden: L1 wird durch die vorangegangene Antwort ersetzt, die im CAR des MEMORY gespeichert ist und der FOCUS wird aus dem CDR des MEMORY zurückgeladen.

Ist ein Argument gegeben, so ist wie bei DID zu verfahren und zuerst im MEMORY zu suchen. Bei zwei Argumenten wird der FOCUS mittels INSID2 eingestellt.

Das nachfolgende COND prüft, ob FOCUS leer ist; wenn ja, ist die Antwort NIL. Sonst müssen wir wie bei WHEN-TEST vor der Antwort prüfen, ob nach dem top-level Knoten (dem Befehl selbst) gefragt wurde: Wenn nicht, so ist nach dem Speichern des MEMORY die Antwort der (wieder in LIST gebundene) top-level Knoten. Wurde nach dem Befehl gefragt, so werden mittels MAPCAR alle top-level Knoten in die Liste LT eingebunden. Anschließend wird geprüft, ob LT nur ein Element enthält. Wenn ja, wird nach Setzten des MEMORY "WHILE PLAYING", andernfalls die Befehls-Liste ausgegeben.

25 Zum Test des Sonderfalls von WHEN laden wir zunächst TRACER-1.1 auf TRACER. Nach Prüfung von CAR und CDR des MEMORY und der Feststellung, daß alles korrekt läuft, laden wir TRACER-1.2 zurück.

Die folgenden Test-Beispiele demonstrieren das Verhalten von WHEN. Wieder ist das "Verweilen" und "Wechseln" des FOCUS zu beachten und sollte mit der Liste von TRACER-1.2 verglichen werden !

```
(IN)     (PP* HOW)
(OUT)
(OUT)    <HOW
(OUT)      <LAMBDA (L1 L2)
(OUT)                        (* EDITED: "13-JUN-81 02:48:19")
(OUT)         (PROG (FOCUS LT)
(OUT)               <COND
(OUT)                 ((NULL L1)
(OUT)                        (* KEIN PARAMETER GEGEBEN,
                                RUECKGRIFF AUF MEMORY)
(OUT)                   (SETQ L1 (CAR MEMORY))
(OUT)                   (SETQ FOCUS (CDR MEMORY)))
(OUT)                 <(NULL L2)
(OUT)                        (* NUR EIN PARAMETER GEGEBEN)
(OUT)                   (COND
(OUT)                     ((INSIDE L1 (CDR MEMORY))
(OUT)                       (SETQ FOCUS (CDR MEMORY)))
(OUT)                     (T (SETQ FOCUS (INSIDE L1 TRACER>
(OUT)                 (T     (* ZUSAETZLICH
                                SPEZIFIZIERENDER PARAMETER GEGEBEN !)
(OUT)                    (SETQ FOCUS (INSID2 L1 L2 TRACER>
(OUT)                        (* PARAMETER GEFUNDEN ?)
(OUT)               (COND
(OUT)                 ((NULL FOCUS)
(OUT)                   (RETURN NIL)))
(OUT)               (SETQ LT (SUBLIST L1 FOCUS))
(OUT)               (COND
(OUT)                 ((NULL LT)
(OUT)                   (RETURN NIL)))
(OUT)                        (* NACHFOLGER VORHANDEN ?)
(OUT)               (SETQ LT (CDR LT))
(OUT)               (COND
(OUT)                 ((NULL LT)
(OUT)                        (* NEIN, SETZE MEMORY)
(OUT)                   (SETQ MEMORY (CONS L1 FOCUS))
(OUT)                   (RETURN "?")))
(OUT)                        (* JA, SETZE MEMORY)
(OUT)               (SETQ LT (MAPCAR LT (QUOTE CAR)))
(OUT)               (SETQ MEMORY (CONS (CAR LT)
(OUT)                                  FOCUS))
(OUT)               (RETURN LT>>
(OUT)    (HOW)
(OUT)    41-
(OUT)
(IN)     (HOW '(PUT-AT BLOCK-B (6 1 2)) )
(OUT)    ((GRASP BLOCK-B) (MOVE-OBJECT (6 1 2)) (UNGRASP BLOCK-B))
(OUT)    42-
 ...
(IN)     (CDR MEMORY)
(OUT)    ((PUT-ON BLOCK-B BLOCK-C) ((PUT-AT BLOCK-B (6 1 2))
         ...
(OUT)    ((UNGRASP BLOCK-B))))
(OUT)    44-
(OUT)
(IN)     (HOW)
(OUT)    ((CLEAR-TOP BLOCK-B))
(OUT)    45-
(OUT)
(IN)     (HOW '(GRASP BLOCK-B) '(GRASP PYRAMID) )
(OUT)    "?"
(OUT)    46-
 ...
(IN)     (CDR MEMORY)
(OUT)    ((PUT-ON PYRAMID BLOCK-C) ((MAKE-SPACE BLOCK-C PYRAMID)
         ...
 ...
```

```
(IN)      (PP* WHY)
(OUT)
(OUT)     <WHY
(OUT)       <LAMBDA (L1 L2)
(OUT)                       (* EDITED: "13-JUN-81 09:59:23")
(OUT)         (PROG (FOCUS LT)
(OUT)               <COND
(OUT)                 ((NULL L1)
(OUT)                         (* KEIN PARAMETER GEGEBEN,
                                 RUECKGRIFF AUF MEMORY)
(OUT)                   (SETQ L1 (CAR MEMORY))
(OUT)                   (SETQ FOCUS (CDR MEMORY)))
(OUT)                 ((NULL L2)
(OUT)                         (* NUR EIN PARAMETER GEGEBEN)
(OUT)                   (COND
(OUT)                     ((INSIDE L1 (CDR MEMORY))
(OUT)                       (SETQ FOCUS (CDR MEMORY)))
(OUT)                     (T (SETQ FOCUS (INSIDE L1 TRACER>
(OUT)                 (T      (* ZUSAETZLICH
                                 SPEZIFIZIERENDER PARAMETER GEGEBEN !)
(OUT)                    (SETQ FOCUS (INSID2 L1 L2 TRACER>
(OUT)                         (* PARAMETER GEFUNDEN ?)
(OUT)               (COND
(OUT)                 ((NULL FOCUS)
(OUT)                   (RETURN NIL)))
(OUT)               (SETQ LT (SUPERLIST L1 FOCUS))
(OUT)                         (* VORGAENGER VORHANDEN ?)
(OUT)               (COND
(OUT)                 ((NULL LT)
(OUT)                         (* NEIN, SETZE MEMORY)
(OUT)                   (SETQ MEMORY (CONS L1 FOCUS))
(OUT)                   (RETURN "BECAUSE YOU TOLD ME TO DO IT")))
(OUT)                         (* JA, SETZE MEMORY)
(OUT)               (SETQ MEMORY (CONS (CAR LT)
(OUT)                                  FOCUS))
(OUT)               (RETURN (LIST (CAR MEMORY>>
(OUT)     (WHY)
(OUT)     50-
(OUT)
(IN)      (WHY '(GRASP BLOCK-B) )
(OUT)     ((PUT-AT BLOCK-B (6 1 2)))
(OUT)     51-
 ...
(IN)      (CDR MEMORY)
(OUT)     ((PUT-ON BLOCK-B BLOCK-C) ((PUT-AT BLOCK-B (6 1 2))
          ...
 ...
(IN)      (WHY '(GRASP BLOCK-B) '(GRASP PYRAMID) )
(OUT)     ((PUT-AT BLOCK-B (1 7 0)))
(OUT)     54-
 ...
(IN)      (CDR MEMORY)
(OUT)     ((PUT-ON PYRAMID BLOCK-C) ((MAKE-SPACE BLOCK-C PYRAMID)
          ...
 ...
(IN)      (WHY)
(OUT)     ((GET-RID-OF BLOCK-B))
(OUT)     57-
(OUT)
(IN)      (WHY '(PUT-ON BLOCK-B BLOCK-C) )
(OUT)     "BECAUSE YOU TOLD ME TO DO IT"
(OUT)     58-
 ...
```

```
(IN)     (* BEISPIEL-DIALOG MITTELS TRACER-1.2)
(OUT)    BEISPIEL-DIALOG
(OUT)    63-
(OUT)
(IN)     (DID '(GRASP BLOCK-B) )
(OUT)    "YES"
(OUT)    64-
(OUT)
(IN)     (WHY)
(OUT)    ((PUT-AT BLOCK-B (6 1 2)))
(OUT)    65-
(OUT)
(IN)     (HOW)
(OUT)    ((GRASP BLOCK-B) (MOVE-OBJECT (6 1 2)) (UNGRASP BLOCK-B))
(OUT)    66-
(OUT)
(IN)     (WHEN)
(OUT)    ((PUT-ON BLOCK-B BLOCK-C))
(OUT)    67-
(OUT)
(IN)     (WHEN)
(OUT)    ((PUT-ON BLOCK-B BLOCK-C) (PUT-ON PYRAMID BLOCK-C))
(OUT)    68-
(OUT)
(IN)     (DID '(GRASP BLOCK-B) '(GRASP SPHERE) )
(OUT)    NIL
(OUT)    69-
(OUT)
(IN)     (DID '(GRASP BLOCK-B) '(GET-RID-OF BLOCK-B) )
(OUT)    "YES"
(OUT)    70-
(OUT)
(IN)     (HOW)
(OUT)    "?"
(OUT)    71-
(OUT)
(IN)     (WHEN)
(OUT)    ((PUT-ON PYRAMID BLOCK-C))
(OUT)    72-
(OUT)
(IN)     (HOW)
(OUT)    ((MAKE-SPACE BLOCK-C PYRAMID) (PUT-AT PYRAMID (6 1 2)))
(OUT)    73-
(OUT)
(IN)     (HOW)
(OUT)    ((GET-RID-OF BLOCK-B))
(OUT)    74-
(OUT)
(IN)     (HOW)
(OUT)    ((PUT-AT BLOCK-B (1 7 0)))
(OUT)    75-
(OUT)
(IN)     (WHEN '(PUT-AT BLOCK-B (6 1 2)) )
(OUT)    ((PUT-ON BLOCK-B BLOCK-C))
(OUT)    76-
(OUT)
(IN)     (WHY)
(OUT)    "BECAUSE YOU TOLD ME TO DO IT"
(OUT)    77-
(OUT)
(IN)     (DATE)
(OUT)    "13-JUN-81 14:31:42"
(OUT)    78-
(OUT)
(IN)     (EXIT)
```

Zur Frage-Funktion HOW ("Wie hast Du ... ?") sollten nach den vorangegangenen Erläuterungen zu DID und WHEN und im Vergleich zu HOW-TEST keine Unklarheiten mehr bestehen.

41 Die Beispiele zeigen das einwandfreie Arbeiten von HOW.

50 Auch zur Frage-Funktion WHY ("Warum hast Du ... ?") und den Test-Beispielen sind nun keine weiteren Hinweise mehr notwendig.

63 Das hier vorgestellte Dialog-Beispiel sollte für sich selbst sprechen: Durch Verwendung des FOCUS ist die Dialog-Führung "flüssig" und das Verweilen und Wechseln des Themas sehr "natürlich".

```
77777777777
77777777777
77777777777
      77777
      77777
     77777
     77777
    77777
    77777
   77777
   77777
  77777
  77777
```

INHALT

Hinweise zur Erweiterung der "Block-Welt" :

Implementierung selbst-optimierender Planungs-Strategien

(Theorie zu Such-Strategien ist z.B. in Winston /12/, Programme sind in Winston + Horn /13/ zu finden.)

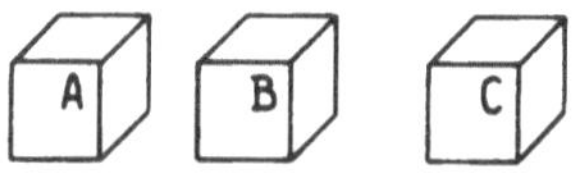

(PUT-ON 'BLOCK-A 'BLOCK-B)
and (PUT-ON 'BLOCK-B 'BLOCK-C)

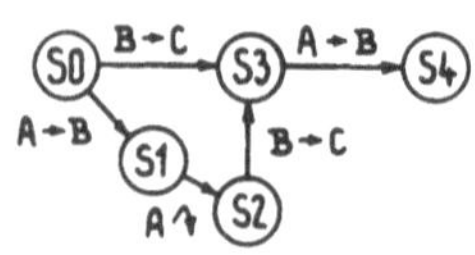

S0 ... S4 = Situationen

Gleichzeitiges Erreichen mehrerer Ziele erfordert "planende Intelligenz". Ein einfaches Beispiel: Ausgehend von der skizzierten Situation soll Block-A auf Block-B und Block-B auf Block-C gestellt werden. Wird diese Aufgabe von einem "dummen System" in der angegebenen Reihenfolge angegangen, so muß der erste Schritt wieder rückgängig gemacht werden, um den zweiten Befehl ausführen zu können. Der zugehörige Graph zeigt die Übergänge von der Start-Situation S0 bis zum Ziel S4. An den Pfeilen stehen die Übergangsbedingungen. Ein "intelligentes System" muß erkennen, daß S3 sofort von S0 aus zu erreichen ist. Diese "Erkenntnis" kann es z.B. dadurch gewinnen, daß es am "internen Modell" mögliche Alternativen selbständig durchprobiert. (somit sind Antworten auf die Frage "Wie würdest Du ... ?" zu erhalten !) Erst die gefundene Lösung (der "Plan") wird in die Realität umgesetzt.

allgem. Beispiel, Such-Strategien:

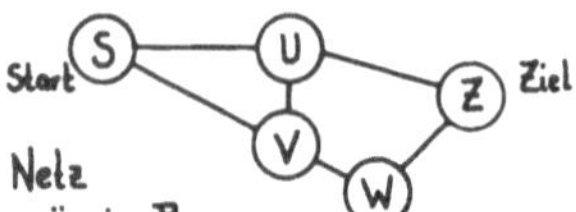

Netz
u. äquiv. Baum:

Betrachten wir ein allgemeines Beispiel : Gegeben sei der ungerichtete Graph S ... Z . (Übergänge sind in beiden Richtungen möglich.) Man denke z.B. an eine Straßenkarte. Gesucht ist entweder irgend ein Weg oder der beste Weg zwischen Start S und Ziel Z . Das Netz kann in einen äquivalenten Baum umgezeichnet werden. Zwei mögliche Such-Strategien sind "Tiefen-Suche" und "Breiten-Suche". Man sieht, daß das System in der Lage sein muß, eine "Sackgasse" zu erkennen und sich in einen vorher erreichten Zustand zurücksetzen zu können.

"Tiefen-Suche" (depth-first)

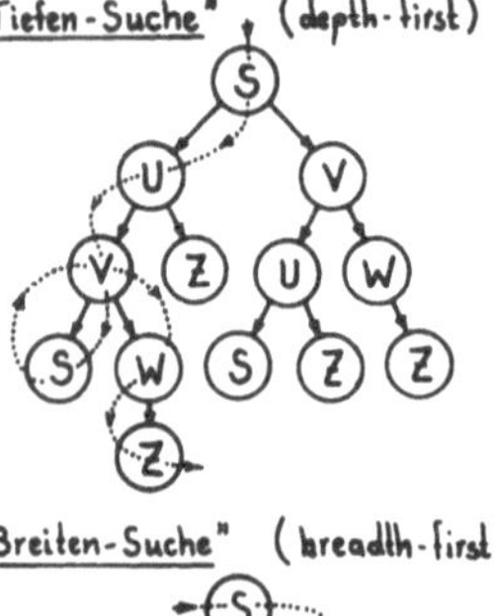

"Breiten-Suche" (breadth-first)

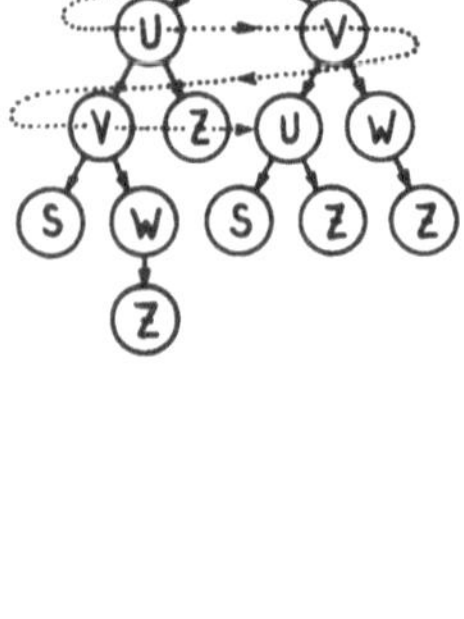

Gibt es einen Weg zum Ziel, so wird er mit diesen Such-Strategien auch gefunden. Falls der Such-Baum sehr groß ist (z.B. beim Schach-Spiel), kann aber in realistischer Zeit die Lösung nicht gefunden werden ! In diesen Fällen müssen "heuristische" Strategien eingesetzt werden. Sie wenden Entscheidungskriterien an, die im allgemeinen für die entsprechende Klasse von Problemen erfolgreich sind, jedoch keine Lösung garantieren können !

Eine mögliche Steuerung der Such-Strategien ist durch Messen von "Differenzen" zwischen Ist- und Ziel-Zustand zu erreichen, wie z.B. beim "General Problem Solver" (GPS) von A. Newell und H.A. Simon .

MERKBLATT (2) zum 7. Kapitel

Hinweise zur Erweiterung der "Block-Welt" :

Repräsentation von Wissen in Netzwerken, Konzeptionelles Lernen

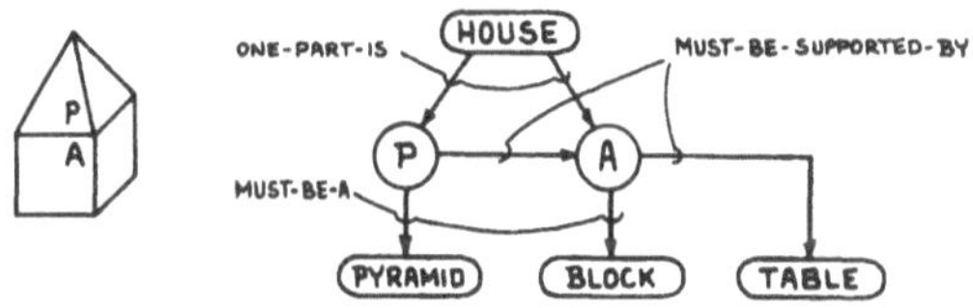

In einem Programm kann "Wissen" in Form von Netzwerken gespeichert werden. Relationen zwischen Objekten werden durch benannte Zeiger repräsentiert. Ein "lernfähiges Programm" kann die Netz-Struktur durch "Belehrung" verändern. (Kann es darüber hinaus z.B. durch "Versuch und Irrtum" die Struktur selbständig verändern, so ist es ein "selbst-lernendes" Programm !)

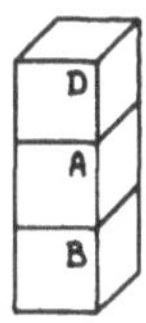

TOWER

Die Skizze zeigt die Struktur für den gelernten Begriff "Haus" (nach Winston /12/). Für das Spielzeug-Haus ist wichtig, daß die Pyramide auf (irgend-)einem Block steht und dieser muß auf dem Tisch stehen.

SUN-DIAL

Mit einer Funktion PUT-NEARBY könnten Befehle zum Nebeneinanderstellen von Bausteinen gegeben werden, z.B. :

```
(PUT-NEARBY object
            location
            side     )
```

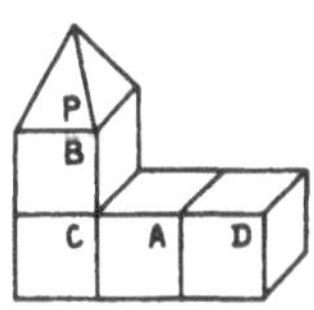

CHURCH

Das optionale dritte Argument gibt die Seite vor. Fehlt die Angabe, wird der Platz vom System gewählt.

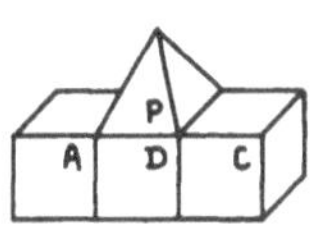

SCHOOL

Ähnlich wie bei "Haus", "Turm" und "Sonnenuhr", sollte das Lern-Programm mittels PUT-NEARBY auch die generalisierten Begriffe "Kirche", "Schule" und "Aufräumen" lernen, bei denen nicht nur die Auswahl der Blöcke, sondern auch die Ausrichtung der Gebilde beliebig ist.

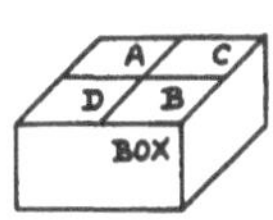

CLEAN - UP

7.1 Erweiterung des Frage/Antwort-Systems. Übungen zu Funktionsdefinitionen mit funktionalen Parametern

Zu einem "natürlichen" Dialog gehören zwei weitere Frage-Funktionen:

WHAT (z.B. "Was hat Block-A für eine Farbe ?") und COUNT-BW (z.B. "Zähle, wieviel 'Block-Welt' Objekte mit der Farbe Rot vom Typ Block in der Box stehen")

Beginnen wir mit WHAT. Im Ansatz soll die Funktion WHAT das tun, was mittels GETPROP auch (aber "unnatürlicher") zu erreichen ist: Sie soll den Wert der Property eines Objektes ausgeben. Darüber hinaus soll (wie im natürlichen Sprachgebrauch auch) auf die vorangegangene Frage bezug genommen werden können: Stünde in der Folge-Frage die gleiche Property, so soll das Argument weggelassen werden dürfen !

3 Den dazu benötigten globalen Speicher WHAT-MEMO lassen wir zweckmäßig von der Funktion DROP löschen.

5 Nun zur Definition von WHAT. Die Parameter sind OBJECT und PROPERTY. Im ersten COND wird geprüft, ob das Property-Argument angegeben wurde. Wenn nicht, so wird es vom WHAT-MEMO geladen. Ist dieser leer (das prüft das nächste COND), so wird als Property TYPE geladen. Anschließend wird WHAT-MEMO gesetzt und GETPROP aufgerufen. Der Wert von GETPROP ist Ergebnis von WHAT.

6 Die folgenden Beispiele zeigen die Arbeitsweise von WHAT. Zu beachten ist die sich ändernde Antwort auf (WHAT 'BLOCK-A) je nach vorangegangener Frage !

13 Für die Funktion COUNT-BW benötigen wir u.a. eine Hilfsfunktion MEMSET, die prüft, ob alle Elemente einer Subliste SUBLIS in der Liste LIS enthalten sind; ob also SUBLIS eine Untermenge von LIS ist. Beispielsweise muß auf die Frage, ob Block-A und Block-D in der Box

```
(IN)      DO $RZP.LISP
(OUT)     %  P500 LOADING
(OUT)
(OUT)          SIEMENS-INTERLISP  -  VERSION 4.0
(OUT)
(OUT)
(OUT)
(OUT)     ****** RESET ******
(OUT)
(OUT)     GOOD AFTERNOON.
(OUT)
(OUT)     1-
(OUT)
(IN)      (DATE)
(OUT)     " 9-AUG-81 21:08:10"
(OUT)     2-
(OUT)
(IN)      LOAD(BLOCKS-WORLD)
(OUT)
(OUT)     PRETTYDEF FORMAT BLOCKS-WORLD CREATED  7-AUG-81 16:39:31
          FILENAME: LISP.DATA.BLOCKS-WORLD.76
(OUT)     BLOCKS-WORLDCOMS
(OUT)     (FIRSTCOL RESET)
(OUT)     BLOCKS-WORLD
(OUT)     3-
(OUT)
(IN)      GETD(DROP)
(OUT)     (LAMBDA NIL (* EDITED: "19-JUL-81 21:11:46") (SETQ PLAN NIL)
          (SETQ RESERVATIONS NIL) (SETQ TRACER NIL) (SETQ MEMORY NIL)
(OUT)     (SETQ WHAT-MEMO NIL))
(OUT)     4-
(OUT)
(IN)      (RESET-BLOCKS-WORLD)
(OUT)     T
(OUT)     5-
(OUT)
(IN)      (PP* WHAT)
(OUT)
(OUT)     <WHAT
(OUT)       <LAMBDA (OBJECT PROPERTY)
(OUT)                         (* EDITED: "19-JUL-81 21:24:02")
(OUT)                         (* "WAS IST/HAT ... ?")
(OUT)         (COND
(OUT)           ((NOT PROPERTY)
(OUT)                         (* KEIN PROPERTY-PARAMETER GEGEBEN,
                                 RUECKGRIFF AUF WHAT-MEMO)
(OUT)             (SETQ PROPERTY WHAT-MEMO)))
(OUT)         <COND
(OUT)           ((NOT PROPERTY)
(OUT)                         (* WHAT-MEMO LEER, SETZE PROPERTY=TYPE)
(OUT)             (SETQ PROPERTY (QUOTE TYPE>
(OUT)                         (* SETZE WHAT-MEMO)
(OUT)         (SETQ WHAT-MEMO PROPERTY)
(OUT)         (GETPROP OBJECT PROPERTY>>
(OUT)     (WHAT)
(OUT)     6-
(OUT)
(IN)      (WHAT 'BLOCK-A)
(OUT)     BLOCK
(OUT)     7-
(OUT)
(IN)      (WHAT 'BLOCK-D 'COLOR)
(OUT)     RED
(OUT)     8-
(OUT)
```

```
(IN)     (WHAT 'BLOCK-A)
(OUT)    GREEN
(OUT)    9-
(OUT)
(IN)     (WHAT 'BLOCK-B 'DIRECTLY-SUPPORTS)
(OUT)    (BLOCK-A)
(OUT)    10-
(OUT)
(IN)     (WHAT 'TABLE)
(OUT)    (BLOCK-B BLOCK-C BLOCK-D SPHERE PYRAMID BOX)
(OUT)    11-
(OUT)
(IN)     (WHAT 'PYRAMID 'PLACE)
(OUT)    (3 8 0)
(OUT)    12-
(OUT)
(IN)     (WHAT 'BLOCK-A)
(OUT)    (1 1 2)
(OUT)    13-
(OUT)
(IN)     (PP MEMSET)
(OUT)
(OUT)    <MEMSET
(OUT)      <LAMBDA (SUBLIS LIS)  **COMMENT**
(OUT)        (COND
(OUT)          ((NULL SUBLIS)
(OUT)            T)
(OUT)          ((MEMBER (CAR SUBLIS)
(OUT)                   LIS)
(OUT)            (MEMSET (CDR SUBLIS)
(OUT)                    LIS))
(OUT)          (T NIL>>
(OUT)    (MEMSET)
(OUT)    14-
(OUT)
(IN)     (MEMSET '(A C) '(A B C) )
(OUT)    T
(OUT)    15-
(OUT)
(IN)     (MEMSET '(B A) '(A B C) )
(OUT)    T
(OUT)    16-
(OUT)
(IN)     (MEMSET '(D) '(A B C) )
(OUT)    NIL
(OUT)    17-
(OUT)
(IN)     (SUBSET '(A B 3 D 5) 'NUMBERP)
(OUT)    (3 5)
(OUT)    18-
(OUT)
(IN)     (DE MAPCAR-TEST(LIS FUN)
(OUT)        (COND
(OUT)          ((NULL LIS)
(OUT)            NIL)
(OUT)          (T (CONS (APPLY* FUN (CAR LIS))
(OUT)                   (MAPCAR-TEST (CDR LIS)
(OUT)                                FUN>
(OUT)    MAPCAR-TEST
(OUT)    19-
(OUT)
(IN)     (MAPCAR-TEST '((A X)(B Y Z)(C)) 'CAR )
(OUT)    (A B C)
(OUT)    20-
(OUT)
```

stehen, die Antwort unabhängig davon sein, in welcher Reihenfolge gefragt bzw. in welcher Reihenfolge die Liste der SUPPORTED-BY Property angelegt wurde !

MEMSET läßt sich einfach rekursiv definieren. Die erste COND-Klausel prüft die Endbedingung: Wenn SUBLIS abgearbeitet ist, wurde kein Fehler gefunden; das Ergebnis ist T. In der zweiten Klausel ist der Rekursionsschritt formuliert: Wenn CAR von SUBLIS ein MEMBER von LIS ist, dann wird MEMSET mit dem CDR von SUBLIS rekursiv gerufen; andernfalls ist das Ergebnis NIL.

14 Die Beispiele zeigen, daß MEMSET wunschgemäß arbeitet.

17 Für COUNT-BW benötigen wir auch die Systemfunktion SUBSET. Sie ist vom "Mapping-Typ" und gestattet es, wie das Beispiel demonstriert, Elemente einer Liste mit bestimmten Eigenschaften "herauszufiltern".

18 Wenn wir die Argumente einer no-spread Funktion als Liste vorzuliegen haben, so wird mittels APPLY die Steuerung der Argument-Zuordnung erreicht, z.B.:

```
(APPLY 'TIMES '(5 3 2) )          →   30
```

Nun betrachten wir folgende Verallgemeinerung:

```
(SETQ FUN 'TIMES)
(APPLY FUN '(5 3 2) )             →   30
(APPLY* FUN 5 3 2)                →   30
```

FUN ist hier ein funktionaler Parameter ! Offensichtlich gilt die Äquivalenz :

```
(APPLY* fun arg1, arg2, ... )   ≙
            (APPLY fun (LIST arg1, arg2, ... ) )
```

Diese Formen müssen zur <u>Definition von Funktionen mit funktionalen Argumenten</u> benutzt werden, da in INTERLISP der CAR eines Ausdrucks nie evaluiert wird.

Sehen wir uns als Beispiel-Definition MAPCAR an : In MAPCAR ist die Kontroll-Struktur dafür enthalten, daß der Operationsfunktion nacheinander die top-level Elemente der Liste übergeben werden. Ergebnis von MAPCAR ist die Liste der Teilergebnisse.

Zur Definition nennen wir die Funktion MAPCAR-TEST , um eine Überschreibung der Systemfunktion zu verhindern. In der ersten Klausel ist die Endbedingung, in der letzten der Rekursionsschritt formuliert. Mittels APPLY* wird das funktionale Argument FUN auf den CAR von LIS angewandt. Das Teilergebnis wird mittels CONS mit dem rekursiven Aufruf bez. Restliste verknüpft.

19 Das Beispiel zeigt das gewünschte Resultat; es stimmt mit dem von MAPCAR überein. Wir haben damit die Wirkungsweise der Systemfunktion MAPCAR in INTERLISP-Schreibweise "erklärt". Es ist empfehlenswert, MAPCAR-TEST mittels TRACE zu untersuchen !

Mit MEMSET , SUBSET und einem funktionalen Parameter definieren wir für COUNT-BW die Hilfsfunktion BW-SCREEN. BW-SCREEN sucht für gegebene PROPERTY und VALUE alle passenden Elemente von BW-OBJECTS heraus und bindet sie in eine Liste.

Wir müssen zwei Fälle unterscheiden: Für die Eigenschaft DIRECTLY-SUPPORTS ist VALUE eine Liste im Sinne einer Menge, sonst ist VALUE ein Atom oder die Liste der Platz-Koordinaten. Im ersten Fall müssen wir mit Hilfe der Funktion MEMSET, im zweiten Fall mittels EQUAL vergleichen ! Diese Fallunterscheidung wird im COND vorgenommen und das entsprechende funktionale Argument auf FUN gesetzt.

Nun wird die "Mapping"-Funktion SUBSET auf BW-OBJECTS angewandt, wobei die Prädikatfunktion als LAMBDA-Ausdruck formuliert ist. (vgl. dazu ähnliche Konstruktion bei SIT3 !) Der lokal gebundene Parameter X steht für das von SUBSET an die Prädikatfunktion übergebene top-level Element von BW-OBJECTS. Mit GETPROP wird die

Property von X gesucht. Das funktionale Argument FUN wird mittels APPLY* aktiviert und vergleicht dieses Ergebnis mit VALUE. (Man nehme z.B. an, daß FUN gleich EQUAL sei !) Ergibt der Test ungleich NIL, so wird dieses Element von BW-OBJECTS in die Ergebnisliste übernommen.

21 Die Beispiele testen beide möglichen Fälle. Im zweiten ist zu beachten, daß die Anfrage (sinnvollerweise) nur eine Teilmenge aller Elemente enthält, die der Tisch direkt unterstützt.

23 Bevor wir COUNT-BW besprechen, stellen wir uns einen grünen und einen roten Block in die Box und schauen uns zuerst die Beispiele von COUNT-BW an:

Fragen wir ohne Argument einfach (COUNT-BW), so ist die (formalisierte) Antwort: "Es gibt 8 Objekte, nämlich Block-A, ... ". Fragen wir wieviel Objekte es mit der Farbe Rot gibt, so ist die Antwort entsprechend eine Untermenge. Wie die restlichen Beispiele zeigen, können wir mit beliebig vielen Argumenten die Antwort spezifizieren.

Die formale Aufruf-Form ist:

```
(COUNT-BW '(prop1 wert1) '(prop2 wert2) ... )
```

COUNT-BW ist als no-spread-LAMBDA Funktion definiert. Im PROG-Rumpf wird an den lokalen Parameter BW die Liste BW-OBJECTS gebunden. Die Iterations-Schleife beginnt mit der Endbedingung: Ist die Eingangsliste L abgearbeitet (oder als Argument nicht gegeben), so wird die aktuelle Länge von BW bestimmt und zusammen mit BW der aufrufenden Funktion übergeben. Andernfalls wird mit BW-SCREEN eine Untermenge von BW-OBJECTS ausgesondert, mittels INTERSECTION der Mengen-Durchschnitt mit der aktuellen Menge BW gebildet und das Ergebnis als BW gespeichert. Nach Reduzierung der Eingangsliste L wird die Iterations-Schleife bei LOOP fortgesetzt.

```
(IN)     (PP BW-SCREEN)
(OUT)
(OUT)    <BW-SCREEN
(OUT)      <LAMBDA (PROPERTY VALUE)  **COMMENT**
(OUT)        <COND
(OUT)          ((EQUAL PROPERTY (QUOTE DIRECTLY-SUPPORTS))
(OUT)            (SETQ FUN (QUOTE MEMSET)))
(OUT)          (T (SETQ FUN (QUOTE EQUAL>
(OUT)        (SUBSET BW-OBJECTS (QUOTE (LAMBDA (X)
(OUT)                (APPLY* FUN VALUE (GETPROP X PROPERTY>>
(OUT)    (BW-SCREEN)
(OUT)    21-
(OUT)
(IN)     (BW-SCREEN 'COLOR 'RED)
(OUT)    (BLOCK-B BLOCK-D PYRAMID)
(OUT)    22-
(OUT)
(IN)     (BW-SCREEN 'DIRECTLY-SUPPORTS '(BLOCK-B PYRAMID) )
(OUT)    (TABLE)
(OUT)    23-
(OUT)
(IN)     (PUT-AT 'BLOCK-A '(7 7 .1) )
          ...
(IN)     (PUT-AT 'BLOCK-D '(9 7 .1) )
          ...
(IN)     (PP COUNT-BW)
(OUT)
(OUT)    <COUNT-BW
(OUT)      <LAMBDA L  **COMMENT**
(OUT)        (PROG (BW)
(OUT)              (SETQ BW BW-OBJECTS)
(OUT)          LOOP<COND
(OUT)                ((NULL L)
(OUT)                  (RETURN (LIST (LENGTH BW)
(OUT)                                BW)))
(OUT)                (T (SETQ BW (INTERSECTION BW (BW-SCREEN (CAAR L)
(OUT)                                                        (CADAR L>
(OUT)              (SETQ L (CDR L))
(OUT)              (GO LOOP>>
(OUT)    (COUNT-BW)
(OUT)    26-
(OUT)
(IN)     (COUNT-BW)
(OUT)    (8 (BLOCK-A BLOCK-B BLOCK-C BLOCK-D SPHERE PYRAMID BOX TABLE))
(OUT)    27-
(OUT)
(IN)     (COUNT-BW '(COLOR RED) )
(OUT)    (3 (BLOCK-B BLOCK-D PYRAMID))
(OUT)    28-
(OUT)
(IN)     (COUNT-BW '(COLOR RED) '(TYPE BLOCK) )
(OUT)    (2 (BLOCK-B BLOCK-D))
(OUT)    29-
(OUT)
(IN)     (COUNT-BW '(COLOR RED) '(TYPE BLOCK) '(SUPPORTED-BY BOX) )
(OUT)    (1 (BLOCK-D))
(OUT)    30-
(OUT)
 ...
(IN)     (DATE)
(OUT)    "10-AUG-81 01:16:59"
(OUT)    93-
(IN)     (EXIT)
```

7.2 Automatisches Retten der Situationen und Rücksetzen im Fehlerfall als Voraussetzung zur Anwendung zielorientierter Such-Strategien

In einer späteren Ausbaustufe sollte das "Block-Welt"-System in der Lage sein, zusammengesetzte Aufgaben ("Pläne") selbständig zu lösen. (z.B. "Stelle Block-A und Block-B und Block-C und Block-D so in die Box, daß zwei gleichfarbige Blöcke nicht nebeneinander stehen") Das System muß dann nach einer Such-Strategie die Lösung (falls vorhanden) finden. Treten beim Suchen Fehler auf, so muß es sich selbst wieder in den letzten gültigen Status zurücksetzen, um mit einem neuen Versuch weitermachen zu können. In diesem Abschnitt werden die notwendigen Funktionen zum automatischen Retten und Rücksetzen definiert.

Um einen Status zu retten, müssen u.a. die den "Block-Welt"-Objekten zugeordneten Property-Listen gerettet werden. Wir wollen sie an entsprechend benannte Atome binden. Z.B. soll die Property-Liste von BLOCK-A bei jeder neuen Situation als Liste an die Atome 0BLOCK-A , 1BLOCK-A , 2BLOCK-A , ... gebunden werden.

4 Diese "neuen Namen" generieren wir mittels PACK und LIST wie angegeben.

5 Das Beispiel zeigt, daß wir auf die Property-Liste mit GETPROPLIST zugreifen.

6 Die Bindung der Property-Liste an das "neue" Atom erfolgt über SET. Wichtig ist hier, daß zuvor die Property-Liste mittels COPY kopiert wird: Wir wollen ja nicht mit einem "neuen Namen" die sich ändernde Property-Liste bezeichnen, sondern die "eingefrorene" Liste durch Bindung an ein Atom retten !

```
(IN)      DO $RZP.LISP
(OUT)     %  P500 LOADING
(OUT)
(OUT)          SIEMENS-INTERLISP  -  VERSION 4.0
(OUT)
(OUT)
(OUT)
(OUT)     ****** RESET ******
(OUT)
(OUT)     GOOD MORNING.
(OUT)
(OUT)     1-
(OUT)
(IN)      (DATE)
(OUT)     "12-AUG-81 00:05:52"
(OUT)     2-
(OUT)
(IN)      LOAD(BLOCKS-WORLD)
(OUT)
(OUT)     PRETTYDEF FORMAT BLOCKS-WORLD CREATED 12-AUG-81 00:02:07
          FILENAME: LISP.DATA.BLOCKS-WORLD.81
(OUT)     BLOCKS-WORLDCOMS
(OUT)     (FIRSTCOL RESET)
(OUT)     BLOCKS-WORLD
(OUT)     3-
(OUT)
(IN)      (RESET-BLOCKS-WORLD)
(OUT)     T
(OUT)     4-
(OUT)
(IN)      (PACK (LIST 1 'BLOCK-A))
(OUT)     1BLOCK-A
(OUT)     5-
(OUT)
(IN)      (GETPROPLIST 'BLOCK-A)
(OUT)     (DIRECTLY-SUPPORTS NIL COLOR GREEN PLACE (1 1 2) SIZE (2 2 2)
          SUPPORTED-BY BLOCK-B SUPPORTP T TYPE BLOCK)
(OUT)     6-
(OUT)
(IN)      (SET (PACK(LIST 1 'BLOCK-A)) (COPY(GETPROPLIST 'BLOCK-A)) )
(OUT)     (DIRECTLY-SUPPORTS NIL COLOR GREEN PLACE (1 1 2) SIZE (2 2 2)
          SUPPORTED-BY BLOCK-B SUPPORTP T TYPE BLOCK)
(OUT)     7-
(OUT)
(IN)      1BLOCK-A
(OUT)     (DIRECTLY-SUPPORTS NIL COLOR GREEN PLACE (1 1 2) SIZE (2 2 2)
          SUPPORTED-BY BLOCK-B SUPPORTP T TYPE BLOCK)
(OUT)     8-
(OUT)
(IN)      (REMPROP 'BLOCK-A 'DIRECTLY-SUPPORTS)
(OUT)     DIRECTLY-SUPPORTS
(OUT)     9-
(OUT)
(IN)      (PUTPROP 'BLOCK-A 'TYPE NIL)
(OUT)     NIL
(OUT)     10-
(OUT)
(IN)      (GETPROPLIST 'BLOCK-A)
(OUT)     (COLOR GREEN PLACE (1 1 2) SIZE (2 2 2) SUPPORTED-BY BLOCK-B
          SUPPORTP T TYPE NIL)
(OUT)     11-
(OUT)
```

7 Der Aufruf von 1BLOCK-A zeigt, daß die Liste gebunden ist. Funktioniert aber auch das Speichern und Rückladen ? Wir zerstören zum Test absichtlich mittels REMPROP und PUTPROP die Property-Liste von Block-A. Mit GETPROPLIST können wir uns den Schaden ansehen !

Die an 1BLOCK-A gebundene Liste ist dabei unverändert geblieben. (Hätten wir nicht COPY benutzt, wäre jetzt die zerstörte Property-Liste ausgedruckt worden !)

12 Mittels SETPROPLIST laden wir die gerettete Liste von 1BLOCK-A als Property-Liste auf Block-A zurück. Die Kontrolle mittels GETPROPLIST zeigt die erfolgreiche Operation.

14 An STATE binden wir die Liste sämtlicher "Block-Welt"-Objekte einschließlich HAND .

15 Die folgenden Statements zeigen exemplarisch wie die Liste NEWSTATE mit den "neuen Namen" (mittels MAPCAR) erzeugt werden kann und wie das Retten sämtlicher Property-Listen auf diese "neuen Namen" (mittels MAP2CAR) einfach zu lösen ist.

18 In der Funktion SAVE-SITUATION sind diese Statements allgemeingültig formuliert. Zusätzlich werden nach der gleichen Methode "neue Namen" zum Retten von PLAN und TRACER gebildet.

Eingangsparameter ist die Nummer unter der die Situation abgespeichert werden soll. Fehlt die Nummer, so wird sie als Null angesetzt. Das T am Ende der Funktion dient wieder der Unterdrückung unerwünschten Ausdrucks.

Die Funktion RESET-SITUATION besorgt das Rückladen einer durch SAVE-SITUATION gespeicherten Situation, wobei diese durch das Argument ausgewählt wird; ist keine Nummer angegeben, wird Null angenommen.

```
(IN)     1BLOCK-A
(OUT)    (DIRECTLY-SUPPORTS NIL COLOR GREEN PLACE (1 1 2) SIZE (2 2 2)
         SUPPORTED-BY BLOCK-B SUPPORTP T TYPE BLOCK)
(OUT)    12-
(OUT)
(IN)     (SETPROPLIST 'BLOCK-A 1BLOCK-A)
(OUT)    (DIRECTLY-SUPPORTS NIL COLOR GREEN PLACE (1 1 2) SIZE (2 2 2)
         SUPPORTED-BY BLOCK-B SUPPORTP T TYPE BLOCK)
(OUT)    13-
(OUT)
(IN)     (GETPROPLIST 'BLOCK-A)
(OUT)    (DIRECTLY-SUPPORTS NIL COLOR GREEN PLACE (1 1 2) SIZE (2 2 2)
         SUPPORTED-BY BLOCK-B SUPPORTP T TYPE BLOCK)
(OUT)    14-
(OUT)
(IN)     STATE
(OUT)    (BLOCK-A BLOCK-B BLOCK-C BLOCK-D SPHERE PYRAMID BOX TABLE HAND)
(OUT)    15-
(OUT)
(IN)     (SETQ NEWSTATE (MAPCAR STATE '(LAMBDA(OLD) (PACK(LIST 2 OLD>
(OUT)    (2BLOCK-A 2BLOCK-B 2BLOCK-C 2BLOCK-D 2SPHERE 2PYRAMID 2BOX
         2TABLE 2HAND)
(OUT)    16-
(OUT)
(IN)     (MAP2CAR NEWSTATE STATE '(LAMBDA(NEW OLD)
         (SET NEW (COPY(GETPROPLIST OLD>
(OUT)    ((DIRECTLY-SUPPORTS NIL COLOR GREEN PLACE (1 1 2) SIZE (2 2 2)
         SUPPORTED-BY BLOCK-B SUPPORTP T TYPE BLOCK)
         .
         .
         .
(OUT)    (GRASPING NIL POSITION (2 5 7)))
(OUT)    17-
(OUT)
(IN)     2BLOCK-A
(OUT)    (DIRECTLY-SUPPORTS NIL COLOR GREEN PLACE (1 1 2) SIZE (2 2 2)
         SUPPORTED-BY BLOCK-B SUPPORTP T TYPE BLOCK)
(OUT)    18-
(OUT)
(IN)     (PP* SAVE-SITUATION)
(OUT)
(OUT)    <SAVE-SITUATION
(OUT)      <LAMBDA (NMBR)    (* EDITED: " 1-JUL-81 23:38:38")
(OUT)        (COND
(OUT)          ((NOT NMBR)
(OUT)                          (* KEINE NUMMER GEGEBEN, SETZE NULL)
(OUT)            (SETQ NMBR 0)))
(OUT)                          (* RETTE PLAN)
(OUT)        (SET (PACK (LIST NMBR (QUOTE PLAN)))
(OUT)             PLAN)        (* RETTE TRACER)
(OUT)        (SET (PACK (LIST NMBR (QUOTE TRACER)))
(OUT)             TRACER)      (* GENERIERE NEWSTATE-LISTE)
(OUT)        <SETQ NEWSTATE (MAPCAR STATE (QUOTE (LAMBDA (OLD)
(OUT)                                             (PACK (LIST NMBR OLD>
(OUT)                          (* RETTE PROPERTIES VON STATE AUF NEWSTATE)
(OUT)        <MAP2CAR NEWSTATE STATE (QUOTE (LAMBDA (NEW OLD)
(OUT)                                    (SET NEW (COPY (GETPROPLIST OLD>
(OUT)        T>>
(OUT)    (SAVE-SITUATION)
(OUT)    19-
(OUT)
```

```
(IN)    (PP* RESET-SITUATION)
(OUT)
(OUT)   <RESET-SITUATION
(OUT)     <LAMBDA (NMBR)    (* EDITED: " 1-JUL-81 23:47:36")
(OUT)       (COND
(OUT)         ((NOT NMBR)
(OUT)                         (* KEINE NUMMER GEGEBEN, SETZE NULL)
(OUT)           (SETQ NMBR 0)))
(OUT)                         (* RESET PLAN)
(OUT)       <SETQ PLAN (EVAL (PACK (LIST NMBR (QUOTE PLAN>
(OUT)                         (* RESET TRACER)
(OUT)       <SETQ TRACER (EVAL (PACK (LIST NMBR (QUOTE TRACER>
(OUT)                         (* GENERIERE NEWSTATE-LISTE)
(OUT)       <SETQ NEWSTATE (MAPCAR STATE (QUOTE (LAMBDA (OLD)
(OUT)                                                (PACK (LIST NMBR OLD>
(OUT)                         (* RESET PROPERTIES VON NEWSTATE AUF STATE)
(OUT)       <MAP2CAR STATE NEWSTATE (QUOTE (LAMBDA (OLD NEW)
(OUT)                                         (SETPROPLIST OLD (EVAL NEW>
(OUT)       T>>
(OUT)   (RESET-SITUATION)
(OUT)   20-
(OUT)
  :
(IN)    (RESET-BLOCKS-WORLD)
(OUT)   T
(OUT)   28-
(OUT)
(IN)    (SAVE-SITUATION)
(OUT)   T
(OUT)   29-
(OUT)
(IN)    (BW-TRACER-ON)
(OUT)   "BW-TRACER-ON..."
(OUT)
(IN)    (PUT-ON 'PYRAMID 'BLOCK-B)
(OUT)   "O.K."
(OUT)
(IN)    (SAVE-SITUATION 1)
(OUT)   T
(OUT)
(IN)    (PUT-AT 'SPHERE '(9 9 .1) )
(OUT)   "O.K."
(OUT)
(IN)    (SAVE-SITUATION 2)
(OUT)   T
(OUT)
(IN)    (BW-TRACER-OFF)
(OUT)   "...BW-TRACER-OFF"
(OUT)   30-
(OUT)
(IN)    (RESET-SITUATION)
(OUT)   T
(OUT)   31-
(OUT)
(IN)    (BW-PLAN)
(OUT)   NIL
(OUT)   32-
(OUT)
(IN)    TRACER
(OUT)   NIL
(OUT)   33-
(OUT)
```

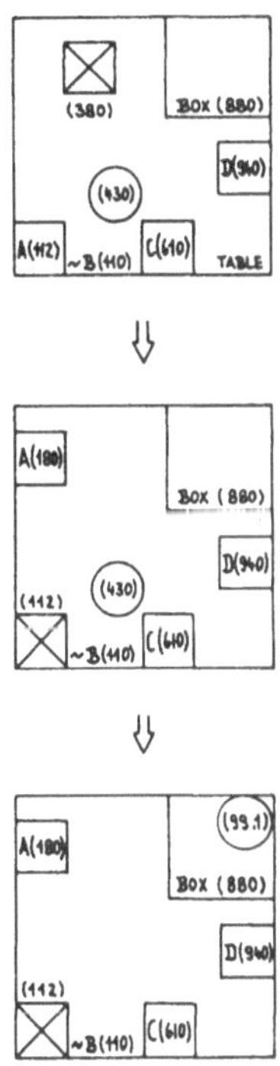

```
(RESET-SITUATION 1)
T
34-

(BW-PLAN)
((MOVETO (1 1 4)) (GRASP BLOCK-A) (MOVETO (1 8 2)) (UNGRASP BLOCK-A)
(MOVETO (3 8 2)) (GRASP PYRAMID) (MOVETO (1 1 4)) (UNGRASP PYRAMID))
35-

TRACER
(((PUT-ON PYRAMID BLOCK-B) ((MAKE-SPACE BLOCK-B PYRAMID) ((GET-RID-OF BLOCK-A)
((PUT-AT BLOCK-A (1 8 0)) ((GRASP BLOCK-A)) ((MOVE-OBJECT (1 8 0)))
((UNGRASP BLOCK-A))))) ((PUT-AT PYRAMID (1 1 2)) ((GRASP PYRAMID))
((MOVE-OBJECT (1 1 2))) ((UNGRASP PYRAMID)))))
36-

(SITUATION)
------------------------------------------------------------------------------
SITUATION             BLOCK-A   BLOCK-B   BLOCK-C   BLOCK-D   SPHERE    PYRAMID
==============================================================================
INDICATOR             VALUE     12-AUG-81 00:34:11
------------------------------------------------------------------------------
SUPPORTED-BY          TABLE     TABLE     TABLE     TABLE     TABLE     BLOCK-B
DIRECTLY-SUPPORTS     NIL       (PYRAMID) NIL       NIL       NIL       NIL
PLACE                 (1 8 0)   (1 1 0)   (6 1 0)   (9 4 0)   (4 3 0)   (1 1 2)
SIZE                  (2 2 2)   (2 2 2)   (2 2 2)   (2 2 2)   (2 2 2)   (2 2 2)
TYPE                  BLOCK     BLOCK     BLOCK     BLOCK     SPHERE    PYRAMID
COLOR                 GREEN     RED       BLUE      RED       GREEN     RED
SUPPORTP              T         T         T         T         NIL       NIL
==============================================================================
BOX                   PLACE (8 8 0)       SIZE (4 4 0.100000) COLOR BLUE
DIRECTLY-SUPPORTS     NIL
==============================================================================
TABLE                 PLACE (5 5 0)       SIZE (10 10 0)      COLOR BLACK
DIRECTLY-SUPPORTS     (BLOCK-A BLOCK-B BLOCK-C BLOCK-D SPHERE BOX)
==============================================================================
HAND GRASPING         NIL
HAND POSITION         (1 1 4)
------------------------------------------------------------------------------
T
37-


(RESET-SITUATION 2)
T
38-

(BW-PLAN)
((MOVETO (1 1 4)) (GRASP BLOCK-A) (MOVETO (1 8 2)) (UNGRASP BLOCK-A)
(MOVETO (3 8 2)) (GRASP PYRAMID) (MOVETO (1 1 4)) (UNGRASP PYRAMID)
(MOVETO (4 3 2)) (GRASP SPHERE) (MOVETO (9 9 2.099999)) (UNGRASP SPHERE))
39-

TRACER
(((PUT-ON PYRAMID BLOCK-B) ((MAKE-SPACE BLOCK-B PYRAMID) ((GET-RID-OF BLOCK-A)
((PUT-AT BLOCK-A (1 8 0)) ((GRASP BLOCK-A)) ((MOVE-OBJECT (1 8 0)))
((UNGRASP BLOCK-A))))) ((PUT-AT PYRAMID (1 1 2)) ((GRASP PYRAMID))
((MOVE-OBJECT (1 1 2))) ((UNGRASP PYRAMID)))) ((PUT-AT SPHERE (9 9 0.100000))
((GRASP SPHERE)) ((MOVE-OBJECT (9 9 0.100000))) ((UNGRASP SPHERE))))
40-
```

Die Arbeitsweise von RESET-SITUATION sollte ohne weiteres verständlich sein. Aus Gründen der Übersicht und Symmetrie sind die Benennungen NEWSTATE , STATE und NEW , OLD bedeutungsgleich mit denen von SAVE-SITUATION . (Man beachte die notwendigen EVAL-Funktionen ! Wieder steht T am Ende der Funktionsdefinition zur Unterdrückung unerwünschten Ausdrucks.)

28 Der folgende ausführliche Test-Lauf zeigt, daß die Property-Listen (in SITUATION-Tabellen dokumentiert) sowie PLAN und TRACER einwandfrei gerettet und rückgeladen werden.

Im letzten Teil dieses Abschnitts wird das System zum *automatischen* Retten und Rückladen erweitert.

41 Wir wollen uns zunächst ein einfaches "geschachteltes" Funktions-System als Übungsbeispiel definieren: In FU0 ... FU3 wird vor und nach Aufruf der eingebetteten Subfunktion eine illustrative Meldung ausgedruckt. FU4 aktiviert keine weitere Subfunktion; die Meldung ist entsprechend kürzer.

54 Rufen wir nun FU0 auf, so ist der "Durchlauf" sehr anschaulich zu erkennen.

Im INTERLISP-Benutzerhandbuch /5/ wird die Funktion RETFROM so beschrieben:

> (RETFROM pos value)
>
> löscht den Stack bis zu der Funktion an der Stelle *pos* und bewirkt ein "normales" Verlassen dieser Funktion mit *value* als Wert.
>
> Mit Hilfe der Systemfunktion RETFROM ist es möglich, den normalen Funktionsablauf zu durchbrechen und, z.B. zum Abfangen von Anwendungsfehlern, an einem wohldefinierten Punkt wieder aufzusetzen.

Wir implementieren nun in FU4 die Funktion RETFROM mit einem globalen Steuerparameter RETURN-LABEL .

```
(SITUATION)
------------------------------------------------------------------------------------
SITUATION            BLOCK-A   BLOCK-B   BLOCK-C   BLOCK-D   SPHERE    PYRAMID
====================================================================================
INDICATOR            VALUE     12-AUG-81 00:36:59
------------------------------------------------------------------------------------
SUPPORTED-BY         TABLE     TABLE     TABLE     TABLE     BOX       BLOCK-B
DIRECTLY-SUPPORTS    NIL       (PYRAMID) NIL       NIL       NIL       NIL
PLACE                (1 8 0)   (1 1 0)   (6 1 0)   (9 4 0)   (9 9 0.100000)
                                                                       (1 1 2)
SIZE                 (2 2 2)   (2 2 2)   (2 2 2)   (2 2 2)   (2 2 2)   (2 2 2)
TYPE                 BLOCK     BLOCK     BLOCK     BLOCK     SPHERE    PYRAMID
COLOR                GREEN     RED       BLUE      RED       GREEN     RED
SUPPORTP             T         T         T         T         NIL       NIL
====================================================================================
BOX                  PLACE (8 8 0)       SIZE (4 4 0.100000) COLOR BLUE
DIRECTLY-SUPPORTS    (SPHERE)
====================================================================================
TABLE                PLACE (5 5 0)       SIZE (10 10 0)      COLOR BLACK
DIRECTLY-SUPPORTS    (BLOCK-A BLOCK-B BLOCK-C BLOCK-D BOX)
====================================================================================
HAND GRASPING        NIL
HAND POSITION        (9 9 2.099999)
------------------------------------------------------------------------------------
T
41-

.
.
.

(DE FU0()(PRINT"FU0...")(FU1)(PRINT"...FU0")T>
FU0
50-

(DE FU1()(PRINT"FU1...")(FU2)(PRINT"...FU1")>
FU1
51-

(DE FU2()(PRINT"FU2...")(FU3)(PRINT"...FU2")>
FU2
52-

(DE FU3()(PRINT"FU3...")(FU4)(PRINT"...FU3")>
FU3
53-

(DE FU4()(PRINT"FU4")>
FU4
54-

(FU0)
"FU0..."
"FU1..."
"FU2..."
"FU3..."
"FU4"
"...FU3"
"...FU2"
"...FU1"
"...FU0"
T
55-
```

```
(IN)     (DE FU4()(RETFROM RETURN-LABEL (PRINT"FU4")))
(OUT)    (FU4 REDEFINED)
(OUT)    FU4
(OUT)    56_
(OUT)
(IN)     (SETQ RETURN-LABEL 'FU1)
(OUT)    FU1
(OUT)    57_
(OUT)
(IN)     (FU0)
(OUT)    "FU0..."
(OUT)    "FU1..."
(OUT)    "FU2..."
(OUT)    "FU3..."
(OUT)    "FU4"
(OUT)    "...FU0"
(OUT)    T
(OUT)    58_
(OUT)
(IN)     (SETQ RETURN-LABEL 'FU2)
(OUT)    (RETURN-LABEL RESET)
(OUT)    FU2
(OUT)    59_
(OUT)
(IN)     (FU0)
(OUT)    "FU0..."
(OUT)    "FU1..."
(OUT)    "FU2..."
(OUT)    "FU3..."
(OUT)    "FU4"
(OUT)    "...FU1"
(OUT)    "...FU0"
(OUT)    T
(OUT)    60_
(OUT)

  .
  .
  .

(IN)     GETD(RESET-BLOCKS-WORLD)
(OUT)    (LAMBDA NIL (* EDITED: "10-AUG-81 12:46:34") (DROP)
         (PUTPROP (QUOTE HAND) (QUOTE GRASPING) HAND-GRASPING)
(OUT)    (PUTPROP (QUOTE HAND) (QUOTE POSITION) HAND-POSITION)
         (PROG (BW TI TV) (SETQ TI TOY-INDICATOR) LOOP1
(OUT)    (COND ((NULL TI) (SETQ SIT-COUNTER 0) (SAVE-SITUATION 0)
         (RETURN T))) (SETQ BW BW-OBJECTS) (SETQ TV (EVAL (CAR TI)))
(OUT)    LOOP2 (COND ((NULL BW) (GO LOOP3)))
         (PUTPROP (CAR BW) (CAR TI) (CAR TV)) (SETQ BW (CDR BW))
(OUT)    (SETQ TV (CDR TV)) (GO LOOP2) LOOP3 (SETQ TI (CDR TI))
         (GO LOOP1)))
(OUT)    70_
(OUT)
(IN)     GETD(REPORT/WINSTON)
(OUT)    (LAMBDA (MESSAGE) (* EDITED: "10-AUG-81 11:24:05")
         (PROG (INPUT) (PRINT MESSAGE) LOOP (SETQ INPUT (READ))
(OUT)    (COND ((AND (NOT (ATOM INPUT)) (EQUAL (CAR INPUT)
         (QUOTE REPORT))) (RETURN (EVAL (CADR INPUT))))
(OUT)    (T (PRINT (EVAL INPUT)))) (GO LOOP)))
(OUT)    71_
(OUT)
```

```
(IN)     (PP REPORT)
(OUT)
(OUT)    <REPORT
(OUT)      <LAMBDA (MESSAGE)  **COMMENT**
(OUT)        (COND
(OUT)          (TRACER-MODE (SETQ RESET-BW-FLAG T)
(OUT)                       (RETFROM RETURN-LABEL (PRINT MESSAGE)))
(OUT)          (T (REPORT/WINSTON MESSAGE>>
(OUT)    (REPORT)
(OUT)    72_
(OUT)
(IN)     (PP BW-TRACER)
(OUT)
(OUT)    <BW-TRACER
(OUT)      <NLAMBDA (BW-FUNCTION)  **COMMENT**
(OUT)        (PROG NIL
(OUT)              (SETQ TRACER-MODE T)
(OUT)              (SETQ RESET-BW-FLAG NIL)
(OUT)              (SETQ RETURN-LABEL (CAR BW-FUNCTION))
(OUT)              <SETQ TRACER (APPEND TRACER (LIST (EVAL BW-FUNCTION>
(OUT)              (COND
(OUT)                (RESET-BW-FLAG (GO RESET-LABEL))
(OUT)                (T (GO SAVE-LABEL)))
(OUT)          SAVE-LABEL
(OUT)              (SETQ TRACER-MODE NIL)
(OUT)              (SETQ SIT-COUNTER (ADD1 SIT-COUNTER))
(OUT)              (SAVE-SITUATION SIT-COUNTER)
(OUT)              (PRIN1 SIT-COUNTER)
(OUT)              (PRIN1 " ")
(OUT)              (RETURN "O.K.")
(OUT)          RESET-LABEL
(OUT)              (SETQ TRACER-MODE NIL)
(OUT)              (SETQ RESET-BW-FLAG NIL)
(OUT)              (RESET-SITUATION SIT-COUNTER)
(OUT)              (PRIN1 "***RESET-SITUATION-")
(OUT)              (PRIN1 SIT-COUNTER)
(OUT)              (PRIN1 "***")
(OUT)              (TERPRI)
(OUT)              (RETURN T>>
(OUT)    (BW-TRACER)
(OUT)    73_
(OUT)
(IN)     (RESET-BLOCKS-WORLD)
(OUT)    T
(OUT)    74_
(OUT)
(IN)     (BW-TRACER (PUT-ON 'BLOCK-B 'BLOCK-C) )
(OUT)    1 "O.K."
(OUT)    75_
(OUT)
(IN)     (BW-TRACER (PUT-AT 'BLOCK-A '(4 3 2)) )
(OUT)    (PUT-AT -- CANNOT FIND SPACE FOR OR SUPPORT FOR THE OBJECT)
(OUT)    ***RESET-SITUATION-1***
(OUT)    T
(OUT)    76_
(OUT)
(IN)     (BW-TRACER (PUT-ON 'BLOCK-A 'BLOCK-B) )
(OUT)    2 "O.K."
(OUT)    77_
(OUT)
```

```
(IN)     (BW-TRACER-ON)
(OUT)    "BW-TRACER-ON..."
(OUT)
(IN)     (PUT-ON 'PYRAMID 'BLOCK-A)
(OUT)    3 "O.K."
(OUT)
(IN)     (PUT-ON 'BLOCK-C 'SPHERE)
(OUT)    (MAKE-SPACE -- NO SPACE BUT NO CLUTTER EITHER)
(OUT)    ***RESET-SITUATION-3***
(OUT)    T
(OUT)
(IN)     (PUT-ON 'BLOCK-D 'BLOCK-C)
(OUT)    4 "O.K."
(OUT)
(IN)     (BW-TRACER-OFF)
(OUT)    "...BW-TRACER-OFF"
(OUT)    78_
(OUT)
(IN)     (BW-PLAN)
(OUT)    ((MOVETO (1 1 4)) (GRASP BLOCK-A) (MOVETO (8 1 2))
         (UNGRASP BLOCK-A) (MOVETO (1 1 2)) (GRASP BLOCK-B)
(OUT)    (MOVETO (6 1 4)) (UNGRASP BLOCK-B) (MOVETO (8 1 2))
         (GRASP BLOCK-A) (MOVETO (6 1 6)) (UNGRASP BLOCK-A)
(OUT)    (MOVETO (3 8 2)) (GRASP PYRAMID) (MOVETO (6 1 8))
         (UNGRASP PYRAMID) (GRASP PYRAMID) (MOVETO (2 8 2))
(OUT)    (UNGRASP PYRAMID) (MOVETO (6 1 6)) (GRASP BLOCK-A)
         (MOVETO (7 5 2)) (UNGRASP BLOCK-A) (MOVETO (6 1 4))
(OUT)    (GRASP BLOCK-B) (MOVETO (4 1 2)) (UNGRASP BLOCK-B)
         (MOVETO (9 4 2)) (GRASP BLOCK-D) (MOVETO (6 1 4))
(OUT)    (UNGRASP BLOCK-D))
(OUT)    79_
(OUT)
(IN)     TRACER
(OUT)    (((PUT-ON BLOCK-B BLOCK-C) ((PUT-AT BLOCK-B (6 1 2))
         ((GRASP BLOCK-B) ((CLEAR-TOP BLOCK-B) ((GET-RID-OF BLOCK-A)
(OUT)    ((PUT-AT BLOCK-A (8 1 0)) ((GRASP BLOCK-A))
         ((MOVE-OBJECT (8 1 0))) ((UNGRASP BLOCK-A))))))
(OUT)    ((MOVE-OBJECT (6 1 2))) ((UNGRASP BLOCK-B))))
         ((PUT-ON BLOCK-A BLOCK-B) ((PUT-AT BLOCK-A (6 1 4))
(OUT)    ((GRASP BLOCK-A)) ((MOVE-OBJECT (6 1 4))) ((UNGRASP BLOCK-A))))
         ((PUT-ON PYRAMID BLOCK-A) ((PUT-AT PYRAMID (6 1 6))
(OUT)    ((GRASP PYRAMID)) ((MOVE-OBJECT (6 1 6))) ((UNGRASP PYRAMID))))
         ((PUT-ON BLOCK-D BLOCK-C) ((MAKE-SPACE BLOCK-C BLOCK-D)
(OUT)    ((GET-RID-OF BLOCK-B) ((PUT-AT BLOCK-B (4 1 0)) ((GRASP BLOCK-B)
         ((CLEAR-TOP BLOCK-B) ((GET-RID-OF BLOCK-A)
(OUT)    ((PUT-AT BLOCK-A (7 5 0)) ((GRASP BLOCK-A) ((CLEAR-TOP BLOCK-A)
         ((GET-RID-OF PYRAMID) ((PUT-AT PYRAMID (2 8 0)) ((GRASP PYRAMID))
(OUT)    ((MOVE-OBJECT (2 8 0))) ((UNGRASP PYRAMID))))))
         ((MOVE-OBJECT (7 5 0))) ((UNGRASP BLOCK-A))))))
(OUT)    ((MOVE-OBJECT (4 1 0))) ((UNGRASP BLOCK-B)))))
         ((PUT-AT BLOCK-D (6 1 2)) ((GRASP BLOCK-D))
(OUT)    ((MOVE-OBJECT (6 1 2))) ((UNGRASP BLOCK-D)))))
(OUT)    80_
(OUT)

 ...

(IN)     (DATE)
(OUT)    "12-AUG-81 02:57:12"
(OUT)    98_
(OUT)
(IN)     (EXIT)
```

56 Zuerst setzen wir RETURN-LABEL auf FU1 . Wenn wir FUO aufrufen, sehen wir, daß nach dem Ausdruck "FU4" in FU0 zurückgesprungen wird. Setzen wir RETURN-LABEL auf FU2 , so wird in FU1 zurückgesprungen.

Nach diesen Vorübungen nun die Erweiterung der "Block-Welt" zum automatischen Retten und Rückladen:

60 Im Update von RESET-BLOCKS-WORLD wird vor dem RETURN der globale Parameter SIT-COUNTER auf Null gesetzt und diese Situation mittels SAVE-SITUATION gespeichert.

70 Tritt im z.Z. definierten "Block-Welt"-System ein Anwendungsfehler auf, so wird REPORT aktiviert und das System geht in eine Read-Eval-Print Schleife. Für das automatische Rückladen bei Anwendungsfehlern muß REPORT geändert werden. Da die Original-Version als wertvolles experimentelles Instrument für den Nicht-Automatik-Modus erhalten bleiben soll, wird sie umbenannt und ist künftig unter dem Namen REPORT/WINSTON verfügbar.

Die neue Version von REPORT arbeitet mit der neuen Version von BW-TRACER über globale Parameter ("Flags") zusammen: TRACER-MODE , RESET-BW-FLAG und RETURN-LABEL werden von BW-TRACER initialisiert. Ist TRACER-MODE ungleich NIL, so wird das RESET-BW-FLAG auf T gesetzt und REPORT mittels RETFROM verlassen (nachdem die Meldung ausgedruckt wurde). Ist TRACER-MODE gleich NIL, so wird die alte REPORT-Version, REPORT/WINSTON , angesprochen.

72 BW-TRACER , die "kleine Funktion" aus Abschnitt 5.2 ist nicht mehr wiederzuerkennen: Zuerst müssen die Flags gesetzt und erst dann darf unser "bekanntes" Statement zur Bindung des TRACER angesprochen werden. Damit diese Reihenfolge eingehalten wird, muß BW-TRACER als NLAMBDA-Funktion definiert werden ! Im "bekannten" Statement muß darum jetzt EVAL stehen.

Trat kein Fehler auf, so ist RESET-BW-FLAG nicht von REPORT gesetzt worden; BW-TRACER wird ab SAVE-LABEL fortgesetzt: Das Flag TRACER-MODE wird gelöscht, der globale Parameter SIT-COUNTER um 1 erhöht, diese Situation mittels SAVE-SITUATION gerettet und eine entsprechende Meldung ausgegeben.

Trat dagegen ein Fehler auf, so wurde RESET-BW-FLAG von REPORT gesetzt, BW-TRACER springt zu RESET-LABEL : TRACER-MODE und RESET-BW-FLAG werden gelöscht, mittels RESET-SITUATION wird die letzte Situation zurückgeladen und eine entsprechende Meldung gedruckt.

73 Die folgende Test-Serie zeigt das Verhalten der erweiterten "Block-Welt" : Anwendungsfehler werden erkannt, die REPORT-Meldung gedruckt und das automatische Rückladen in die letzte gültige Situation initialisiert.

Wie im ersten Teil dieses Abschnitts gezeigt wurde, ist jede fehlerfreie Situation mit allen ihren Bindungen verfügbar. In PLAN und TRACER wurden die Fehler nicht übernommen; der "richtige" Weg ist nahtlos dokumentiert.

7.3 Einfache Funktionen zur Definition von Oberbegriffen

Im letzten Abschnitt dieses Kapitels wollen wir die "Block-Welt" dazu bringen, "durch Nachahmung etwas zu lernen". Es ist eine Vorübung zu dem im Merkblatt vorgeschlagenen Lern-Programm.

Obwohl wir nur einfachste Funktionen definieren, werden doch zwei wesentliche Aspekte deutlich : Die Ambivalenz zwischen Datum und Programm in LISP ermöglicht einfache Programm-Strukturen. Die "Block-Welt" kann ohne spezifizierte, eingebaute Programmierung neue Information aufnehmen und verarbeiten ; sie wird zum "Offenen System" !

Wenn wir einen Befehl geben, z.B.

```
(PUT-ON 'BLOCK-B 'BLOCK-C)
```

so wird ein TRACER aufgebaut:

```
((PUT-ON BLOCK-B BLOCK-C) ... )
```

Wollen wir ein Element des TRACER als Befehl interpretieren, so fehlen uns noch die "quote"-Zeichen.

3 Setzen wir vereinfachend voraus, daß hier zum Test nur die "allgemeingültigen" PUT-ON Befehle benutzt werden, so ist die einfachste Lösung die Umgehung dieses Problems: Wir sorgen mittels SETQs dafür, daß BLOCK-A zu BLOCK-A , ... und TABLE zu TABLE evaluieren, dann können wir hier stets die quote-Zeichen weglassen !

4 Mit Hilfe der Funktion PLAY sollen mehrere Befehle nacheinander bearbeitet werden. PLAY wird als rekursive no-spread Funktion definiert. Ist die Befehlsliste L abgearbeitet, wird "O.K." ausgegeben. Andernfalls wird der nächste Befehl der Funktion BW-TRACER übergeben. Damit ist sichergestellt, daß ein TRACER angelegt wird

```
(IN)     DO $RZP.LISP
(OUT)    %  P500 LOADING
(OUT)
(OUT)        SIEMENS-INTERLISP  -  VERSION 4.0
(OUT)
(OUT)
(OUT)
(OUT)    ****** RESET ******
(OUT)
(OUT)    GOOD MORNING.
(OUT)
(OUT)    1-
(OUT)
(IN)     (DATE)
(OUT)    "29-SEP-81 09:50:56"
(OUT)    2-
(OUT)
(IN)     LOAD(BLOCKS-WORLD)
(OUT)
(OUT)    PRETTYDEF FORMAT BLOCKS-WORLD CREATED 28-SEP-81 21:22:42
         FILENAME: LISP.DATA.BLOCKS-WORLD.99
(OUT)    BLOCKS-WORLDCOMS
(OUT)    (FIRSTCOL RESET)
(OUT)    BLOCKS-WORLD
(OUT)    3-
(OUT)
(IN)     (SETQ BLOCK-A 'BLOCK-A)
(OUT)    BLOCK-A
(OUT)    4-
(OUT)
  .
  .
  .
(IN)     (PP PLAY)
(OUT)
(OUT)    <PLAY
(OUT)      <LAMBDA L **COMMENT**
(OUT)        (COND
(OUT)          ((NULL L)
(OUT)            (QUOTE "O.K."))
(OUT)          (T (BW-TRACER (EVAL (CAR L)))
(OUT)             (APPLY (QUOTE PLAY)
(OUT)                    (CDR L>>
(OUT)    (PLAY)
(OUT)    12-
(OUT)
(IN)     (PP THAT-IS)
(OUT)
(OUT)    <THAT-IS
(OUT)      <LAMBDA (THING)  **COMMENT**
(OUT)        (SET THING (MAPCAR TRACER (QUOTE CAR)))
(OUT)        (QUOTE "O.K.">>
(OUT)    (THAT-IS)
(OUT)    13-
(OUT)
(IN)     (PP BUILD)
(OUT)
(OUT)    <BUILD
(OUT)      <LAMBDA (THING)  **COMMENT**
(OUT)        (APPLY (QUOTE PLAY)
(OUT)               (EVAL THING>>
(OUT)    (BUILD)
(OUT)    14-
(OUT)
```

```
(IN)     (RESET-BLOCKS-WORLD)
(OUT)    T
(OUT)    15-
(OUT)
(IN)     (PLAY '(PUT-ON BLOCK-A TABLE) '(PUT-ON PYRAMID BLOCK-A) )
(OUT)    1 2 "O.K."
(OUT)    16-
(OUT)
(IN)     TRACER
(OUT)    (((PUT-ON BLOCK-A TABLE) ((PUT-AT BLOCK-A (1 3 0))
         ((GRASP BLOCK-A)) ((MOVE-OBJECT (1 3 0))) ((UNGRASP BLOCK-A))))
(OUT)    ((PUT-ON PYRAMID BLOCK-A) ((PUT-AT PYRAMID (1 3 2))
         ((GRASP PYRAMID)) ((MOVE-OBJECT (1 3 2))) ((UNGRASP PYRAMID)))))
(OUT)    17-
(OUT)
(IN)     (THAT-IS 'HOUSE1)
(OUT)    "O.K."
(OUT)    18-
(OUT)
(IN)     HOUSE1
(OUT)    ((PUT-ON BLOCK-A TABLE) (PUT-ON PYRAMID BLOCK-A))
(OUT)    19-
(OUT)
(IN)     (DROP)
(OUT)    NIL
(OUT)    20-
(OUT)
(IN)     (PLAY '(PUT-ON BLOCK-D TABLE) '(PUT-ON BLOCK-B SPHERE)
         '(PUT-ON BLOCK-C BLOCK-D) '(PUT-ON BLOCK-B BLOCK-C) )
(OUT)    3 (MAKE-SPACE -- NO SPACE BUT NO CLUTTER EITHER)
(OUT)    ***RESET-SITUATION-3***
(OUT)    4 5 "O.K."
(OUT)    21-
(OUT)
(IN)     TRACER
(OUT)    (((PUT-ON BLOCK-D TABLE) ((PUT-AT BLOCK-D (3 8 0))
         ((GRASP BLOCK-D)) ((MOVE-OBJECT (3 8 0))) ((UNGRASP BLOCK-D))))
(OUT)    ((PUT-ON BLOCK-C BLOCK-D) ((PUT-AT BLOCK-C (3 8 2))
         ((GRASP BLOCK-C)) ((MOVE-OBJECT (3 8 2))) ((UNGRASP BLOCK-C))))
(OUT)    ((PUT-ON BLOCK-B BLOCK-C) ((PUT-AT BLOCK-B (3 8 4))
         ((GRASP BLOCK-B)) ((MOVE-OBJECT (3 8 4))) ((UNGRASP BLOCK-B)))))
(OUT)    22-
(OUT)
(IN)     (THAT-IS 'TOWER4)
(OUT)    "O.K."
(OUT)    23-
(OUT)
(IN)     TOWER4
(OUT)    ((PUT-ON BLOCK-D TABLE) (PUT-ON BLOCK-C BLOCK-D)
         (PUT-ON BLOCK-B BLOCK-C))
(OUT)    24-
(OUT)
(IN)     (RESET-BLOCKS-WORLD)
(OUT)    T
(OUT)    25-
(OUT)
(IN)     (BUILD 'HOUSE1)
(OUT)    1 2 "O.K."
(OUT)    26-
(OUT)
(IN)     (BUILD 'TOWER4)
(OUT)    3 4 5 "O.K."
(OUT)    27-
(OUT)
```

```
(BW-PLAN)
((MOVETO (1 1 4)) (GRASP BLOCK-A) (MOVETO (1 8 2)) (UNGRASP BLOCK-A)
(MOVETO (3 8 2)) (GRASP PYRAMID) (MOVETO (1 8 4)) (UNGRASP PYRAMID)
(MOVETO (9 4 2)) (GRASP BLOCK-D) (MOVETO (5 8 2)) (UNGRASP BLOCK-D)
(MOVETO (6 1 2)) (GRASP BLOCK-C) (MOVETO (5 8 4)) (UNGRASP BLOCK-C)
(MOVETO (1 1 2)) (GRASP BLOCK-B) (MOVETO (5 8 6)) (UNGRASP BLOCK-B))
28-

(PRINTDEF1 TRACER)
  <<(PUT-ON BLOCK-A TABLE)
     ((PUT-AT BLOCK-A (1 8 0))
      ((GRASP BLOCK-A))
      ((MOVE-OBJECT (1 8 0)))
      ((UNGRASP BLOCK-A>
   <(PUT-ON PYRAMID BLOCK-A)
     ((PUT-AT PYRAMID (1 8 2))
      ((GRASP PYRAMID))
      ((MOVE-OBJECT (1 8 2)))
      ((UNGRASP PYRAMID>
   <(PUT-ON BLOCK-D TABLE)
     ((PUT-AT BLOCK-D (5 8 0))
      ((GRASP BLOCK-D))
      ((MOVE-OBJECT (5 8 0)))
      ((UNGRASP BLOCK-D>
   <(PUT-ON BLOCK-C BLOCK-D)
     ((PUT-AT BLOCK-C (5 8 2))
      ((GRASP BLOCK-C))
      ((MOVE-OBJECT (5 8 2)))
      ((UNGRASP BLOCK-C>
   ((PUT-ON BLOCK-B BLOCK-C)
     ((PUT-AT BLOCK-B (5 8 4))
      ((GRASP BLOCK-B))
      ((MOVE-OBJECT (5 8 4)))
      ((UNGRASP BLOCK-B>
NIL
29-
```

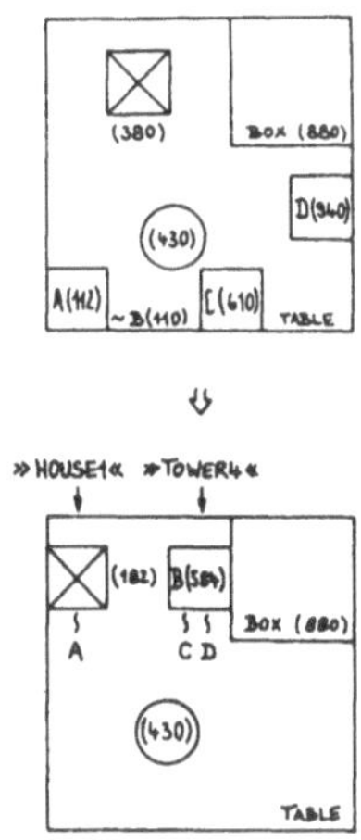


```
(SITUATION)
------------------------------------------------------------------------------
SITUATION          BLOCK-A   BLOCK-B   BLOCK-C   BLOCK-D   SPHERE    PYRAMID
==============================================================================
INDICATOR          VALUE     29-SEP-81 10:04:52
------------------------------------------------------------------------------
SUPPORTED-BY       TABLE     BLOCK-C   BLOCK-D   TABLE     TABLE     BLOCK-A
DIRECTLY-SUPPORTS  (PYRAMID) NIL       (BLOCK-B) (BLOCK-C) NIL       NIL
PLACE              (1 8 0)   (5 8 4)   (5 8 2)   (5 8 0)   (4 3 0)   (1 8 2)
SIZE               (2 2 2)   (2 2 2)   (2 2 2)   (2 2 2)   (2 2 2)   (2 2 2)
TYPE               BLOCK     BLOCK     BLOCK     BLOCK     SPHERE    PYRAMID
COLOR              GREEN     RED       BLUE      RED       GREEN     RED
SUPPORTP           T         T         T         T         NIL       NIL
==============================================================================
BOX                PLACE (8 8 0)       SIZE (4 4 0.100000) COLOR BLUE
DIRECTLY-SUPPORTS  NIL
==============================================================================
TABLE              PLACE (5 5 0)       SIZE (10 10 0)      COLOR BLACK
DIRECTLY-SUPPORTS  (BLOCK-D BLOCK-A SPHERE BOX)
==============================================================================
HAND GRASPING      NIL
HAND POSITION      (5 8 6)
------------------------------------------------------------------------------
T
30-

...

(EXIT)
```

und die automatische Fehlerbereinigung aktiv ist. Anschließend wird PLAY rekursiv auf die Restliste angesetzt. APPLY sorgt für die korrekte Zuordnung der Listenelemente an die no-spread Funktion.

12 Wenn man die Befehle zum Bau von einem "Haus" gegeben hat, kann man mittels THAT-IS dieses Gebilde mit einem Namen (z.B. HOUSE1) bezeichnen. THAT-IS bindet an den Namen die entsprechende Befehlsliste, die mittels MAPCAR aus dem TRACER herausgezogen wurde. THAT-IS antwortet mit "O.K." .

13 Die Funktion BUILD läßt die an den Namen (z.B. HOUSE1) gebundene Befehlsliste, die mit EVAL angesprochen wird, mittels PLAY abarbeiten. Wieder ist APPLY zur Zuordnung der Listenelemente an die no-spread Funktion PLAY notwendig.

15 Der folgende Test zeigt die Arbeitsweise von PLAY , THAT-IS und BUILD . Nach Rücksetzung der "Block-Welt" in die Start-Situation werden mittels PLAY zwei Befehle zur Ausführung gebracht und durch "O.K." quittiert. Die beiden Zahlen werden von BW-TRACER als Bestätigung der erfolgreichen Bearbeitung und Rettung von Situation 1 und 2 gesetzt.

16 Aus dem TRACER ist abzulesen, daß Block-A auf den Platz (1 3 0) gestellt wurde.

17 Mittels THAT-IS bezeichnen wir das Gebilde mit HOUSE1 . Wir überzeugen uns, daß an HOUSE1 die Befehlsliste gebunden wurde.

19 Mit DROP löschen wir den TRACER !

20 Mit den folgenden Befehlen bauen wir einen "Turm". Absichtlich wurde zur Prüfung der Rücksetz-Prozedur ein fehlerhafter Befehl zwischengeschoben. Die Zahlen sagen aus, daß der erste Befehl zur gespeicherten Situation 3 geführt hat. Die anschließende Fehlererkennung bewirkt

das Rücksetzen und darauf folgend werden Situation 4 und 5 gespeichert.

21 Der TRACER enthält nur die "richtigen" Werte. Block-D wurde hier auf (3 8 0) gesetzt, den Platz, wo anfangs die Pyramide stand.

22 Mittels THAT-IS bezeichnen wir diesen "Turm" mit TOWER4 . An TOWER4 wurden die richtigen Befehle gebunden.

24 Nun setzen wir die "Block-Welt" wieder zurück in die Start-Situation. Der TRACER wird dabei gelöscht, die gespeicherten Situationen werden "vergessen".

25 Wenn wir jetzt (BUILD 'HOUSE1) und (BUILD 'TOWER4) eingeben, so werden "Haus" und "Turm" gebaut.

Schauen wir uns PLAN und TRACER an, so sehen wir, daß in der Ausführungsphase "Haus" und "Turm" an anderen Plätzen aufgebaut wurden als in der Lernphase, denn wir haben vereinbarungsgemäß "allgemeingültige" PUT-ON (und nicht spezifizierende PUT-AT) Befehle eingegeben !

29 Skizzen und Situations-Tabelle zeigen abschließend nochmals das Ergebnis.

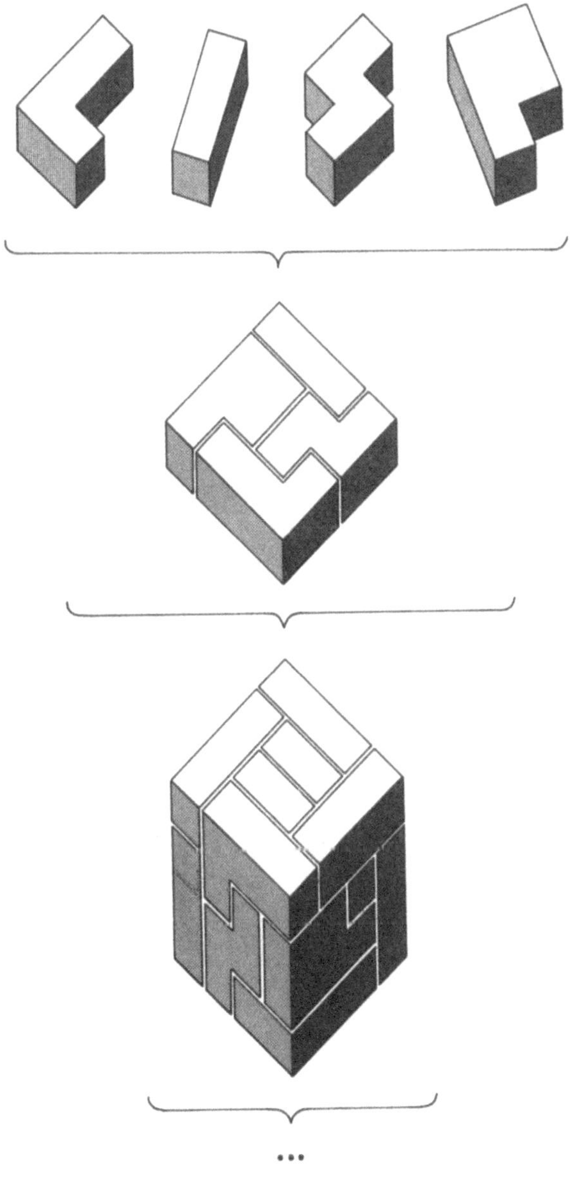

ERGÄNZUNGEN

" LISP -
die intelligenteste Art
einen Computer zu mißbrauchen "

E.W. Dijkstra (1972 , nach Stoyan /9/)

```
 888888888
88888888888
88888888888
88888 88888
88888 88888
88888888888
 888888888
88888888888
88888 88888
88888 88888
88888888888
88888888888
 888888888
```

I N H A L T

Beispiele für "destruktive" Systemfunktionen

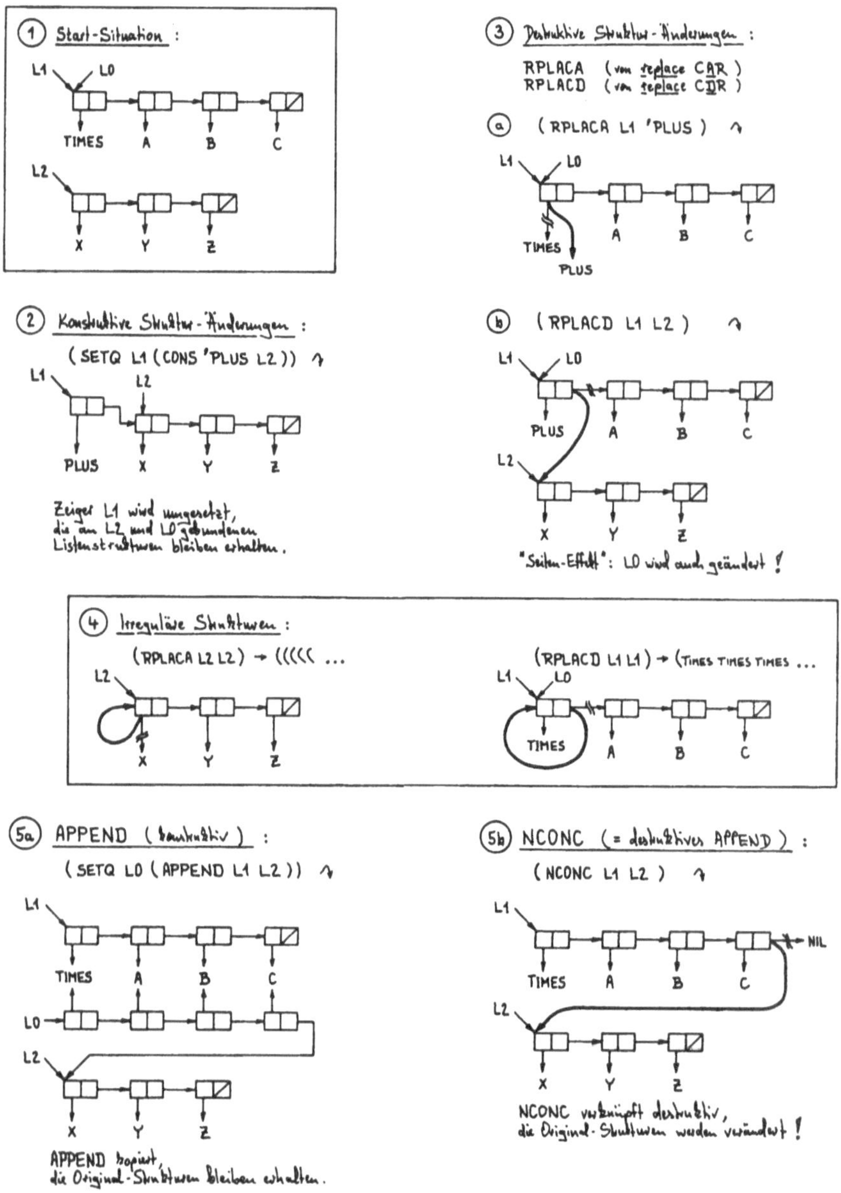

8.1 Beispiele für "destruktive" Systemfunktionen

Bisher wurde bei Anwendungen von Funktionen auf Listen ggf. neue Ergebnislisten erzeugt. Die Struktur der Argumentlisten wurde nicht verändert. *) Wollten wir Strukturen verändern, so haben wir das bisher über SETQ s veranlaßt. Machen wir uns die Vorgehensweise nochmals mit Zeiger-Diagrammen (vgl. Merkblatt) anschaulich :

2 Mit dem ersten SETQ definieren wir die Liste LO , mit dem zweiten setzen wir L1 pointer-gleich zu LO . Das dritte SETQ definiert L2 . Die zugehörigen Zeiger-Diagramme sind dem Merkblatt unter (1) zu entnehmen.

5 Die drei folgenden Beispiele zeigen, daß die Original-Struktur L1 dabei nicht verändert wird.

9 Mit dem nachfolgenden SETQ wird L1 geändert; das zugehörige Zeiger-Diagramm ist unter (2) dargestellt.

13 Der Zeiger L1 wurde umgesetzt; die an L2 und LO gebundenen Listen blieben erhalten: Also kann L1 von LO zurückgeladen werden !

15 Wie in der "Einf. Übersicht" angedeutet, gibt es Systemfunktionen, die die Struktur der Eingabelisten verändern können. (vgl. dazu Merkblatt (3)) Die Funktion RPLACA (replace CAR) ändert den CAR-Zeiger ihres Arguments: Sie ersetzt den CAR des ersten Arguments durch das zweite Argument.

17 Die Funktion RPLACD (replace CDR) ändert den CDR-Zeiger ihres ersten Arguments: Sie ersetzt den CDR des ersten Arguments durch das zweite Argument.

L1 wurde beide Male modifiziert. L2 blieb erhalten. Aber LO wurde mit L1 verändert, da beide Zeiger auf

----

*) Ausnahme: SORT, sowie PUTPROP und REMPROP Operationen !

```
(IN)      DO $RZP.LISP
(OUT)     %  P500 LOADING
(OUT)
(OUT)          SIEMENS-INTERLISP  -  VERSION 4.0
(OUT)
(OUT)
(OUT)
(OUT)     ****** RESET ******
(OUT)
(OUT)     GOOD AFTERNOON.
(OUT)
(OUT)     1-
(OUT)
(IN)      (DATE)
(OUT)     " 7-JAN-82 13:20:42"
(OUT)     2-
(OUT)
(IN)      (SETQ L0 '(TIMES A B C))
(OUT)     (TIMES A B C)
(OUT)     3-
(OUT)
(IN)      (SETQ L1 L0)
(OUT)     (TIMES A B C)
(OUT)     4-
(OUT)
(IN)      (SETQ L2 '(X Y Z))
(OUT)     (X Y Z)
(OUT)     5-
(OUT)
(IN)      (CAR L1)
(OUT)     TIMES
(OUT)     6-
(OUT)
(IN)      (CDR L1)
(OUT)     (A B C)
(OUT)     7-
(OUT)
(IN)      (CONS 'PLUS (CDR L1))
(OUT)     (PLUS A B C)
(OUT)     8-
(OUT)
(IN)      L1
(OUT)     (TIMES A B C)
(OUT)     9-
(OUT)
(IN)      (SETQ L1 (CONS 'PLUS L2))
(OUT)     (L1 RESET)
(OUT)     (PLUS X Y Z)
(OUT)     10-
(OUT)
(IN)      L2
(OUT)     (X Y Z)
(OUT)     11-
(OUT)
(IN)      L1
(OUT)     (PLUS X Y Z)
(OUT)     12-
(OUT)
(IN)      L0
(OUT)     (TIMES A B C)
(OUT)     13-
(OUT)
(IN)      (SETQ L1 L0)
(OUT)     (L1 RESET)
(OUT)     (TIMES A B C)
(OUT)     14-
```

```
(IN)      L1
(OUT)     (TIMES A B C)
(OUT)     15-
(OUT)
(IN)      (RPLACA L1 'PLUS)
(OUT)     (PLUS A B C)
(OUT)     16-
(OUT)
(IN)      L1
(OUT)     (PLUS A B C)
(OUT)     17-
(OUT)
(IN)      (RPLACD L1 L2)
(OUT)     (PLUS X Y Z)
(OUT)     18-
(OUT)
(IN)      L2
(OUT)     (X Y Z)
(OUT)     19-
(OUT)
(IN)      L1
(OUT)     (PLUS X Y Z)
(OUT)     20-
(OUT)
(IN)      L0
(OUT)     (PLUS X Y Z)
(OUT)     21-
(OUT)
(IN)      (SETQ L1 '(TIMES A B C))
(OUT)     (L1 RESET)
(OUT)     (TIMES A B C)
(OUT)     22-
(OUT)
(IN)      L2
(OUT)     (X Y Z)
(OUT)     23-
(OUT)
(IN)      L1
(OUT)     (TIMES A B C)
(OUT)     24-
(OUT)
(IN)      (SETQ L0 (APPEND L1 L2))
(OUT)     (L0 RESET)
(OUT)     (TIMES A B C X Y Z)
(OUT)     25-
(OUT)
(IN)      L0
(OUT)     (TIMES A B C X Y Z)
(OUT)     26-
(OUT)
(IN)      L1
(OUT)     (TIMES A B C)
(OUT)     27-
(OUT)
(IN)      L2
(OUT)     (X Y Z)
(OUT)     28-
(OUT)
(IN)      (NCONC L1 L2)
(OUT)     (TIMES A B C X Y Z)
(OUT)     29-
(OUT)
(IN)      L1
(OUT)     (TIMES A B C X Y Z)
(OUT)     30-
(OUT)
(IN)      L2
(OUT)     (X Y Z)
(OUT)     31-
(OUT)
(IN)      (EQUAL L0 L1)
(OUT)     T
(OUT)     32-
(OUT)
(IN)      (EQ L0 L1)
(OUT)     NIL
(OUT)     33-
(OUT)
(IN)      (DATE)
(OUT)     " 7-JAN-82 13:28:43"
(OUT)     34-
(OUT)
(IN)      (EXIT)
```

die gleiche LISP-Zelle zeigen ! Mit Hilfe der zugehörigen Zeiger-Diagramme (3) ist das Verhalten leicht zu erklären. Ohne die Diagramme erscheint dieser "Seiten-Effekt" überraschend. Man erkennt daran einerseits die Nützlichkeit der graphischen Darstellung; andererseits, daß die Anwendung "destruktiver" Systemfunktionen mit äußerster Vorsicht und Sorgfalt geschehen muß. Trotzdem sind destruktive Funktionen wertvoll, denn es lassen sich damit sehr effektive Programme erstellen !

21 Die Liste (A B C) wurde zu "garbage". Wollen wir L1 in der ursprünglichen Form wieder erhalten, so müssen wir L1 neu definieren.

Mit RPLACA und RPLACD können auch "irreguläre" Listenstrukturen erzeugt werden (vgl. Merkblatt (4)), die, falls sie ausgedruckt werden, das LISP-System in Endlos-Schleifen bringen. Es sind aber Anwendungen denkbar, wo z.B. zirkulare Listen als Informations-Struktur nützlich sind. (z.B. skizziert Siklóssy /8/ ein Monopoly-Spiel-Programm, in dem der Spiel-Plan als zirkulare Liste definiert ist.) Man darf aber nicht versuchen, diese Listen zu drucken !

25 Wir wollen noch NCONC, die "destruktive Version" von APPEND, kennenlernen. Betrachten wir zunächst das Verhalten von APPEND und vergleichen damit die Zeiger-Diagramme im Merkblatt (5a) : Die Funktion APPEND kopiert L1 und verknüpft die Kopie mit L2 . Mittels SETQ wird dieser Struktur der Name LO zugewiesen.

26 Die an L1 und L2 gebundenen Listen bleiben unverändert.

28 Nun zu NCONC : Das Zeiger-Diagramm (5b) zeigt, daß NCONC keine Kopie von L1 erzeugt, sondern L1 direkt mit L2 verknüpft. L1 wurde verändert und ist jetzt zu LO struktur- aber nicht pointer-gleich, wie wir mittels EQUAL und EQ beweisen; also hat APPEND kopiert !

8.2 Definition einer Pattern-Match-Funktion, Anwendungsbeispiele zur Muster-Erkennung

Mit EQ und EQUAL hatten wir Funktionen kennengelernt, die S-Expressions miteinander vergleichen: EQ prüft auf Pointer-Gleichheit, EQUAL auf Struktur-Gleichheit. In den "Übungen zur Einf. Übersicht" hatten wir mit Aufg. (20) die Funktion STRUCEQ definiert, die zwei S-Expressions auf "Struktur"-Gleichheit testet, ohne den "Inhalt" zu berücksichtigen.

Struktur-Vergleicher auf einer noch höheren Abstraktions-Stufe bezeichnet man als "Pattern-Matcher" : Es sind Prädikatfunktionen, in denen mit Stellvertreter-Symbolen ein "Muster" definiert werden kann, das mit einer S-Expression verglichen wird. Trifft der Muster-Vergleich zu, so ist das Ergebnis T (allgemein: nicht-NIL), andernfalls NIL.

In INTERLISP stehen die Symbole

&	für <u>eine</u> beliebige S-Expression
--	für jedes zusammenhängende (möglicherweise leere) Listensegment

Wenn ein Pattern wiederum ein Pattern enthalten darf, ist ein Struktur-Vergleich in beliebige Tiefe möglich. Einige Beispiele klären das Verhalten am besten :

Wenn der Pattern-Matcher z.B.

```
pat   =  '(--    (B &)  &  ( -- )    H --)
sex1  =  '(A1 A2 (B C) (Z) (E(F(G))) H   )
```

vergleicht, soll das Ergebnis T sein : Am Anfang matcht -- für beliebig viele Elemente, am Ende aber für nichts und in der Mitte für eine beliebige zusammenhängende Struktur. Dagegen steht & stets nur für <u>ein</u> Element.

Wird das obere Pattern aber mit der S-Expression

```
sex2  =  '(A1 A2 (B C) X Y (E(F(G))) H   )
```

```
(IN)      DO $RZP.LISP
(OUT)     %  P500 LOADING
(OUT)
(OUT)          SIEMENS-INTERLISP  -  VERSION 4.0
(OUT)
(OUT)
(OUT)
(OUT)     ****** RESET ******
 ...
(IN)      LOAD(UTILITIES)
 ...
(IN)      LOAD(BLOCKS-WORLD)

  :

(IN)      (MATCH '(-- (B &) & (--) H --) '(A1 A2 (B C) (Z) (E(F(G))) H) )
(OUT)     T
(OUT)     1-
(OUT)
(IN)      (MATCH '(-- (B &) & (--) H --) '(A1 A2 (B C) X Y (E(F(G))) H) )
(OUT)     NIL
(OUT)     2-
(OUT)
(IN)      (MATCH '(-- (B &) & (--) H --) '(A1 A2 (B C) (Z) W H) )
(OUT)     NIL
(OUT)     3-
(OUT)


(IN)      (PP MATCH)
(OUT)
(OUT)     <MATCH
(OUT)       <LAMBDA (PAT SEX)  **COMMENT**
(OUT)         (COND
(OUT)           ((NULL PAT)
(OUT)             (NULL SEX))
(OUT)           <(NULL SEX)
(OUT)             (EQUAL PAT (QUOTE (-->
(OUT)           <(OR (ATOM PAT)
(OUT)                (ATOM SEX))
(OUT)             (OR (EQUAL PAT SEX)
(OUT)                 (EQUAL PAT (QUOTE &))
(OUT)                 (EQUAL PAT (QUOTE --))
(OUT)           ((OR (EQUAL (CAR PAT)
(OUT)                       (CAR SEX))
(OUT)                (EQUAL (CAR PAT)
(OUT)                       (QUOTE &)))
(OUT)             (MATCH (CDR PAT)
(OUT)                    (CDR SEX)))
(OUT)           <(EQUAL (CAR PAT)
(OUT)                   (QUOTE --))
(OUT)             (OR (MATCH (CDR PAT)
(OUT)                        SEX)
(OUT)                 (MATCH PAT (CDR SEX>
(OUT)           ((MATCH (CAR PAT)
(OUT)                   (CAR SEX))
(OUT)             (MATCH (CDR PAT)
(OUT)                    (CDR SEX)))
(OUT)           (T NIL>>
(OUT)     (MATCH)
(OUT)     4-
(OUT)
```

```
(IN)     (MATCH '() '() )
(OUT)    T
(OUT)    5-
(OUT)
(IN)     (MATCH '() '(B C) )
(OUT)    NIL
(OUT)    6-
(OUT)
(IN)     (MATCH '(B C) '() )
(OUT)    NIL
(OUT)    7-
(OUT)
(IN)     (MATCH '(--) '() )
(OUT)    T
(OUT)    8-
(OUT)
(IN)     (MATCH 'A 'A )
(OUT)    T
(OUT)    9-
(OUT)
(IN)     (MATCH 'A '(B C) )
(OUT)    NIL
(OUT)    10-
(OUT)
(IN)     (MATCH '& 'A )
(OUT)    T
(OUT)    11-
(OUT)
(IN)     (MATCH '& '(B C) )
(OUT)    T
(OUT)    12-
(OUT)
(IN)     (MATCH '-- 'A )
(OUT)    T
(OUT)    13-
(OUT)
(IN)     (MATCH '-- '(B C) )
(OUT)    T
(OUT)    14-
(OUT)
(IN)     (MATCH '(--) 'A )
(OUT)    NIL
(OUT)    15-
(IN)     (TRACE MATCH)
(OUT)    (MATCH)
   :
(IN)     (MATCH '(B &) '(B C) )
(OUT)
(OUT)    MATCH:
(OUT)    PAT = (B &)
(OUT)    SEX = (B C)
(OUT)
(OUT)        MATCH:
(OUT)        PAT = (&)
(OUT)        SEX = (C)
(OUT)
(OUT)            MATCH:
(OUT)            PAT = NIL
(OUT)            SEX = NIL
(OUT)            MATCH = T
(OUT)        MATCH = T
(OUT)    MATCH = T
(OUT)    T
(OUT)    23-
```

```
(IN)     (MATCH '(Z --) '(Z) )
(OUT)
(OUT)    MATCH:
(OUT)    PAT = (Z --)
(OUT)    SEX = (Z)
(OUT)
(OUT)        MATCH:
(OUT)        PAT = (--)
(OUT)        SEX = NIL
(OUT)        MATCH = T
(OUT)    MATCH = T
(OUT)    T
(OUT)    24-
(OUT)
(IN)     (MATCH '(-- D) '(B C D) )
(OUT)
(OUT)    MATCH:
(OUT)    PAT = (-- D)
(OUT)    SEX = (B C D)
(OUT)
(OUT)        MATCH:
(OUT)        PAT = (D)
(OUT)        SEX = (B C D)
(OUT)
(OUT)            MATCH:
(OUT)            PAT = D
(OUT)            SEX = B
(OUT)            MATCH = NIL
(OUT)        MATCH = NIL
(OUT)
(OUT)        MATCH:
(OUT)        PAT = (-- D)
(OUT)        SEX = (C D)
(OUT)
(OUT)            MATCH:
(OUT)            PAT = (D)
(OUT)            SEX = (C D)
(OUT)
(OUT)                MATCH:
(OUT)                PAT = D
(OUT)                SEX = C
(OUT)                MATCH = NIL
(OUT)            MATCH = NIL
(OUT)
(OUT)            MATCH:
(OUT)            PAT = (-- D)
(OUT)            SEX = (D)
(OUT)
(OUT)                MATCH:
(OUT)                PAT = (D)
(OUT)                SEX = (D)
(OUT)
(OUT)                    MATCH:
(OUT)                    PAT = NIL
(OUT)                    SEX = NIL
(OUT)                    MATCH = T
(OUT)                MATCH = T
(OUT)            MATCH = T
(OUT)        MATCH = T
(OUT)    MATCH = T
(OUT)    T
(OUT)    25-
(OUT)
(IN)     (UNBREAK MATCH)
(OUT)    (MATCH)
(OUT)    26-
```

verglichen, dann muß das Ergebnis NIL sein, denn & darf nur gegen ein Element matchen. Auch mit folgender S-Expression

sex3 = '(A1 A2 (B C) (Z) W H)

muß der Test NIL ergeben, denn (--) darf nicht mit einem Atom matchen !

Obwohl Pattern-Matcher als Systemfunktionen zu Verfügung stehen, wollen wir wegen der zu gewinnenden Einsichten hierfür eine eigene Routine, die Funktion MATCH, entwerfen. An der kompackten Definition erkennt man, daß LISP eine gute Implementations-Sprache für Pattern-Matcher ist !

Gleichzeitig mit der Besprechung der Definition von MATCH, sollten die nachfolgenden, jeweils zugehörigen Test-Beispiele betrachtet werden !

3 Der erste Parameter von MATCH ist das Pattern PAT, der zweite die zu prüfende S-Expression SEX. MATCH ergibt T unter folgenden drei Endbedingungen : Wenn (1. Klausel; vgl. die ersten beiden Beispiele) PAT leer ist, dann muß auch SEX leer sein, oder (2. Klausel; vgl. die nachfolgenden beiden Test-Beispiele), wenn SEX leer ist, dann muß PAT gleich (--) sein. Die 3. Klausel (vgl. die anschließenden sieben Test-Beispiele) fängt den Fall ab, daß PAT oder SEX ein Atom ist. Das Ergebnis ist T , falls PAT entweder gleich SEX oder & oder -- ist.

Falls PAT und SEX weder leere Listen noch Atome sind, so wird in der 4. Klausel geprüft, ob die CARs übereinstimmen, oder ob der CAR von PAT gleich & ist. In diesen Fällen wird MATCH rekursiv in den CDRs weitersuchen. (Die beiden zugehörigen Beispiele lassen wir tracen, um den Ablauf der rekursiven Aufrufe besser zu verstehen !)

Trifft auch dieses Prädikat nicht zu, so wird in der <u>5. Klausel</u> geprüft, ob CAR von PAT gleich -- ist. Wenn ja, so wird MATCH rekursiv zwei Möglichkeiten durchprüfen :

> falls -- für kein Element steht, so wird MATCH mit SEX und CDR von PAT erfolgreich sein.
>
> falls -- für ein oder mehrere Elemente steht, dann wird MATCH mit PAT (also wieder mit -- !) auf den CDR von SEX angesetzt. Somit ist eine rekursive Schleife programmiert, um die "zusätzlichen" Elemente abzuarbeiten.

(Das zugehörige letzte Test-Beispiel durchläuft beide Phasen. Im TRACE ist die Abarbeitung gut zu erkennen und sollte Schritt für Schritt mit der Funktionsdefinition verglichen werden !)

Falls kein Prädikat zutrifft, wird in der <u>6. Klausel</u> rekursiv in die Tiefe eingedrungen : Wenn MATCH für die CARs zutrifft, dann wird rekursiv in den CDRs weitergesucht, andernfalls (<u>7. Klausel</u>) ist das Ergebnis NIL.

Zur Übung wollen wir zwei einfache Anwendungen unseres Pattern-Matchers betrachten : Die Definition der Funktionen INSIDM und SAY (mit SAY1).

Die im Abschnitt 6.1 definierte Funktion INSID<u>E</u> sucht eine beliebige S-Expression SEX1 innerhalb der S-Expression SEX2 und gibt als Ergebnis das top-level Element von SEX2 zurück, in dem SEX1 gefunden wurde.

In Analogie dazu wollen wir die Pattern-Match-Funktion INSID<u>M</u> implementieren, die das Pattern PAT innerhalb der Liste LIS sucht und als Ergebnis das entsprechende top-level Element von LIS liefert, in dem PAT gefunden wurde. Die Definition ergibt sich einfach durch Substitution : Statt INSID<u>E</u> wird INSID<u>M</u> , statt EQUAL wird MATCH und statt SEX1, SEX2 wird PAT bzw. LIS geschrieben.

```
(IN)     (PP INSIDM)
(OUT)
(OUT)    <INSIDM
(OUT)      <LAMBDA (PAT LIS)  **COMMENT**
(OUT)        (COND
(OUT)          ((ATOM LIS)
(OUT)            NIL)
(OUT)          ((MATCH PAT (CAR LIS))
(OUT)            (CAR LIS))
(OUT)          ((INSIDM PAT (CAR LIS))
(OUT)            (CAR LIS))
(OUT)          (T (INSIDM PAT (CDR LIS>>
(OUT)    (INSIDM)
(OUT)    27-
(OUT)
(IN)     LIS1
(OUT)    (ALPHA (BETA GAMMA) DELTA)
(OUT)    28-
(OUT)
(IN)     LIS2
(OUT)    ((ALPHA BETA) GAMMA (DELTA EPSILON))
(OUT)    29-
(OUT)
(IN)     (SETQ LIS (LIST LIS1 LIS2) )
(OUT)    ((ALPHA (BETA GAMMA) DELTA) ((ALPHA BETA) GAMMA (DELTA EPSILON)))
(OUT)    30-
(OUT)
(IN)     (INSIDM 'GAMMA LIS1)
(OUT)    (BETA GAMMA)
(OUT)    31-
(OUT)
(IN)     (INSIDM 'GAMMA LIS2)
(OUT)    GAMMA
(OUT)    32-
(OUT)
(IN)     (INSIDM 'GAMMA LIS)
(OUT)    (ALPHA (BETA GAMMA) DELTA)
(OUT)    33-
(OUT)
(IN)     (INSIDM '((& &)& --) LIS)
(OUT)    ((ALPHA BETA) GAMMA (DELTA EPSILON))
(OUT)    34-
(OUT)
(IN)     (INSIDM '(-- (& &) --) LIS)
(OUT)    (ALPHA (BETA GAMMA) DELTA)
(OUT)    35-
(OUT)
(IN)     (INSIDM '(-- (&) --) LIS)
(OUT)    NIL
(OUT)    36-
(OUT)
(IN)     (PP SAY1)
(OUT)
(OUT)    <SAY1
(OUT)      <LAMBDA (PAT LT)  **COMMENT**
(OUT)        (COND
(OUT)          ((ATOM LT)
(OUT)            NIL)
(OUT)          ((MATCH PAT (CAR LT))
(OUT)            (CAR LT))
(OUT)          ((SAY1 PAT (CAR LT)))
(OUT)          (T (SAY1 PAT (CDR LT>>
(OUT)    (SAY1)
(OUT)    37-
(OUT)
```

```
(IN)     (PRINTDEF1 (SETQ TRACER TRACER-1.2) )
(OUT)      <<(PUT-ON BLOCK-B BLOCK-C)
(OUT)        ((PUT-AT BLOCK-B (6 1 2))
(OUT)         <(GRASP BLOCK-B)
(OUT)          ((CLEAR-TOP BLOCK-B)
(OUT)           ((GET-RID-OF BLOCK-A)
(OUT)            ((PUT-AT BLOCK-A (1 5 0))
(OUT)             ((GRASP BLOCK-A))
(OUT)             ((MOVE-OBJECT (1 5 0)))
(OUT)             ((UNGRASP BLOCK-A>
(OUT)         ((MOVE-OBJECT (6 1 2)))
(OUT)         ((UNGRASP BLOCK-B>
(OUT)       ((PUT-ON PYRAMID BLOCK-C)
(OUT)        <(MAKE-SPACE BLOCK-C PYRAMID)
(OUT)         ((GET-RID-OF BLOCK-B)
(OUT)          ((PUT-AT BLOCK-B (1 7 0))
(OUT)           ((GRASP BLOCK-B))
(OUT)           ((MOVE-OBJECT (1 7 0)))
(OUT)           ((UNGRASP BLOCK-B>
(OUT)        ((PUT-AT PYRAMID (6 1 2))
(OUT)         ((GRASP PYRAMID))
(OUT)         ((MOVE-OBJECT (6 1 2)))
(OUT)         ((UNGRASP PYRAMID>
(OUT)    NIL
(OUT)    38-
(OUT)
(IN)     (SAY1 '(-- BLOCK-A --) TRACER)
(OUT)    (GET-RID-OF BLOCK-A)
(OUT)    39-
(OUT)
(IN)     (SAY1 '(PUT-AT PYRAMID --) TRACER)
(OUT)    (PUT-AT PYRAMID (6 1 2))
(OUT)    40-
(OUT)
(IN)     (PP* SAY)
(OUT)
(OUT)    <SAY
(OUT)      <LAMBDA (PAT)     (* EDITED: "21-JAN-82 13:51:52")
(OUT)        (PROG (L1)
(OUT)              <COND
(OUT)                <(NULL PAT)
(OUT)                       (* KEIN PATTERN GEGEBEN,
                               RUECKGRIFF AUF MEMORY)
(OUT)                  (COND
(OUT)                    <(NOT (NULL (CAR MEMORY)))
(OUT)                      (RETURN (LIST (CAR MEMORY>
(OUT)                    (T (RETURN "?">
(OUT)                ((ATOM PAT)
(OUT)                       (* PATTERN IST ATOM,
                               GENERIERE SUCH-MUSTER)
(OUT)                  (SETQ PAT (LIST (QUOTE --)
(OUT)                                  PAT
(OUT)                                  (QUOTE -->
(OUT)                       (* SUCHE PATTERN ZUERST IN MEMORY)
(OUT)              (COND
(OUT)                ((SETQ L1 (SAY1 PAT (CDR MEMORY)))
(OUT)                       (* PATTERN IN MEMORY, SETZE MEMORY)
(OUT)                  (SETQ MEMORY (CONS L1 (CDR MEMORY)))
(OUT)                  (RETURN (LIST L1)))
(OUT)                ((SETQ L1 (SAY1 PAT TRACER))
(OUT)                       (* PATTERN IN TRACER, SETZE MEMORY)
(OUT)                  (SETQ MEMORY (CONS L1 (INSIDE L1 TRACER)))
(OUT)                  (RETURN (LIST L1)))
(OUT)                (T (RETURN "?">>
(OUT)    (SAY)
(OUT)    41-
(OUT)
```

27 Für die Test-Beispiele benutzen wir die bekannten Listen LIS1 , LIS2 und definieren LIS als Liste, die LIS1 und LIS2 als top-level Elemente enthält. Die ersten drei Beispiele demonstrieren, daß INSIDM sich wie INSIDE verhält, wenn statt eines Pattern eine "korrekte" Anfrage gestellt wurde.

33 Das folgende erste Pattern-Match-Beispiel kann etwa so umschrieben werden: "Suche in LIS diejenige Struktur, deren erstes top-level Element aus einer Subliste mit zwei Elementen besteht und die mindestens ein zweites top-level Element enthält."

34 Beim zweiten Match-Beispiel wird die zu suchende Struktur gleich im ersten top-level Element von LIS gefunden. (Das Suchmuster trifft aber auch auf das zweite top-level Element von LIS zu !) Das dritte Suchmuster kann nicht in LIS gefunden werden.

36 Als zweite Übung wollen wir den Pattern-Matcher in einer neuen Frage-Funktion des "Block-Welt"-Systems einsetzen. Die bisher definierten Frage-Funktionen verlangen, falls wir ein Argument angeben, dieses vollständig, um korrekt arbeiten zu können. Nun soll die (Pattern-Match-)Frage-Funktion SAY implementiert werden, bei der wir "unvollständige" Information eingeben können und die korrekte Struktur zurückgeliefert erhalten, z.B.

(SAY '(PUT-AT PYRAMID --)) → ((PUT-AT PYRAMID (6 1 2)))

Die formalisierte Frage könnte z.B. so umschrieben werden : "Sag mal, die Pyramide wurde doch irgendwohin gestellt ?" Wir werden SAY vollständig in das Frage/Antwort-System der "Block-Welt" integrieren (vgl. 6.2).

Zunächst definieren wir die Hilfsfunktion SAY1, die die "unvollständige" Information als PAT in der Liste LT sucht. Ergebnis soll die Subliste sein, mit der PAT matcht. (Die Analogie zu SUBLIST liegt auf der Hand !)

38 Für die weiteren Tests laden wir TRACER-1.2 auf TRACER. Die beiden Beispiele zeigen, daß SAY1 wunschgemäß arbeitet.

40 Nun zu SAY : Einziger Parameter ist das Pattern PAT. Mittels SAY sollte auch ein unterbrochener Dialog wieder aufgenommen werden können : Bei einer Anwendung ohne Argument wird zunächst im globalen MEMORY nachgesehen, ob ein erstes Element existiert, das die Antwort auf die letzte Frage war. Wenn ja, dann wird dieses (mit zusätzlichem Klammer-Paar aus Konsistenzgründen) ausgegeben. Andernfalls ist (wie bei DID) die Antwort "?" .

Falls PAT ein Atom ist, z.B. BLOCK-B , dann wird zunächst ein gültiges Suchmuster generiert, z.B. (-- BLOCK-B --) . Anschließend prüft SAY1 , ob dieses Pattern im "Fokus" (das ist der CDR des MEMORY) enthalten ist. Wenn ja, wird der MEMORY entsprechend gesetzt und die gefundene vollständige Struktur ausgegeben.

Wurde im MEMORY nichts gefunden, so wird im globalen TRACER gesucht und ggf. mittels INSIDE der "Fokus" neu eingestellt, der MEMORY entsprechend gesetzt und die Antwort ausgegeben. Ist nichts zu finden, dann ist die Antwort "?" .

42 Die folgenden Test-Beispiele zeigen das Verhalten von SAY im Detail: Mittels DID wird der "Fokus" eingestellt und der MEMORY geladen. Die Frage (SAY) bedeutet jetzt : "Sag mal, wovon haben wir zuletzt gesprochen ?"

46 Man beachte bei den nächsten Fragen und Antworten das "Verweilen" und "Wechseln des Themas" mit den Korrekturen des "Fokus" im MEMORY. Man sieht, daß SAY so eingebunden ist, daß diese nützliche Funktion zusammen mit den anderen Frage-Funktionen DID , WHEN , HOW und WHY gemischt verwendet werden kann !

```
(IN)      (SETQ MEMORY NIL)
(OUT)     NIL
(OUT)     42-
(OUT)
(IN)      (SAY)
(OUT)     "?"
(OUT)     43-
(OUT)
(IN)      (DID '(GRASP PYRAMID) )
(OUT)     "YES"
(OUT)     44-
(OUT)
(IN)      MEMORY
(OUT)     ((GRASP PYRAMID) (PUT-ON PYRAMID BLOCK-C)
          ((MAKE-SPACE BLOCK-C PYRAMID) ((GET-RID-OF BLOCK-B)
(OUT)     ((PUT-AT BLOCK-B (1 7 0)) ((GRASP BLOCK-B))
          ((MOVE-OBJECT (1 7 0))) ((UNGRASP BLOCK-B)))))
(OUT)     ((PUT-AT PYRAMID (6 1 2)) ((GRASP PYRAMID))
(OUT)     ((MOVE-OBJECT (6 1 2))) ((UNGRASP PYRAMID))))
(OUT)     45-
(OUT)
(IN)      (SAY)
(OUT)     ((GRASP PYRAMID))
(OUT)     46-
(OUT)
(IN)      (SAY 'BLOCK-B )
(OUT)     ((GET-RID-OF BLOCK-B))
(OUT)     47-
(OUT)
(IN)      MEMORY
(OUT)     ((GET-RID-OF BLOCK-B) (PUT-ON PYRAMID BLOCK-C)
          ((MAKE-SPACE BLOCK-C PYRAMID) ((GET-RID-OF BLOCK-B)
(OUT)     ((PUT-AT BLOCK-B (1 7 0)) ((GRASP BLOCK-B))
          ((MOVE-OBJECT (1 7 0))) ((UNGRASP BLOCK-B)))))
(OUT)     ((PUT-AT PYRAMID (6 1 2)) ((GRASP PYRAMID))
(OUT)     ((MOVE-OBJECT (6 1 2))) ((UNGRASP PYRAMID))))
(OUT)     48-
(OUT)
(IN)      (SAY '(PUT-AT BLOCK-A (--)) )
(OUT)     ((PUT-AT BLOCK-A (1 5 0)))
(OUT)     49-
(OUT)
(IN)      MEMORY
(OUT)     ((PUT-AT BLOCK-A (1 5 0)) (PUT-ON BLOCK-B BLOCK-C)
          ((PUT-AT BLOCK-B (6 1 2)) ((GRASP BLOCK-B)
(OUT)     ((CLEAR-TOP BLOCK-B) ((GET-RID-OF BLOCK-A)
          ((PUT-AT BLOCK-A (1 5 0)) ((GRASP BLOCK-A))
(OUT)     ((MOVE-OBJECT (1 5 0))) ((UNGRASP BLOCK-A))))))
(OUT)     ((MOVE-OBJECT (6 1 2))) ((UNGRASP BLOCK-B))))
(OUT)     50-
(OUT)
(IN)      (WHEN)
(OUT)     ((PUT-ON BLOCK-B BLOCK-C))
(OUT)     51-
(OUT)
(IN)      (SAY 'SPHERE )
(OUT)     "?"
(OUT)     52-
(OUT)
  :
(IN)      (DATE)
(OUT)     "21-JAN-82 15:38:30"
(OUT)     54-
(OUT)
(IN)      (EXIT)
```

8.3 "Rekursive Paraphrasen" einiger Systemfunktionen

Rekursive Funktionsdefinitionen sind nicht nur elegant, sondern besitzen auch den Vorteil der Reduzierung des komplexen Problems auf den einfachsten Fall dieses Problems. Allerdings: "Es braucht Zeit und Praxis, um rekursiv denken zu lernen" (Weissman /10/). Wir wollen darum als allgemeine Übung im letzten Abschnitt dieses Kapitels "Rekursive Paraphrasen" einiger Systemfunktionen programmieren. Um Überschreibungen der vorhandenen Systemfunktionen zu vermeiden, werden wir die Namen der Funktionen mit dem Suffix -TEST versehen. Zum bequemen Nachschlagen ordnen wir die rekursiven Beispiel-Definitionen alphabetisch und stellen sie ans Ende dieses Kapitels.

Folgende Regeln für das Schreiben rekursiver LISP-Funktionen werden empfohlen (/1/, /8/, /10/) :

- Formuliere die Endbedingung

  Typische Endbedingungen sind für S-Expressions Atome,
  für Listen die leere Liste
  und für Zahlen die Werte 0 bzw. 1
- Formuliere den Rekursionsschritt

  Reduziere dabei den schwierigen Fall auf den
  nächst einfachen Fall vor der Endbedingung
- Verbinde beides in einer COND-Anweisung

  Berücksichtige ggf. den "Fehler-Fall" in der
  letzten COND-Klausel

Die Test-Beispiele wurden unter Einbeziehung der schon verfügbaren Strukturen von LIS1 , LIS2 , ZIFF und COMMON-RANGE-TEST-TABLE so ausgewählt, daß das Verhalten der Funktionen deutlich wird.

6 Beginnen wir mit den no-spread-LAMBDA Funktionen. LIST-TEST erzeugt eine Liste in der die Argumente top-level Elemente sind. In der Funktionsdefinition bedeutet L die Liste der "beliebig vielen" Argumente.

```
(IN)      DO $RZP.LISP
(OUT)     %  P500 LOADING
(OUT)
(OUT)          SIEMENS-INTERLISP  -  VERSION 4.0
(OUT)
(OUT)
(OUT)
(OUT)     ****** RESET ******
 ...
(IN)      LOAD(UTILITIES)
 ...
(IN)      LOAD(BLOCKS-WORLD)
 ...
(IN)      LIS2
(OUT)     ((ALPHA BETA) GAMMA (DELTA EPSILON))
(OUT)     5-
(OUT)
(IN)      LIS1
(OUT)     (ALPHA (BETA GAMMA) DELTA)
(OUT)     6-
(OUT)
(IN)      (SETQ LIS0 (LIST-TEST 'ALPHA 'BETA 'GAMMA 'DELTA))
(OUT)     (ALPHA BETA GAMMA DELTA)
(OUT)     7-
(OUT)
(IN)      LIS0
(OUT)     (ALPHA BETA GAMMA DELTA)
(OUT)     8-
(OUT)
(IN)      (SETQ LIS3 (APPEND-TEST LIS1 LIS2))
(OUT)     (ALPHA (BETA GAMMA) DELTA (ALPHA BETA) GAMMA (DELTA EPSILON))
(OUT)     9-
(OUT)
(IN)      LIS3
(OUT)     (ALPHA (BETA GAMMA) DELTA (ALPHA BETA) GAMMA (DELTA EPSILON))
(OUT)     10-
(OUT)
(IN)      (OR-TEST)
(OUT)     NIL
(OUT)     11-
(OUT)
(IN)      (OR-TEST NIL LIS2 T)
(OUT)     ((ALPHA BETA) GAMMA (DELTA EPSILON))
(OUT)     12-
(OUT)
(IN)      (OR-TEST LIS1 LIS2 T)
(OUT)     (ALPHA (BETA GAMMA) DELTA)
(OUT)     13-
(OUT)
(IN)      (AND-TEST)
(OUT)     T
(OUT)     14-
(OUT)
(IN)      (AND-TEST LIS1)
(OUT)     (ALPHA (BETA GAMMA) DELTA)
(OUT)     15-
(OUT)
(IN)      (AND-TEST LIS1 NIL T)
(OUT)     NIL
(OUT)     16-
(OUT)
(IN)      (AND-TEST LIS1 LIS2 T)
(OUT)     T
(OUT)     17-
(OUT)
```

Ist kein Argument angegeben, dann ist das Ergebnis NIL (1. Klausel). Der Rekursionsschritt ergibt sich aus betrachtung des einfachsten Falles: Wenn nur ein Argument angegeben ist, dann ist dieses der CAR von L und wird mittels CONS "in die (leere) Restliste" eingebunden. Das in Anführungszeichen stehende kann aber als rekursiver Funktionsaufruf bez. dem CDR von L aufgefaßt werden, wobei hier (wegen des no-spread Typs) APPLY für die korrekte Zuordnung der Argumente sorgen muß.

8 APPEND verknüpft die als Argumente angegebenen Listen so, als ob (wie Siklóssy /8/ es ausdrückt) die sich berührenden Klammer-Paare "verbrannt worden wären". Die Test-Definition teilen wir zweckmäßig auf in die spread-LAMBDA Funktion APPEND2 zur Verknüpfung von zwei Listen und die APPEND2 aufrufende no-spread-LAMBDA Funktion APPEND-TEST .

Beginnen wir mit APPEND2 : L1 und L2 sind die beiden zu verknüpfenden Listen. Der Trivial-Fall liegt vor, wenn L1 leer ist, dann ist L2 das Ergebnis. Statt des Tests mit NULL schreiben wir hier ATOM, denn dieser ist auch für die leere Liste gültig, ist aber "robust" gegen den Eingabe-Fehler, daß L1 ein beliebiges Atom ist ! Der Rekursionsschritt ergibt sich aus dem einfachsten Fall, daß L1 nur ein Element hat, dann wird dieses als CAR von L1 mittels CONS "in den Rest" eingebunden. Der "Rest" besteht aus dem rekursiven Funktionsaufruf bez. CDR von L1 .

In APPEND-TEST bedeutet L die Argument-<u>Liste</u>, die ihrerseits aus den zu verknüpfenden Listen besteht. Ist L leer, so ist das Ergebnis NIL. Die Rekursion wird mit APPEND2 angesetzt : Die erste Liste (als CAR von L) soll vor den "Rest" gebunden werden. Der "Rest" besteht aus dem rekursiven Funktionsaufruf von APPEND-TEST bez. CDR von L .

Für spätere Verwendung speichern wir die Test-Resultate von LIST-TEST und APPEND-TEST mittels SETQ auf LISO bzw. LIS3 .

10 OR-TEST ergibt (nach üblicher LISP-Konvention) ohne Argument NIL. Werden mehrere Argumente angegeben, so wird der Reihenfolge nach evaluiert, bis ein Argument den Wert nicht-NIL ergibt. Dieser Wert ist Wert von OR-TEST. Evaluieren alle Argumente zu NIL, so ist NIL der Wert von OR-TEST.

In der Definition bedeutet L die Liste der "beliebig vielen" Argumente. Ist L leer, so ist das Ergebnis NIL. Die nachfolgende Klausel besteht nur aus dem Prädikat : Ist das erste Listenelement von L nicht-NIL , so ist dieses das Ergebnis von OR-TEST. Andernfalls (letzte Klausel) wird rekursiv in der Restliste gesucht.

13 AND-TEST ohne Argument ergibt T (nach Konvention). Werden mehrere Argumente angegeben, so wird der Reihenfolge nach evaluiert, bis ein Argument NIL ergibt. Dann ist NIL Wert von AND-TEST. Evaluieren alle Argumente zu nicht-NIL, dann ist der Wert des letzten Arguments Wert von AND-TEST .

In der Funktionsdefinition berücksichtigt die 1. Klausel die Konvention. Die 2. Klausel prüft, ob die Liste nur (noch) aus einem Element besteht. Wenn ja, so ist dieses das Ergebnis von AND-TEST und liefert je nachdem NIL oder nicht-NIL. Ist die Restliste noch nicht leer, so wird in der 3. Klausel geprüft, ob das erste Element von L nicht-NIL ist. Wenn ja, so wird rekursiv in der Restliste weiter gesucht. Wenn nicht, so liefert die letzte Klausel das Ergebnis NIL .

18 LENGTH-TEST ist die erste der <u>spread-LAMBDA Funktionen</u>. Sie soll die Anzahl der top-level Elemente der Argumentliste L bestimmen. Anders als in der Version aus den

```
(IN)     (LENGTH-TEST 'GAMMA)
(OUT)    0
(OUT)    18-
(OUT)
(IN)     (LENGTH-TEST LIS0)
(OUT)    4
(OUT)    19-
(OUT)
(IN)     (SETQ LNULL (COPY-TEST LIS0))
(OUT)    (ALPHA BETA GAMMA DELTA)
(OUT)    20-
(OUT)
(IN)     LNULL
(OUT)    (ALPHA BETA GAMMA DELTA)
(OUT)    21-
(OUT)
(IN)     (EQUAL-TEST LIS1 LIS2)
(OUT)    NIL
(OUT)    22-
(OUT)
(IN)     (EQUAL-TEST LIS0 LNULL)
(OUT)    T
(OUT)    23-
(OUT)
(IN)     (EQ LIS0 LNULL)
(OUT)    NIL
(OUT)    24-
(OUT)
(IN)     (APPEND-TEST LIS1)
(OUT)    (ALPHA (BETA GAMMA) DELTA)
(OUT)    25-
(OUT)
(IN)     (MEMBER-TEST 'GAMMA LIS1)
(OUT)    NIL
(OUT)    26-
(OUT)
(IN)     (MEMBER-TEST '(BETA GAMMA) LIS1)
(OUT)    ((BETA GAMMA) DELTA)
(OUT)    27-
(OUT)
(IN)     (REVERSE-TEST 'GAMMA)
(OUT)    GAMMA
(OUT)    28-
(OUT)
(IN)     (REVERSE-TEST LIS1)
(OUT)    (DELTA (BETA GAMMA) ALPHA)
(OUT)    29-
(OUT)
(IN)     (REMOVE-TEST 'GAMMA LIS3)
(OUT)    (ALPHA (BETA GAMMA) DELTA (ALPHA BETA) (DELTA EPSILON))
(OUT)    30-
(OUT)
(IN)     (REMOVE-TEST '(BETA GAMMA) LIS3)
(OUT)    (ALPHA DELTA (ALPHA BETA) GAMMA (DELTA EPSILON))
(OUT)    31-
(OUT)
(IN)     (SUBST-TEST 'ZETA '(BETA GAMMA) LIS3)
(OUT)    (ALPHA ZETA DELTA (ALPHA BETA) GAMMA (DELTA EPSILON))
(OUT)    32-
(OUT)
(IN)     (SUBST-TEST 'ZETA 'ALPHA LIS3)
(OUT)    (ZETA (BETA GAMMA) DELTA (ZETA BETA) GAMMA (DELTA EPSILON))
(OUT)    33-
(OUT)
```

"Übungen zur Einf. Übersicht" implementieren wir hier die "robuste" Endbedingung, die auch bei Eingabe eines Atoms ein definiertes Ergebnis liefert. Ist L leer (oder ein Atom), so ist der Funktionswert 0 . Andernfalls wird LENGTH-TEST rekursiv auf die Restliste angesetzt, wobei der Wert jedes Aufrufs mittels ADD1 um 1 erhöht wird.

19 COPY-TEST soll eine Kopie der als Argument angegebenen Liste L erstellen. Die erste Klausel der Definition von COPY-TEST erfüllt zwei Aufgaben : Wurde die Liste L bis auf Atome abgearbeitet (infolge rekursiver CARs), so ist dieses Atom Wert der Endbedingung. Ist L die leere Liste NIL (infolge rekursiver CDRs), so ist NIL dieser Wert. Rufen wir COPY-TEST rekursiv sowohl für CAR als auch für CDR auf und verknüpfen die Teilergebnisse mittels CONS (das eine neue LISP-Zelle einrichtet !), so werden sämtliche Zweige der Struktur L durchlaufen und kopiert.

Mit Hilfe von COPY-TEST kopieren wir LISO und speichern das Ergebnis mittels SETQ auf LNULL. Mit EQUAL-TEST (das wir gleich besprechen werden) können wir die Struktur-Gleichheit zeigen und mittels EQ beweisen, daß eine Kopie vorliegt, denn es wird keine Pointer-Gleichheit festgestellt.

Es sei angemerkt, daß APPEND mit nur einem Argument aufgerufen wie COPY wirkt. (vgl. Beispiel 24 , die Begründung in Abschnitt 8.1 und die Test-Definition !)

22 EQ testet auf "Pointer-", EQUAL auf "Struktur-Gleichheit". In EQUAL-TEST enthalten die ersten beiden Klauseln die Endbedingung : Wenn (1. Klausel) L1 ein Atom (oder die leere Liste) ist, dann ist das Ergebnis abhängig vom Test auf Gleichheit von L1 und L2 mittels EQ . Die 2. Klausel wird erreicht, wenn L1 kein Atom ist. Wird nun festgestellt, daß L2 ein Atom ist, so liegt Ungleichheit vor, das Ergebnis ist NIL. Sind L1 und L2 weder

leere Listen noch Atome, so wird in der 3. Klausel EQUAL-TEST als Prädikatfunktion rekursiv für die CARs von L1 und L2 benutzt. Wenn der Test nicht-NIL ergibt, dann wird rekursiv in den CDRs von L1 und L2 weiter gesucht. Andernfalls (letzte Klausel) wurde Ungleichheit festgestellt, das Ergebnis ist NIL.

25 MEMBER-TEST sucht das erste Argument L1 in der Liste des zweiten Arguments L2 als top-level Element. Falls Übereinstimmung gefunden wird, dann ist das Ergebnis die Restliste in der L1 erstes top-level Element ist. (Zur Suche auf allen Ebenen vgl. INSIDE in Abs. 6.1 !)

Ist (1. Klausel) die zu durchsuchende Liste L2 leer, dann gibt es nichts (mehr) zu finden; das Ergebnis ist NIL. (Wir benutzen die "robuste" Endbedingung: Auch in einem Atom gibt es nichts zu suchen.) Die 2. Klausel enthält die Test-Bedingung: Wenn L1 gleich dem ersten Element von L2 ist, dann ist L2 das Ergebnis. Wenn nicht (letzte Klausel), dann wird rekursiv in der Restliste weiter gesucht.

27 REVERSE-TEST kehrt die Reihenfolge der top-level Elemente ihres Arguments L um. (Zur Umkehrung der Reihenfolge auf allen Leveln vgl. REVERSALL in Aufg. (21) !) Auch hier wird die "robuste" Endbedingung implementiert: Wenn L ein Atom ist (oder die leere Liste), dann ist das Ergebnis dieses Atom (bzw. NIL). Die Reversierung verlangt: Nimm das erste Element und hänge es an den Schluß an, "usw.". Das erste Element ist der CAR von L. "Anhängen" macht APPEND. Damit APPEND "etwas zum Verbrennen hat", müssen dem Element mittels LIST noch zusätzliche Klammern gegeben werden. Im "usw." steckt der rekursive Aufruf bez. der Restliste.

29 REMOVE-TEST löscht auf top-level das erste Argument L1 in der Liste L2 des zweiten Arguments. (Zum Löschen auf allen Ebenen vgl. REMOVALL in Aufg. (22) !) Ist die

("robuste") Endbedingung nicht erfüllt, so wird in der 2. Klausel geprüft, ob L1 gleich dem ersten Element von L2 ist. Wenn ja, so wird rekursiv in der Restliste weiter gesucht und damit ist das Element "gelöscht". Wenn nämlich nicht (letzte Klausel), dann muß das Element erhalten bleiben und wird mittels CONS in den "Rest" eingebunden. Der "Rest" ist der rekursive Funktionsaufruf bez. Restliste.

31 SUBST-TEST arbeitet die gesamte Struktur der Liste L des dritten Arguments ab und ersetzt bei Übereinstimmung das zweite Argument OLD durch das erste Argument NEW. Ist L bis auf Atome abgearbeitet worden (infolge rekursiver CARs), dann wird in dem eingebetteten COND geprüft, ob OLD gleich L ist. Wenn ja, so wird NEW gesetzt, andernfalls bleibt L erhalten. Diese 1. Klausel des äußeren COND gilt auch als Endbedingung für die leere Liste ! In der 2. Klausel wird geprüft, ob OLD gleich dem CAR von L ist. Wenn ja, wird NEW mittels CONS in den "Rest", also den rekursiven Aufruf bez. CDR von L , eingebunden. Wenn nicht, wird in der letzten Klausel (wie bei COPY-TEST) die gesamte Struktur durchsucht und die Teilergebnisse werden mittels CONS verknüpft.

34 UNION-TEST bildet die Vereinigungs-Menge der beiden Listen L1 und L2 . Die Endbedingung wird "robust" programmiert. Die Test-Bedingung prüft, ob das erste Element von L1 in L2 MEMBER ist. Wenn ja, so kann rekursiv die Restliste geprüft werden. Wenn nicht (letzte Klausel), dann fehlt dieses Element in L2 und muß in die "Ergebnisliste" mittels CONS eingebunden werden. Die "Ergebnisliste" wird aber durch den rekursiven Aufruf bez. Restliste erstellt.

Hinweis : UNION-TEST (wie auch das gleich zu besprechende INTERSECTION-TEST) arbeitet effektiver, wenn die kürzere Liste im ersten Argument steht !

35 INTERSECTION-TEST bildet den Mengen-Durchschnitt der beiden Listen L1 und L2 . Die Endbedingung wird wieder "robust" definiert. Die Test-Bedingung prüft, ob das erste Element von L1 MEMBER in L2 ist. Wenn ja, wird dieses Element in die "Ergebnisliste" mittels CONS eingebunden. Diese wird durch den rekursiven Aufruf bez. Restliste gebildet. Wenn nicht, dann wird in der letzten Klausel rekursiv in der Restliste von L1 weitergesucht.

37 Eine Assoziations-Liste besteht aus Sublisten, in denen "Schlüssel" und "Wert" ein "Punkt-Paar" bilden. Wir hatten ZIFF mit atomaren Schlüsseln und COMMON-RANGE-TEST-TABLE mit Listen-Schlüsseln definiert. Die Funktionen für Assoziations-Listen ASSOC-TEST und SASSOC-TEST suchen den Schlüssel KEY in ALIST und liefern als Ergebnis das "passende" Punkt-Paar. Atomare Schlüssel können mittels EQ, beliebige Schlüssel müssen mittels EQUAL gesucht werden. Die Definitionen von ASSOC und SASSOC unterscheiden sich daher nur im Prüf-Modus !

Ist in ASSOC-TEST die ALIST leer (1. Klausel), ist das Ergebnis NIL. In der 2. Klausel wird die Test-Bedingung formuliert : Mittels EQ (bzw. EQUAL in SASSOC-TEST) wird KEY mit dem Schlüssel des ersten Punkt-Paares von ALIST verglichen. Falls Übereinstimmung vorliegt, ist dieses Punkt-Paar das Ergebnis. Andernfalls (letzte Klausel) wird die Funktion rekursiv auf die Restliste von ALIST angesetzt.

Für Funktionen mit funktionalen Argumenten betrachten wir drei Beispiele vom "Mapping"-Typ.

43 MAPCAR-TEST wurde schon in Abschnitt 7.1 besprochen: Sie enthält die Kontroll-Struktur, die die top-level Elemente der Liste L nacheinander der Operationsfunktion FUN übergibt und als Ergebnis die Liste der Teilergebnisse liefert.

```
(IN)     (UNION-TEST 'GAMMA LIS1)
(OUT)    (ALPHA (BETA GAMMA) DELTA)
(OUT)    34-
(OUT)
(IN)     (UNION-TEST LIS0 LIS1)
(OUT)    (BETA GAMMA ALPHA (BETA GAMMA) DELTA)
(OUT)    35-
(OUT)
(IN)     (INTERSECTION-TEST LIS0 LIS1)
(OUT)    (ALPHA DELTA)
(OUT)    36-
(OUT)
(IN)     (INTERSECTION-TEST LIS2 LIS1)
(OUT)    NIL
(OUT)    37-
(OUT)
(IN)     ZIFF
(OUT)    ((NULL . ZERO) (EINS . ONE) (ZWEI . TWO) (DREI . THREE)
         (VIER . FOUR) (FUENF . FIVE) (SECHS . SIX) (SIEBEN . SEVEN)
(OUT)    (ACHT . EIGHT) (NEUN . NINE))
(OUT)    38-
(OUT)
(IN)     (ASSOC-TEST 'DREI ZIFF)
(OUT)    (DREI . THREE)
(OUT)    39-
(OUT)
(IN)     (ASSOC-TEST 'ZEHN ZIFF)
(OUT)    NIL
(OUT)    40-
(OUT)
(IN)     COMMON-RANGE-TEST-TABLE
(OUT)    (((-1 -1 -1 -1)) ((1 1 1 1)) ((-1 -1 -1 0)) ((-1 -1 -1 1) . -1)
         ((-1 0 -1 1) . -1) ((1 -1 -1 1) . 1) ((1 0 -1 1) . 1)
(OUT)    ((0 0 -1 1) . 1) ((0 -1 -1 1) . 1) ((-1 1 -1 1) . -1)
         ((0 1 -1 1) . -1) ((1 1 -1 1) . -1) ((1 1 0 1)))
(OUT)    41-
(OUT)
(IN)     (SASSOC-TEST '(1 -1 -1 1) COMMON-RANGE-TEST-TABLE)
(OUT)    ((1 -1 -1 1) . 1)
(OUT)    42-
(OUT)
(IN)     (SASSOC-TEST '(0 -1 0 -1) COMMON-RANGE-TEST-TABLE)
(OUT)    NIL
(OUT)    43-
(OUT)
(IN)     (MAPCAR-TEST ZIFF (FUNCTION CDR))
(OUT)    (ZERO ONE TWO THREE FOUR FIVE SIX SEVEN EIGHT NINE)
(OUT)    44-
(OUT)
(IN)     (MAP2CAR-TEST LIS1 LIS0 (FUNCTION CONS))
(OUT)    ((ALPHA . ALPHA) ((BETA GAMMA) . BETA) (DELTA . GAMMA))
(OUT)    45-
(OUT)
(IN)     (SUBSET-TEST LIS3 (FUNCTION ATOM))
(OUT)    (ALPHA DELTA GAMMA)
(OUT)    46-
(OUT)


(OUT)
(IN)     (* "REKURSIVE PARAPHRASEN" IN ALPHABETISCHER REIHENFOLGE)
(OUT)    "REKURSIVE PARAPHRASEN"
(OUT)    47-
(OUT)
```

In dieser Version hat MAPCAR-TEST eine "robuste" Endbedingung. Ist sie nicht erfüllt, so wird mittels APPLY* die Funktion FUN auf das erste Element von L angewandt und das Ergebnis mittels CONS in die "Ergebnisliste" eingebunden. Diese wird durch den rekursiven Aufruf von MAPCAR-TEST bez. der Restliste gebildet.

44 MAP2CAR-TEST arbeitet mit zwei Argumentlisten L1 und L2 und übergibt nacheinander deren top-level Elemente paarweise der (zwei-parametrigen) Operationsfunktion FUN . Ergebnis ist die Liste der Teilergebnisse. Sind die Eingangslisten unterschiedlich lang, so wird die Prozedur beendet, wenn die kürzere Liste abgearbeitet ist. Die Definition ist analog zu MAPCAR-TEST.

45 SUBSET-TEST wirkt wie ein "Filter" oder "Sieb", das alle diejenigen Elemente aus der Eingangsliste L sammelt, bei denen die Bedingung der Prädikatfunktion FUN erfüllt ist. Dieser Test wird in der 2. Klausel mit Hilfe von APPLY* vorgenommen. Ist das Ergebnis nicht-NIL, so wird dieses Element von L mittels CONS in die "Ergebnisliste" eingebunden, die durch den rekursiven Aufruf von SUBSET-TEST bez. der Restliste von L gebildet wird. War der Test nicht zutreffend, dann wird in der letzten Klausel rekursiv in der Restliste weiter gesucht. Die erste Klausel enthält die "robuste" Endbedingung.

```
(IN)     (PP AND-TEST)
(OUT)
(OUT)    <AND-TEST
(OUT)      <LAMBDA L  **COMMENT**
(OUT)        (COND
(OUT)          ((NULL L)
(OUT)            T)
(OUT)          ((NULL (CDR L))
(OUT)            (CAR L))
(OUT)          ((CAR L)
(OUT)            (APPLY (QUOTE AND-TEST)
(OUT)                   (CDR L)))
(OUT)          (T NIL>>
(OUT)    (AND-TEST)
(OUT)    48-
(OUT)
(IN)     (PP APPEND-TEST)
(OUT)
(OUT)    <APPEND-TEST
(OUT)      <LAMBDA L  **COMMENT**
(OUT)        (COND
(OUT)          ((NULL L)
(OUT)            NIL)
(OUT)          (T (APPEND2 (CAR L)
(OUT)                      (APPLY (QUOTE APPEND-TEST)
(OUT)                             (CDR L>>
(OUT)    (APPEND-TEST)
(OUT)    49-
(OUT)
(IN)     (PP APPEND2)
(OUT)
(OUT)    <APPEND2
(OUT)      <LAMBDA (L1 L2)  **COMMENT**
(OUT)        (COND
(OUT)          ((ATOM L1)
(OUT)            L2)
(OUT)          (T (CONS (CAR L1)
(OUT)                   (APPEND2 (CDR L1)
(OUT)                            L2>>
(OUT)    (APPEND2)
(OUT)    50-
(OUT)
(IN)     (PP ASSOC-TEST)
(OUT)
(OUT)    <ASSOC-TEST
(OUT)      <LAMBDA (KEY ALIST)  **COMMENT**
(OUT)        (COND
(OUT)          ((NULL ALIST)
(OUT)            NIL)
(OUT)          ((EQ KEY (CAAR ALIST))
(OUT)            (CAR ALIST))
(OUT)          (T (ASSOC-TEST KEY (CDR ALIST>>
(OUT)    (ASSOC-TEST)
(OUT)    51-
(OUT)
(IN)     (PP COPY-TEST)
(OUT)
(OUT)    <COPY-TEST
(OUT)      <LAMBDA (L)  **COMMENT**
(OUT)        (COND
(OUT)          ((ATOM L)
(OUT)            L)
(OUT)          (T (CONS (COPY-TEST (CAR L))
(OUT)                   (COPY-TEST (CDR L>>
(OUT)    (COPY-TEST)
(OUT)    52-
(OUT)
```

```
(IN)     (PP EQUAL-TEST)
(OUT)
(OUT)    <EQUAL-TEST
(OUT)      <LAMBDA (L1 L2)  **COMMENT**
(OUT)        (COND
(OUT)          ((ATOM L1)
(OUT)            (EQ L1 L2))
(OUT)          ((ATOM L2)
(OUT)            NIL)
(OUT)          ((EQUAL-TEST (CAR L1)
(OUT)                       (CAR L2))
(OUT)            (EQUAL-TEST (CDR L1)
(OUT)                        (CDR L2)))
(OUT)          (T NIL>>
(OUT)    (EQUAL-TEST)
(OUT)    53~
(OUT)
(IN)     (PP INTERSECTION-TEST)
(OUT)
(OUT)    <INTERSECTION-TEST
(OUT)      <LAMBDA (L1 L2)  **COMMENT**
(OUT)        (COND
(OUT)          ((ATOM L1)
(OUT)            NIL)
(OUT)          ((MEMBER (CAR L1)
(OUT)                   L2)
(OUT)            (CONS (CAR L1)
(OUT)                  (INTERSECTION-TEST (CDR L1)
(OUT)                                     L2)))
(OUT)          (T (INTERSECTION-TEST (CDR L1)
(OUT)                                L2>>
(OUT)    (INTERSECTION-TEST)
(OUT)    54~
(OUT)
(IN)     (PP LENGTH-TEST)
(OUT)
(OUT)    <LENGTH-TEST
(OUT)      <LAMBDA (L)  **COMMENT**
(OUT)        (COND
(OUT)          ((ATOM L)
(OUT)            0)
(OUT)          (T (ADD1 (LENGTH-TEST (CDR L>>
(OUT)    (LENGTH-TEST)
(OUT)    55~
(OUT)
(IN)     (PP LIST-TEST)
(OUT)
(OUT)    <LIST TEST
(OUT)      <LAMBDA L  **COMMENT**
(OUT)        (COND
(OUT)          ((NULL L)
(OUT)            NIL)
(OUT)          (T (CONS (CAR L)
(OUT)                   (APPLY (QUOTE LIST-TEST)
(OUT)                          (CDR L>>
(OUT)    (LIST-TEST)
(OUT)    56~
(OUT)
(IN)     (PP MAPCAR-TEST)
(OUT)
(OUT)    <MAPCAR-TEST
(OUT)      <LAMBDA (L FUN)  **COMMENT**
(OUT)        (COND
(OUT)          ((ATOM L)
(OUT)            NIL)
(OUT)          (T (CONS (APPLY* FUN (CAR L))
(OUT)                   (MAPCAR-TEST (CDR L)
(OUT)                                FUN>>
(OUT)    (MAPCAR-TEST)
```

```
(IN)      (PP MAP2CAR-TEST)
(OUT)
(OUT)     <MAP2CAR-TEST
(OUT)       <LAMBDA (L1 L2 FUN)  **COMMENT**
(OUT)         (COND
(OUT)           ((ATOM L1)
(OUT)             NIL)
(OUT)           ((ATOM L2)
(OUT)             NIL)
(OUT)           (T (CONS (APPLY* FUN (CAR L1)
(OUT)                                (CAR L2))
(OUT)                    (MAP2CAR-TEST (CDR L1)
(OUT)                                  (CDR L2)
(OUT)                                  FUN>>
(OUT)     (MAP2CAR-TEST)
(OUT)     58-
(OUT)
(IN)      (PP MEMBER-TEST)
(OUT)
(OUT)     <MEMBER-TEST
(OUT)       <LAMBDA (L1 L2)  **COMMENT**
(OUT)         (COND
(OUT)           ((ATOM L2)
(OUT)             NIL)
(OUT)           ((EQUAL L1 (CAR L2))
(OUT)             L2)
(OUT)           (T (MEMBER-TEST L1 (CDR L2>>
(OUT)     (MEMBER-TEST)
(OUT)     59-
(OUT)
(IN)      (PP OR-TEST)
(OUT)
(OUT)     <OR-TEST
(OUT)       <LAMBDA L  **COMMENT**
(OUT)         (COND
(OUT)           ((NULL L)
(OUT)             NIL)
(OUT)           ((CAR L))
(OUT)           (T (APPLY (QUOTE OR-TEST)
(OUT)                     (CDR L>>
(OUT)     (OR-TEST)
(OUT)     60-
(OUT)
(IN)      (PP REMOVE-TEST)
(OUT)
(OUT)     <REMOVE-TEST
(OUT)       <LAMBDA (L1 L2)  **COMMENT**
(OUT)         (COND
(OUT)           ((ATOM L2)
(OUT)             NIL)
(OUT)           ((EQUAL L1 (CAR L2))
(OUT)             (REMOVE-TEST L1 (CDR L2)))
(OUT)           (T (CONS (CAR L2)
(OUT)                    (REMOVE-TEST L1 (CDR L2 >>
(OUT)     (REMOVE-TEST)
(OUT)     61-
(OUT)
(IN)      (PP REVERSE-TEST)
(OUT)
(OUT)     <REVERSE-TEST
(OUT)       <LAMBDA (L)  **COMMENT**
(OUT)         (COND
(OUT)           ((ATOM L)
(OUT)             L)
(OUT)           (T (APPEND (REVERSE-TEST (CDR L))
(OUT)                      (LIST (CAR L>>
(OUT)     (REVERSE-TEST)
(OUT)     62-
```

```
(IN)     (PP SASSOC-TEST)
(OUT)
(OUT)    <SASSOC-TEST
(OUT)      <LAMBDA (KEY ALIST)  **COMMENT**
(OUT)        (COND
(OUT)          ((NULL ALIST)
(OUT)            NIL)
(OUT)          ((EQUAL KEY (CAAR ALIST))
(OUT)            (CAR ALIST))
(OUT)          (T (SASSOC-TEST KEY (CDR ALIST>>
(OUT)    (SASSOC-TEST)
(OUT)    63-
(OUT)
(IN)     (PP SUBSET-TEST)
(OUT)
(OUT)    <SUBSET-TEST
(OUT)      <LAMBDA (L FUN)  **COMMENT**
(OUT)        (COND
(OUT)          ((ATOM L)
(OUT)            NIL)
(OUT)          ((APPLY* FUN (CAR L))
(OUT)            (CONS (CAR L)
(OUT)                  (SUBSET-TEST (CDR L)
(OUT)                               FUN)))
(OUT)          (T (SUBSET-TEST (CDR L)
(OUT)                          FUN>>
(OUT)    (SUBSET-TEST)
(OUT)    64-
(OUT)
(IN)     (PP SUBST-TEST)
(OUT)
(OUT)    <SUBST-TEST
(OUT)      <LAMBDA (NEW OLD L)  **COMMENT**
(OUT)        (COND
(OUT)          ((ATOM L)
(OUT)            (COND
(OUT)              ((EQUAL OLD L)
(OUT)                NEW)
(OUT)              (T L)))
(OUT)          <(EQUAL OLD (CAR L))
(OUT)            (CONS NEW (SUBST-TEST NEW OLD (CDR L>
(OUT)          (T (CONS (SUBST-TEST NEW OLD (CAR L))
(OUT)                   (SUBST-TEST NEW OLD (CDR L>>
(OUT)    (SUBST-TEST)
(OUT)    65-
(OUT)
(IN)     (PP UNION-TEST)
(OUT)
(OUT)    <UNION-TEST
(OUT)      <LAMBDA (L1 L2)  **COMMENT**
(OUT)        (COND
(OUT)          ((ATOM L1)
(OUT)            L2)
(OUT)          ((MEMBER (CAR L1)
(OUT)                   L2)
(OUT)            (UNION-TEST (CDR L1)
(OUT)                        L2))
(OUT)          (T (CONS (CAR L1)
(OUT)                   (UNION-TEST (CDR L1)
(OUT)                               L2>>
(OUT)    (UNION-TEST)
(OUT)    66-
(OUT)
(IN)     (DATE)
(OUT)    "22-JAN-82 15:22:56"
(OUT)    67-
(OUT)
(IN)     (EXIT)
```

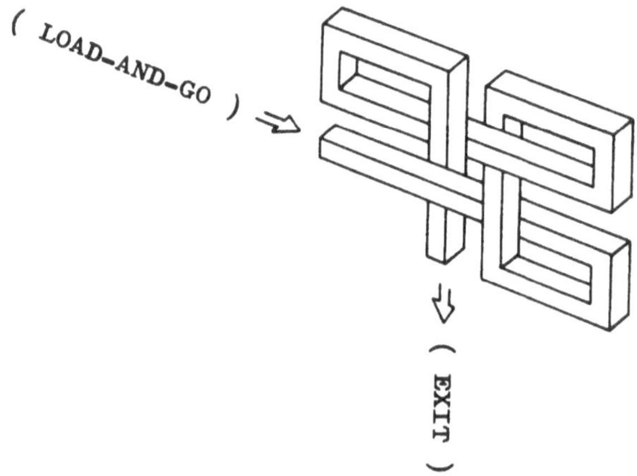
(LOAD-AND-GO)
(EXIT)

ANHANG A-1

Systematisches Verzeichnis der definierten Funktionen

Das Verzeichnis ist in drei Abschnitte unterteilt. Innerhalb dieser werden die Funktionen in der Reihenfolge ihrer Definition aufgelistet.

Parameterliste und Seiten-Zahl beziehen sich auf die letzte Version der Funktionsdefinition. Die Seiten-Zahl in Klammern gibt an, wo die erste Version der Funktionsdefinition zu finden ist.

A-1.1 Funktionsdefinitionen zur Übung

Einführende Übersicht (Abs. 1.1)
Übungen zur "Einf. Übersicht" (Abs. 1.2)
Beispiele zur Definition von Funktionen (Abs. 2.1)
Beispiel Definition (Abs. 8.2)
"Rekursive Paraphrasen" (Abs. 8.3)

A-1.2 Implementierung des Puzzles "Die Türme von Hanoi"

(Abschnitt 2.2)

A-1.3 Implementierung einer "Block-Welt"

(Abschnitt 3.1 bis 8.2)

A-1.1 Funktionsdefinitionen zur Übung

ZYLINDER	r, h	21
FAKULTAET	n	23
INSIDE	atom, list	24
LEFT	list	50
FACE	fahrenheit	50
STRUCEQ	sex1, sex2	50
REVERSALL	sex	51
REMOVAL1	sex1, sex2	51
REMOVALL	sex1, sex2	51
LENGTH-TEST-R	list	52
LENGTH-TEST-I	list	52
QUAD	numberlist	52
MAX	x1, x2, ...	(56), 68
MIN	x1, x2, ...	(60), 69
GROESSERP	x1, x2, ...	(61), 65
KLEINERP	x1, x2, ...	(61), 68
INSIDM	pattern, list	256
LIST-TEST	sex1, sex2, ...	273
APPEND2	list1, list2	272
APPEND-TEST	list1, list2, ...	272
OR-TEST	sex1, sex2, ...	274
AND-TEST	sex1, sex2, ...	272
LENGTH-TEST	list	(52), 273
COPY-TEST	list	272
EQUAL-TEST	sex1, sex2	273
MEMBER-TEST	sex, list	274
REVERSE-TEST	list	274
REMOVE-TEST	sex, list	274
SUBST-TEST	new, old, list	275
UNION-TEST	list1, list2	275
INTERSECTION-TEST	list1, list2	273
ASSOC-TEST	key, alist	272
SASSOC-TEST	key, alist	275
MAPCAR-TEST	list, fun	(218), 273
MAP2CAR-TEST	list1, list2, fun	274
SUBSET-TEST	list, fun	275

A-1.2 Implementierung des Puzzles "Die Türme von Hanoi"

A-1.3 Implementierung einer "Block-Welt"

ANHANG A-2

Alphabetisches Verzeichnis der verwendeten Systemfunktionen

Von den verfügbaren INTERLISP-Systemfunktionen sind nur diejenigen aufgenommen (und von ihren möglichen Parametern nur diejenigen angegeben) worden, die hier im Lehrbuch auch verwendet wurden.

Die Seiten-Zahl bezieht sich jeweils auf die erste Anwendung. Falls eine "Rekursive Paraphrase" existiert (vgl. Abschnitt 8.3), wurde die Systemfunktion unterstrichen.

Hinweise für SIEMENS-INTERLISP, Version 4.0

Die hier benutzte neue Version ist nicht kompatibel mit der Version 3. Falls ältere Benutzerhandbücher verwendet werden, ist folgendes zu beachten :

statt GETP jetzt GETPROP
statt PUT jetzt PUTPROP

Es ist nicht mehr erlaubt mittels

CAR , CDR , RPLACA , RPLACD

auf Atome (deren globale Werte und Property-Listen) zuzugreifen. Es sind zu benutzen :

GETTOPVAL (statt CAR)
GETPROPLIST (statt CDR)
SETTOPVAL (statt RPLACA)
SETPROPLIST (statt RPLACD)

Für weitere Details wird auf das Benutzerhandbuch /5/ verwiesen !

Funktion	Argumente	Seite
*	com	45
Kommentarkennzeichnung		
ADD1	x	13
Erhöhung des ganzzahligen x um Eins		
AND	sex1, sex2	90
Evaluieren bis Wert NIL auftritt		
APPEND	list1, list2, ...	27
Zusammenhängen der top-level Elemente der Listen		
APPLY	fun, arglist	26
Anwendung des funktionalen Arguments auf die Argumentliste		
APPLY*	fun, arg1, arg2, ...	218
Anwendung des funktionalen Arguments auf die Argumente		
ASSOC	key, alist	19
Sucht erstes Punkt-Paar in Assoziations-Liste, dessen CAR EQ zu key ist		
ATOM	sex	20
Test auf literales oder numerisches Atom		
CAR	list	15
Erstes top-level Element der Liste oder linker Teil eines Punkt-Paares		
CDR	list	15
Liste ohne erstes top-level Element oder rechter Teil eines Punkt-Paares		
C....R	list	16
Zusammengesetzter Funktionsname aus CARs und CDRs		
COND	claus1, claus2, ...	23
Bedingte Evaluierung		
CONS	sex1, sex2	16
Erzeugen einer LISP-Zelle, deren CAR auf sex1 und deren CDR auf sex2 verweist		
COPY	list	224
Kopieren einer Liste		
DATE		45
Ermitteln von Tag-Monat-Jahr / Stunde-Minute-Sekunde		
DE	fun, par, body	21
Definiert Funktion als LAMBDA-Typ		
DF	fun, par, body	65
Definiert Funktion als NLAMBDA-Typ		
DIFFERENCE	x, y	13
Allgemeine Subtraktion x - y		
EQ	sex1, sex2	74
Test auf Pointer-Gleichheit		
EQUAL	sex1, sex2	20
Test auf Struktur-Gleichheit		
EVAL	sex	14
Evaluation		

Funktion	Argumente	Seite
EXIT		4
Abschluß von INTERLISP und Rückkehr zum Betriebssystem		
EXPT	x, y	83
Allgemeine Potenzierung x^y		
FILES?		71
Information über Zustand der Dateien		
FUNCTION	fun	108
Kennzeichnung des funktionalen Arguments		
GETD	fun	154
Kompakte Ausgabe der Funktionsdefinition		
GETPROP	atom, prop	18
Ermittelt aus der Property-Liste des Atoms atom den unter der Eigenschaft prop abgelegten Wert		
GETPROPLIST	atom	224
Ermittlung der Property-Liste des Atoms		
GO	label	25
Sprung auf Marke		
GREATERP	x, y	60
Test auf $x > y$		
INTERSECTION	list1, list2	17
Mengen-Durchschnitt bez. top-level Elemente beider Listen		
LAMBDA	par, body	21
Definition eines funktionalen Ausdrucks		
LENGTH	list	43
Ermittelt Anzahl der top-level Elemente einer Liste		
LESSP	x, y	56
Test auf $x < y$		
LIST	sex1, sex2, ...	26
Erzeugt Liste, deren top-level Elemente die S-Expressions sind		
LOAD	file	72
Laden einer Datei		
MAKEFILE	file	71
Erstellen bzw. Updaten einer Datei		
MAPCAR	list, fun	25
Sukzessive Anwendung der Funktion auf CARs der Liste ; Liefert Liste mit Ergebnissen als top-level Elemente		
MAP2CAR	list1, list2, fun	26
Sukzessive Anwendung der Funktion auf CAR-Paare der Listen ; Liefert Liste mit Ergebnissen als top-level Elemente		
MEMBER	sex, list	20
Test ob sex in Liste als top-level Element enthalten ist		
MINUS	x	13
Vorzeichenumkehr		
NCONC	list1, list2, ...	246
Destruktives Zusammenhängen der top-level Elemente der Listen		

NOT	sex	64
Negation des Wahrheitswertes		
NULL	list	20
Test auf leere Liste		
NUMBERP	sex	64
Test auf numerisches Atom		
OR	sex1, sex2, ...	80
Evaluierung bis Wert nicht-NIL auftritt		
PACK	atomlist	224
Erzeugt literales Atom aus Liste von Zeichen		
PLUS	x1, x2, ...	13
Allgemeine Addition x1 + x2 + ...		
PP	fun	56
Strukturierte Ausgabe der Funktionsdefinition		
PP*	fun	138
Strukturierte Ausgabe der Funktionsdefinition mit Kommentaren		
PRINT	sex	80
Ausgabe mit Satzabschluß		
PRIN1	sex	103
Ausgabe ohne Satzabschluß		
PRINTDEF1	sex	128
Strukturierte Ausgabe mit Satzabschluß		
PROG	par, body	25
Programmdefinition		
PUTPROP	atom, prop, val	17
Zuweisung des Wertes val unter der Eigenschaft prop auf der Property-Liste des Atoms atom		
QUOTE	sex	14
Unterdrückung der Evaluierung		
QUOTIENT	x, y	50
Allgemeine Division x / y		
RAND	low, hi	134
Erzeugt gleichverteilte Zufallszahlen		
RANDSET	x	134
Setzt bzw. liefert internen Zustand des Zufallsgenerators RAND		
READ		97
Lesen einer S-Expression		
REMOVE	sex, list	17
Liefert Liste ohne die top-level Elemente, die EQUAL zu sex sind		
REMPROP	atom, prop	18
Löscht Eigenschaft prop und zugehörigen Wert auf der Property-Liste des Atoms atom		
RESET		64
Rückkehr auf top-level im Fehlerfall		

RETFROM fun, val 231
Rücksprung mit definiertem Wert zu übergeordneter Funktion

RETURN val 25
Rücksprung mit definiertem Wert aus PROG

REVERSE list 17
Umkehrung der Reihenfolge der top-level Elemente der Liste

RPAQ atom, val 136
Globale Wertzuweisung an Atom

RPLACA list, sex 246
Ersetzt CAR von Liste durch sex

RPLACD list, sex 246
Ersetzt CDR von Liste durch sex

SASSOC key, alist 128
Sucht erstes Punkt-Paar in Assoziations-Liste,
dessen CAR EQUAL zu key ist

SET atom, val 80
Wertzuweisung an Atom

SETPROPLIST atom, proplist 226
Weist die Property-Liste dem Atom zu

SETQ atom, val 13
Wertzuweisung an Atom

SORT list 17
Sortiert Liste destruktiv nach aufsteigenden Werten
bzw. alphabetisch

SUB1 x 13
Verminderung des ganzzahligen x um Eins

SUBSET list, fun 218
Sukzessive Anwendung der Prädikatfunktion auf CARs der Liste ;
liefert Liste mit zutreffenden Ergebnissen als top-level Elemente

SUBST new, old, list 17
Liefert Liste in der alle Elemente EQUAL zu old gegen new
ausgetauscht sind

TAB pos 104
Tabellieren einer Ausgabe

TERPRI 103
Abschließen eines Ausgabe-Satzes

TIMES x1, x2, ... 13
Allgemeine Multiplikation x1 * x2 * ...

TRACE fun1, fun2, ... 186
Modifikation der Funktionen zur Ablaufverfolgung

UNBREAK fun1, fun2, ... 186
Rückgängig machen von TRACE

UNION list1, list2 17
Vereinigungs-Menge bez. top-level Elemente beider Listen

ZEROP x 20
Test auf Gleichheit von x mit Null

Literaturverzeichnis

/1/ Epp, B.
"INTERLISP-Programmierhandbuch"
Institut für deutsche Sprache, Mannheim (1979)

/2/ Feigenbaum, E.A. and Feldman, J. (eds.)
"Computers and Thought"
McGraw-Hill, New York (1963)

/3/ Jackson, P.C.
"Introduction to Artificial Intelligence"
Petrocelli-Charter, New York (1974)

/4/ Knuth, D.E.
"The Art of Computer Programming (Vol. 1)"
Addison-Wesley, Reading, MA. (1972)

/5/ Kolb, D.
"SIEMENS-INTERLISP Benutzerhandbuch (Vers. 4.0)"
Siemens, München (1980)

/6/ Sammet, J.E.
"Programming Languages: History and Fundamentals"
Prentice-Hall, Englewood Cliffs, N.J. (1969)

/7/ Schwartz, R.L. and Melliar-Smith, P.M.
"The Suitability of ADA
for Artificial Intelligence Applications"
SRI International Report, Menlo Park, CA. (1980)

/8/ Siklóssy, L.
"Let's Talk LISP"
Prentice-Hall, Englewood Cliffs, N.J. (1976)

/9/ Stoyan, H.
"LISP - Anwendungsgebiete, Grundbegriffe, Geschichte"
Akademie-Verlag, Berlin (1980)

/10/ Weissman, C.
"LISP 1.5 Primer"
Dickenson, Belmont, CA. (1967)

/11/ Winograd, T.
"Understanding Natural Language"
University Press, Edinburgh (1972)

/12/ Winston, P.H.
"Artificial Intelligence"
Addison-Wesley, Reading, MA. (1977)

/13/ Winston, P.H. and Horn, B.K.P.
"LISP"
Addison-Wesley, Reading, MA. (1981)

Das Verzeichnis enthält nur die benutzten Quellen. Ausführliche Literaturverzeichnisse zu LISP sind z.B. in Stoyan /9/ und Winston + Horn /13/ enthalten.

"BLOCK-WELT"

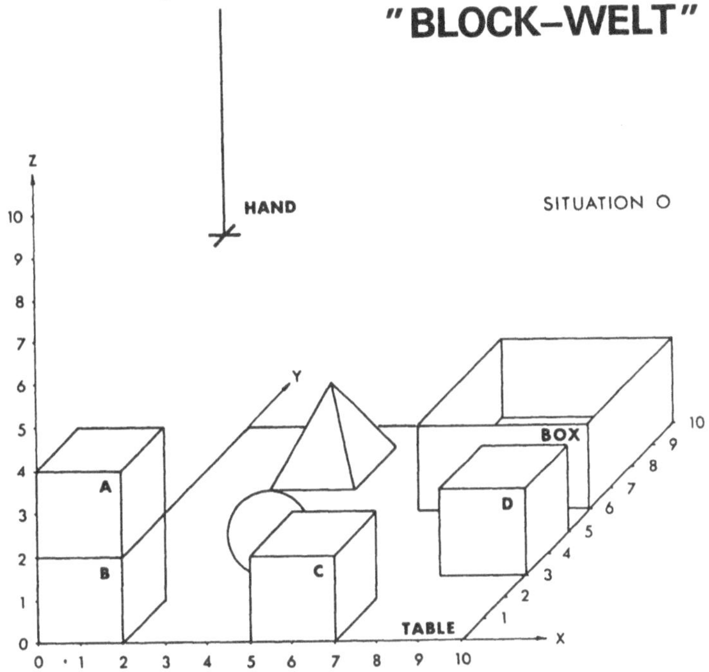

(SITUATION)

SITUATION	BLOCK-A	BLOCK-B	BLOCK-C	BLOCK-D	SPHERE	PYRAMID
INDICATOR	VALUE	26-SEP-80 10:50:51				
SUPPORTED-BY	BLOCK-B	TABLE	TABLE	TABLE	TABLE	TABLE
DIRECTLY-SUPPORTS	NIL	(BLOCK-A)	NIL	NIL	NIL	NIL
PLACE	(1 1 2)	(1 1 0)	(6 1 0)	(9 4 0)	(4 3 0)	(3 8 0)
SIZE	(2 2 2)	(2 2 2)	(2 2 2)	(2 2 2)	(2 2 2)	(2 2 2)
TYPE	BLOCK	BLOCK	BLOCK	BLOCK	SPHERE	PYRAMID
COLOR	GREEN	RED	BLUE	RED	GREEN	RED
SUPPORTP	T	T	T	T	NIL	NIL
BOX	PLACE (8 8 0)		SIZE (4 4 0.100000)		COLOR BLUE	
DIRECTLY-SUPPORTS	NIL					
TABLE	PLACE (5 5 0)		SIZE (10 10 0)		COLOR BLACK	
DIRECTLY-SUPPORTS	(BLOCK-B BLOCK-C BLOCK-D SPHERE PYRAMID BOX)					
HAND GRASPING	NIL					
HAND POSITION	(2 5 7)					

Zeitfracht Medien GmbH
Ferdinand-Jühlke-Straße 7
99095 Erfurt, Deutschland
produktsicherheit@kolibri360.de